말관리 매뉴얼
COMPLETE **HORSE CARE** MANUAL

정석

말관리 매뉴얼
COMPLETE HORSE CARE MANUAL

COLIN VOGEL 著

김병선, 유형준, 장병운 譯

Complete Horse Care Manual
Copyright © 1995, 2003, 2011 Dorling Kindersley Limited
Text Copyright © 1995, 2003, 2011 Colin Vogel
A Penguin Random House Company
All rights reserved.

Korean translation copyright © 2018 by Daehan Media Co., Ltd.
This Korean translation right was arranged with Dorling Kindersley Ltd.
through Daehan Media.

이 책의 한국어판 저작권은 영국 Dorling Kindersley사와의
독점계약으로 대한미디어가 소유합니다.
저작권법에 의하여 대한민국 내에서 보호받는 저작물이므로
무단전재와 복제를 금합니다.

지은이 • Colin Vogel
옮긴이 • 김병선, 유형준, 장병운

초판 1쇄 발행 • 2018년 8월 30일

기획 • 양원석
발행인 • 이광호
발행처 • 도서출판 대한미디어
등록번호 • 제2-4035호
전화 • (02) 2267-9731
팩스 • (02) 2271-1469
홈페이지 • www.daehanmedia.com
디자인 • 강희진

ISBN 978-89-5654-491-5 93490
정가 25,000원

※ 잘못 만들어진 책은 구입처 및 대한미디어 본사에서 교환해 드립니다.

**A WORLD OF IDEAS:
SEE ALL THERE IS TO KNOW**

www.dk.com

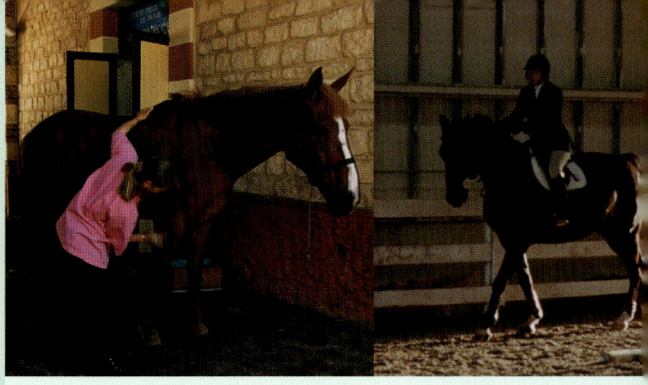

CONTENTS

서문

1장
말의 관찰 *Looking at the Horse* 9
말의 진화 *Development of the Horse* 10
말의 유형 *Types of Horse* 12
모색과 흰 점 *Colors and Markings* 14
신체적 특징 *Physical Features* 16
다리와 관절 *Legs and Joints* 18
발과 발굽 *Feet and Hooves* 20
걸음과 동작 *Gaits and Movement* 22
치아와 턱뼈 *Teeth and Jaws* 26
마체 시스템 *Body Systems* 28
건강한 말 *The Healthy Horse* 30
말의 감각 *Equine Senses* 32
신체 언어 *Body Language* 34
말의 휴식 *The Horse at Leisure* 36
군집생활 *The Herd* 38

2장
일반관리 *General Care* 41
말 소유하기 *Owning a Horse* 42
건강관리 *Keeping a Horse Healthy* 44
마방 내 나쁜 습관 *Stable Vices* 46
말 다루기 *Handling a Horse* 48
제어 방법 *Methods of Control* 50
손으로 끌기 *Leading in Hand* 52
발굽 점검 *Checking a Horse's Feet* 56

편자 Horseshoes 58	5장	7장
장제 과정 Shoeing Procedure 60	사료와 식수 Food and Water 119	말 장구와 말 옷 Tack And Clothing 175
말 손질 도구 Grooming Equipment 62	사료 급여 How to Feed a Horse 120	안장과 복대 Saddles and Girths 176
말 손질하기 Grooming a Horse 64	영양 관리 Nutritional Needs 124	굴레와 재갈 Bridles and Bits 178
대회 준비하기 Preparing and Trimming 68	농후사료 Concentrated Feeds 126	말장구 장착 Fitting Tack 180
털 깎고 다듬기 Clipping and Trimming 70	조사료의 원료 Sources of Roughage 128	안장 올리기 Putting on a Saddle 182
말 수송하기 Transporting a Horse 74	건초 급식 Feeding Hay 130	굴레 씌우기 Putting on a Bridle 184
말 싣고 내리기 Loading and Unloading 76		특수 장비 Extra Equipment 186
운동 전후 말 관리 The Horse at Work 78	6장	말장구 손질 Cleaning Tack 190
요구되는 신체특성 Physical Demands 80	말의 질병과 망아지 분만	마방 마의 Stable Blankets 192
	Horse Problems & Foaling 133	기타 마의 Other Blankets 194
3장	자주 발생하는 말의 질병 Possible Disorders 134	보호용 부츠 Protective Boots 196
방목마 관리 The Horse Outdoors 83	파행 진단 Diagnosing Lameness 136	꼬리 및 다리 붕대 Tail and Leg Bandages 198
방목지 The Field 84	발굽 질병 Foot Disorders 138	
펜스와 출입문 Fencing and Gates 86	관절 질병 Joint Disorders 140	8장
식수와 대피소 Water and Shelter 88	다리 질병 Leg Disorders 142	힌트와 팁 Hints and Tips 203
좋은 초지와 나쁜 초지 Good and Bad Grazing 92	눈, 코, 입 질병 Eye, Nose, & Mouth Disorders 144	연중 관리 All-Year-Round Care 204
독초 Poisonous Plants 94	피부 질병 Skin Disorders 146	말 구매 및 관리 Buying and Keeping a Horse 206
말 방목 Turning Out a Horse 96	소화기 질병 Digestive Disorders 148	용어해설 Glossary 208
방목시키기 Taking a Horse into a Field 98	내부 기생충 Internal Parasites 150	부가정보 Additional Information 210
방목지에서 말 잡기 Catching a Horse in a Field 100	순환기 질병 Circulatory Disorders 152	유용한 연락처 Useful Addresses 211
	호흡기 질병 Respiratory Disorders 154	
4장	수의사를 불러야 할 때 When to Call the Vet 158	색인 Index 212
마사 관리마 The Stabled Horse 103	응급처치 장비 First-Aid Equipment 160	
마사지역 The Stableyard 104	응급처치 First-Aid 162	
마사 The Stable 106	말 간호 Nursing a Horse 168	
개체식별 Identification 108	망아지 분만 Foaling: The Birth 170	
깔짚 재료 Bedding Materials 112	신생 망아지 관리 Foaling: Early Days 172	
마방 청소 Mucking Out 114		

저자 서문 INTRODUCTION

가축화된 말은 항상 인간의 생활에 중요한 영역을 차지해왔다. 가축화된 말은 아마도 두 가지의 중요한 역할을 해왔을 것이다. 속도가 느린 냉혈종(cold-blooded)의 산림형 말들은 짐수레를 끄는 역할을 했으며, 속도가 빠른 온혈종(warm-blooded) 말들은 교통의 도구로 활용되어왔다. 오늘날, 말들은 더 이상 전쟁에 참여하지 않으며 트랙터가 농장일을 대신하고 가솔린엔진이 수송의 주요 수단이 되었다. 그럼에도 불구하고 현재에도 말은 여전히 존중받고 있다. 사람들은 시대적 필요성에 맞춰 말을 선별적으로 개량해왔다. 그 결과 여러 가지 유형의 말과 많은 수의 품종이 국제적으로 알려져 있다.

말 통제하기
Being in control of your horse

말과의 관계형성은 두려움과 고통보다는 존중에 기반을 두어야만 한다. 이러한 관계가 구축될 때까지는 사람이 말을 통제하고 있다는 사실을 확신시켜야 한다. 사람이 말에게 불분명한 태도를 보여준다면 말은 반항하며 사람을 시험하려 들것이다. 말은 사람보다 더 크고 확실히 더 강하다. 일반적인 승용마는 체중이 약 500 kg 내외가 되기 때문에 사람의 체중에 비해 6배 이상 무겁다. 따라서 사람은 말을 힘으로 지배할 수가 없다. 그러므로 말은 사람이 요구하거나 기대하는 것을 자발적으로 따르도록 해야 한다. 다만 이것이 두려움에서 나오면 안 된다.

상호 소통하기
Communicating with each other

말이 어떤 요구를 처음 받았을 때 정확히 무엇을 요구받았는지 이해하리라고 기대 하기는 어렵다. 그러나 말이 과업을 수행한 후 사람이 기뻐하는 모습을 보여 준다면 무언가 자신이 올바른 행동을 했다는 것을 이해한다. 소통은 양방향 프로세스이다. 말의 신체언어를 학습해서 사람에게 하고자 하는 이야기를 이해하도록 노력해야 한다. 말은 그렇게 똑똑하지도 않으며 문제해결사도 아니지만 매우 빨리 배우는 동물이다. 그들은 도덕성의 개념이 없기 때문에 사람이 나쁜 행동이라고 생각하는 것을 배울 뿐이다. 뿐만 아니라 사람에 의해 허용되는 좋은 행동이라고 하는 것도 배운다. 그러므로 바람직하지 않는 행동을 통해 말이 원하는 어떤 것을 얻을 수 있다는 인식을 심어줘서는 안 된다. 예를 들면 말이 사람을 물려고 할 때 그렇게 해서는 안 된다는 것을 가르쳐야 한다.

말의 요구를 고려하기
Considering the horse's needs

말을 관리한다는 것은 말이 필요하는 모든 것을 제공할 책임을 지는 것이다. 이를 올바르게 수행하기 위해서는 말이 야생에서 어떻게 살았는지를 이해해야 한다. 가능하면 자연 상태와 유사한 환경을 만들어주는 것이 바람직할 것이다. 말의 신체구조와 시스템이 어떻게 작동하는지에 대해 이해해야 하며, 건강 악화의 징후를 빨리 알아채는 능력을 길러야 한다. 또한 부상과 질병을 어떻게 다루는지에 대해서도 알아야 한다. 때로는 장비와 장구를 활용하여 말이 다치지 않도록 해야 한다. 말은 마사에 있을 때나 어떤 일을 할 때 행복을 느낀다면, 사람이 지시하는 것을 기꺼이 수행하려고 할 것이며, 말과 사람은 상호 호혜적인 관계를 즐길 수 있게 된다.

저자

역자 서문

우리나라 말 사육 역사 깊지만 말산업은 초기단계

우리나라에서는 청동기시대부터 말을 사육했으며, 고려시대, 조선시대에는 나라에서 국립목장을 설치하여 수 만 필의 말을 계획적으로 관리했을 만큼 그 역사가 오래되었습니다. 그러나 대부분의 말은 전쟁용으로 사용해왔으며, 관리측면에서는 일반 가축에 비해 특별할 것이 없었고, 사육의 형태는 야산이나 들판에 방목하는 단순한 방식이었습니다. 사람과 접촉 기회가 적고 관리 방식이 거칠어 말은 사납고 야생성이 강한 동물이었습니다.

말은 단순한 가축이 아닌 반려동물

산업혁명 이후 말은 더 이상 과거의 형태로 활용되지 않고, 사람의 여가와 취미생활을 도와주는 친구와 같은 존재가 되었습니다. 말은 선천적으로 감성이 예민하고 순수한 동물이어서 사람과 교감이 잘 되고, 무리를 지어 살던 사회성이 강한 동물이어서 조련을 하면 사람을 잘 따르는 특성이 있습니다. 그런 만큼 말을 관리하는 방식도 친구를 배려하듯 존중과 세심한 배려가 필요 한 것입니다.

말산업 발전 위해 올바른 말 관리 필요

우리나라는 말산업을 발전시켜 농가소득증대는 물론 국민의 여가 생활에 말을 활용하여 삶의 질을 향상시키고자 2011년 말산업육성법을 제정하였고, 그것을 기반으로 5년 단위로 말산업육성종합계획을 수립·시행하고 있습니다. 이런 노력을 통해 머지않아 우리나라 말 사육두수는 물론 승마인구도 대폭 증가할 것으로 예상됩니다. 많은 사람과 말이 함께 어울려 교류하게 되는데, 이 과정에서 안전하고 즐겁게 행복한 여가 활동을 하려면 말을 잘 이해하고 말에게 불안과 불편을 주지 않으며, 깨끗하고 건강하게 관리하는 방법을 알아야 합니다. 이런 상황에서 말을 잘 관리하고 안전하게 다루기 위한 표준화된 매뉴얼이 필요하다고 봅니다.

기본적인 말 관리방법 수록

이 책은 기본마학, 말의 일반관리와 방목관리는 물론 마사관리, 사료와 식수, 말의 질병과 망아지 분만, 말장구와 마의 그리고 기타 말 관리 조언 등 개인적으로 말을 직접 키우거나 승마를 즐기는 분, 또는 말 목장이나 승마장을 운영하는 분들에게 도움이 되는 내용들이 잘 수록된 'Complete Horse Care Manual'을 번역한 것으로서, 사람의 안전과 말의 복지를 위한 안내서입니다. 당초 이 책은 한국마사회에서 내부 교육용으로 본 역자들에 의해 이미 번역된바 있었는데, 최근 말 사육자와 승마인구가 늘어나면서 정식발간요구가 증가되어, 그 후에 증보된 원서를 입수하여 다시 보완 번역하게 되었습니다. 아무쪼록 승마를 좋아하고 말을 사랑하는 분들에게 이 책이 작은 도움이라도 되었으면 좋겠다는 즐거운 소망을 가져봅니다.

2018. 7
역자 **김병선, 유형준, 장병운**

1장

말의 관찰
LOOKING AT THE HORSE

우리는 석기시대부터 말의 모양과 움직임의 아름다움을 감상해왔다. 하지만 말이 어떻게 움직이는지는 알지 못했다. 그리스의 예술가들은 달리는 말의 앞다리와 뒷다리를 펼쳐진 모습으로 묘사했다. 그러나 에드워드 무이브릿지(EADWEARD MUYBRIDGE)의 선구적인 사진은 말의 움직임을 정확히 보여준다. 심지어는 오늘날에도 대부분의 사람들은 말의 근원에 대해 잘 모른다. 말의 해부학적 구조, 신체 시스템 그리고 자연적인 행동 모두는 야생동물로서 적응되었으며 어떻게 관리되어야 하는지를 의미하고 있다.

말의 진화 DEVELOPMENT OF THE HORSE

현대의 말(학명 *Equus caballus*)은 6천만 년에 걸쳐 만들어졌다. 즉 최초의 말의 조상인 에오히푸스는 장구한 세월동안 말과로 진화한 것이다. 말과에는 다소 덜 알려진 아프리칸 및 아시안 야생당나귀(가축용 당나귀의 조상)와 프르제발스키의 야생마와 함께 얼룩말, 당나귀 및 가축용 말들도 포함된다. 현대말의 직접적인 조상은 세 가지 유형의 원시적인 말들이었던 것으로 생각된다. 이들로부터 두 가지 유형의 조랑말과 두 가지 유형의 말로 발전된 것으로 생각된다. 이 네 가지 유형의 말들은 현대의 모든 유형과 종의 선조가 되었다.

고대와 현대 ANCIENT AND MORDERN

현대의 말 MODERN HORSES

에오히푸스 EOHIPPUS

작은 조상 Small ancestor

에오히푸스는 현대의 말보다 훨씬 작아서 어깨까지 약 14인치(35cm)에 불과했다. 현대의 말은 발굽이 보호하는 한 개의 발가락을 가지고 있지만 에오히푸스는 앞발은 4개 뒷발은 3개의 발가락으로 구성되어 있었으며 이들은 개의 발바닥처럼 굳은살 소위 패드로 보호되었다.

세 가지 원시 유형 THREE PRIMITIVE TYPES

산림지역 말 Forest horse, 왼쪽
북유럽의 산림지역의 말은 현대의 몇몇 종의 말들의 중요한 조상이다. 산림지역에서 살았기 때문에 빠르게 달리는 것은 중요하지 않았다. 습기가 많은 지대에서 체중을 분산시키기 위해 커다란 발굽을 가지고 있었다. 아마도 현대습지 서식종은 프렌치 포테이션 종의 말들과 비슷하게 생겼을 것이다.

프르제발스키 말 Przewalski's horse, 위쪽
프르제발스키 말은 초기의 세 가지 유형 중 유일하게 살아남은 말이라고 할 수 있다. 선사시대에 중앙아시아의 스텝지역과 유럽에서 살았다. 생김새가 초라하고 꼬리에 숱이 많아서 현대의 말 보다는 당나귀에 가까워 보인다. 1902년 이래로 적은 숫자만이 사육 상태에서 번식해 왔으며 선별된 무리가 야생의 개체수를 늘리기 위해서 사용되고 있다.

타르판 Tarpan, 오른쪽
타르판은 여러 종의 말들에게 영향을 주었다. 현대 말의 세련된 머리 모양은 아랍종을 거쳐 온 타르판의 특징이다. 원래 타르판 말은 멸종했으나, 옆의 그림의 모양으로 복구하려는 노력이 진행 중이다. 타르판말은 유럽과 아시아의 반사막 지역의 조건에서 진화하였다. 이들은 먹이를 찾아 장거리를 이동할 수 있는데 적합한 체형을 가지고 있었다.

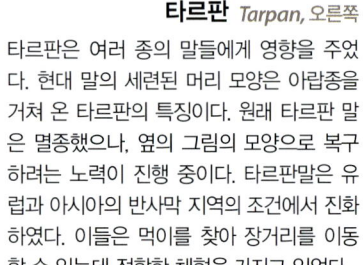

DEVELOPMENT OF THE HORSE 말의 진화

네 가지 기본 유형의 후예 DESCENANTS OF FOUR BASIC TYPES

엑스무어(EXMOOR) 포니
체고: 127-129㎝

하이랜드 *Highland*

두번째 유형의 조랑말은 북유럽과 아시아에 살았다. 추위에 잘 견디도록 적응하였고 체격이 튼튼했다. 하이랜드 조랑말이 그 후손으로 알려져 있다.

하이랜드(HIGHLAND) 포니
체고: 최고 147㎝

엑스무어 *Exmoor*

영국에서 가장 오래된 종이라고 믿어지는 엑스무어 종은 첫 번째 조랑말 유형과 유사한 것으로 믿어지고 있다. 이 첫 번째 유형의 말은 북서유럽에서 서식했으며, 춥고 습한 날씨에 견디기 위해 털가죽이 두껍고 숱이 많은 갈기와 꼬리를 가졌다.

아칼테케(AKHAL-TEKE)
체고: 최고 157㎝

아칼테케 *Akhal-Teke*

세 번째 유형은 중앙아시아의 사막지대에서 살았던 강인한 말이다. 가는 체모와 날씬한 마체는 체온을 발산하는 것을 도왔을 것이다. 아칼테케가 그 후손일 것이다.

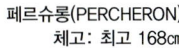

페르슈롱(PERCHERON)
체고: 최고 168㎝

페르슈롱 *Percheron*

현대의 말 중 가장 큰 종의 하나이며 아랍종의 후손으로서 네 번째 유형의 선조인 것으로 보인다. 서아시아의 사막지역에서 살던 골격이 튼튼한 말이었다.

말의 유형 TYPES OF HORSE

종은 하나의 유전적 독립체이다. 어느 말이 다른 종의 말과 교배를 하면, 그 새끼는 그 부모와 외형이 비슷할 것이다. 인간들은 말들의 가장 좋은 특징을 강화하기 위해, 선택된 개체들과 그 후손들을 계속 교배시켜 말의 종을 교정시켰다. 오늘날 말이 어느 종임이 인정되면 공식 혈통서에 등재된다. 어느 종에도 속하지 않는 말들은 어떤 유형이라고만 설명될 수 있다. 각 유형은 특정한 기능을 하도록 돕는 일련의 신체적 특징을 가지고 있다. 같은 유형의 말이라고 해도 서로 교배되었을 때, 반드시 그 부모와 같은 특징을 가진 자마를 생산하지 않는다.

대회용 조랑말 Show pony

승용 조랑말을 생산하기 위해서 잡다한 종을 섞을 수 있다. 대개 그 잡종은 더러브렛종과 토종의 조랑말 종의 피를 갖는다. 더러브렛종의 피를 더 많이 보유한 몇몇의 포니들은 일반적인 승마보다는 대회 참가 등에 쓰인다. 정의상으로 조랑말은 키가 147cm미만이어야 하며, 대회에서는 체고로 등급이 결정된다. - 예를들면 "127cm이하 등급" -

다양한 움직임을 견딜 수 있도록 근육이 발달된 후구

세련되고 매력적인 머리

짧은 중수골과 평평하고 단단한 관절을 가진 깔끔한 다리

머리는 굴곡이 없고 직선 형태로 확장되어있다.

쿼터호스 Quarter Horse

쿼터호스는 세상에서 가장 인기 있는 종으로 알려져 있다. 이 종은 두터운 후구의 근육을 가지고 있어 400m 정도의 단거리에 적합한 종이다. 체고는 150-163cm정도이다. 가축 몰이용으로 유명한 말이며 급격하게 회전이 가능한 말이다. 쿼터호스는 중수골이 짧고 구절은 45° 정도이다. 머리는 굴곡이 없고 직선 형태로 확장되어있다.

짧은 중수골

구절은 45°

TYPES OF HORSE 말의 유형

농장용 말 *Cob*
체고 152cm 정도의 작은 말로서 하루종일 타고 다닐 수 있을 만큼 강하고 성격이 차분하기 때문에 원래는 농부들이 많이 사용 했다. 대형 노역마와 더러브렛의 피가 섞여 있어서 강인함과 끈기, 스피드와 잘생긴 외모를 전해 받았다.

- 무거운 기승자를 태울 수 있는 짧은 등
- 노역마 조상에게서 물려받은 굵은 목
- 스피드보다는 노역에 적합한 강력한 후구
- 짧고 강한 다리
- 거친 바닥에서 일하기에 적합한 크기의 발
- 발걸음을 크게 하는 적절한 각도의 어깨

더러브렛 *Thoroughbred*
가장 우수한 경주마로서, 유형이라기 보다는 하나의 종이다. 17세기에 영국으로 들여온 아랍 씨수말로부터 유래되었다. 이 종을 생산해 내기위해 많은 노력과 돈이 투입되었으며, 이제는 어떤 종보다도 잘 고정되어 있다. 체고는 약 157cm 정도 된다.

- 스피드를 내기에 적합한 강력한 후구
- 심장과 폐가 들어있는 넓은 가슴
- 긴 다리

- 곧은 얼굴을 가진 매력적이고 지적인 머리
- 길고 우아하지만 일자 형태의 목
- 무게를 지탱할 수 있게 해주는 두꺼운 뼈
- 도약하기 좋은 각도의 비절
- 도약(점핑) 시 힘을 제공하는 근육질의 후구를 가진 균형 잡힌 라인

웜블러드 *Warmblood*
웜블러드라는 용어는 마장마술과 장애물 비월과 같은 현대적 승마 경기에 맞게 개량된 말의 종에 사용된다. 말이 혈통서에 웜블러드로 등재되기 위해서는 신체검사와 심지어는 능력검사를 거쳐야 한다. 웜블러드에는 더치웜블러드(Dutch Warmblood), 대니시 웜블러드(Danish Warmblood: 좌측 그림), 셀레프란시아스(Selle Francias), 하노베리언(Hanovarian)등이 포함된다.

모색과 흰 점 COLORS AND MARKINGS

초기 말들의 모색은 아마도 야생에서의 보호색을 띄어 주위의 배경과 잘 섞여 보여 천적으로부터 숨기에 적합한 색이었을 것이다. 프르제발스키 말의 모래색 체모는 사막에서 숨기에 적합한 위장색이다(10쪽 참고). 오늘날 우리가 보는 말의 모색은 인간에 의해 선택적 교배를 통해 만들어진 것이다. 몇몇 색깔은 다른 색에 우성인데, 부모마 중 어느 한 쪽만의 모색이 우성이면 그 자마의 모색은 열성을 띄는데, 부모마 모두가 이 열성의 모색일 때만 그 자마에게 그 모색을 물려준다. 주요 모색의 다른 색에 대한 우성의 순서는 회색, 갈색, 흑갈색, 검은색이며, 밤색은 열성이다.

기본 모색 BASIC COAT COLORS

첫인상 First impression
말의 모색은 말에 대해 설명할 때 가장 먼저 쓰이는 특징 중의 하나이다. 모색을 결정하는 중요한 요인들은 몸체의 색깔뿐만 아니라 피부, 갈기, 꼬리털 및 사지 말단부의 색상도 포함된다.

갈색 Bay
갈색의 말은 갈기와 꼬리, 사지의 아랫부분이 검고 나머지 몸체는 불그스레한 갈색을 띤다.

암갈색 Dun
암갈색의 말은 피부가 어두운 색을 띠고 쥐색 계통부터 모래색에 걸쳐 다양하며, 대개 갈기와 꼬리, 다리가 검은색이다.

흑갈색 Brown
갈기와 꼬리, 사지가 검은색이고 나머지 몸체는 흑갈색과 검은색 털이 섞여있다.

배선 背線, Dosal stripe
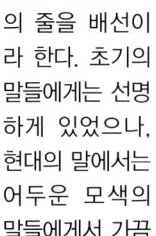
말의 등을 따라 있는 어두운 색의 줄을 배선이라 한다. 초기의 말들에게는 선명하게 있었으나, 현대의 말에서는 어두운 모색의 말들에게서 가끔씩 보인다.

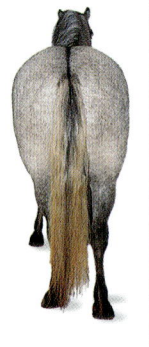

밤색 Chestnut
밤색의 말은 몸체가 붉은 빛을 띤 갈색이고 갈기와 꼬리, 사지의 색깔도 유사하다.

팔로미노 Palomino

몸체에 금색 빛이 돌고 갈기와 꼬리는 더욱 투명한 금색이거나 흰색에 가깝다.

로안 Roan

흰색털이 푸른색, 붉은색 또는 딸기색과 혼합된 형태이다.

회색 Grey

회색 말은 피부가 검고 흰색에 가까운 회색에서 어두운 회색까지 다양하며, 전체가 고른 경우도 있고 얼룩이 있는 경우도 있다.

점박이 Spotted

검은색 또는 흑갈색 점이 엉덩이 부분에만 "담요"처럼 분포되거나 전체 몸체에 골고루 퍼져 있기도 한다.

핀토 Pinto

피부에 흑갈색 혹은 검거나 흰색이 넓게 분포되며, 이러한 모색을 가진 말은 페인트(paint)라고도 알려져 있다.

COLORS AND MARKINGS 모색과 흰 점 15

다리 흰 점 LEG MARKINGS

흰 점의 범위 Extents of white
사지의 흰 점에 대해 설명할 때, 흰 점의 가장 높은 부분의 높이로 부르는 것이 좋다. 흰 점의 피부에는 색소가 없기 때문에 감염에 민감하다.

얼굴 흰점 FACE MARKINGS

공식 명칭 Names
얼굴 부위의 흰점 중에 공식 명칭이 붙은 것은 성(星, star, 눈 사이 또는 그 윗부분의 흰점)과 비량백(鼻梁白, stripe, 세로의 흰 점)이다. 코 부위에 넓게 걸쳐 있는 흰점은 흰 얼굴이라고 한다.

성
STAR

단비량백
SNIP

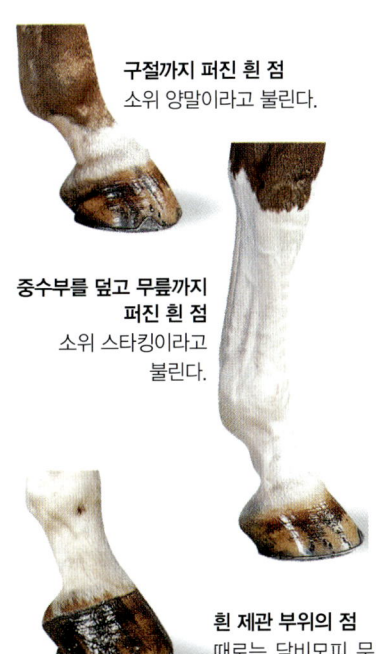

구절까지 퍼진 흰 점
소위 양말이라고 불린다.

중수부를 덮고 무릎까지 퍼진 흰 점
소위 스타킹이라고 불린다.

흰 제관 부위의 점
때로는 담비모피 무늬라고 한다(특히 검은 점일 경우).

유성과 비량백
STRIPE

흰 얼굴
BLAZE

주근깨 비량백
FRECKLED STRIPE

발굽 HOOVES

검은 발굽
DARK HORN

흰 발굽
PALE HORN

섞인 발굽
MIXED HORN

기본 모색 BASIC COAT COLORS

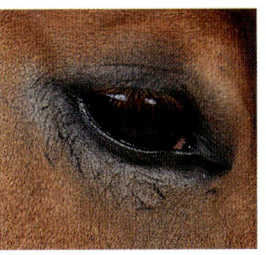
착색된 홍체
PIGMENTED IRIS

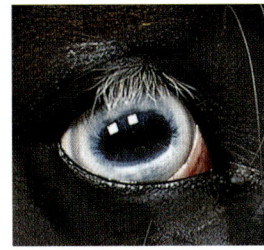
물고기 눈
WALLEYE

굽의 다양성 Horn variety
발굽의 색은 색소가 섞인 어두운 색과 밝은 크림색이 있으며, 두 가지가 섞여 있을 수도 있다. 두 가지가 섞여 있는 경우, 그 경계선은 항상 수직이며, 한 부위의 제관부는 특정 색의 발굽을 생산한다. 발굽의 강도는 색과 무관하다.

눈의 색 Pigment variety
대부분 말들의 홍채는 갈색의 색조가 착색되어 있다. 홍채에 색소가 없거나 푸른 색조를 띈 눈은 물고기 눈이라고 불리는데, 다소 사납게 보이지만 성격상의 특징을 나타낸다고 볼 수 없다. 이런 눈을 가진 말은 시력에 지장 없이 잘 볼 수 있다.

신체적 특징 PHYSICAL FEATURES

말의 구조와 기능의 관계를 "컨퍼메이션"이라고 하는데, 이상적인 컨퍼메이션은 보기에도 좋고 효율적으로 작용한다. 야생의 상태에서, 말은 특정한 환경에서 생존을 위해 음식과 물을 찾고 위험으로부터 달아나기 위해 쉽게 움직일 수 있어야 한다. 인간이 편자와 붕대를 가지고 사육하는 말을 보호하고 돌볼 수는 있지만, 컨퍼메이션이 좋은 말이라면 부상 없이 잘 활동할 수 있다.

마체의 각 부위 POINT OF THE HORSE

좋은 컨퍼메이션 *Good conformation*

관절이 삐걱거리지 않고 빠르게 달릴 수 있는 좌우 대칭의 깔끔한 다리를 가지고 있어야 한다. 심장과 폐가 자리할 수 있는 깊은 가슴과 강력한 후구는 추진력을 얻기 위해 필요하다. 머리는 마체에 비해 적당한 크기여야 하고, 목은 경사진 어깨에 잘 이어져야 한다.

- 갈기선 Crest
- 목 Neck
- 갈기 Mane
- 엉덩이 Croup
- 허리 Loins
- 등 Back
- 기갑(돈등마루) Withers
- 어깨 Shoulder
- 꼬리심 Dock
- 엉덩이 옆끝 Point of hip
- 엉덩이 끝 Point of buttock
- 꼬리 Tail
- 허벅지 Thigh
- 하퇴부 Gaskin, 장딴지
- 비절 끝 Point of hock
- 옆구리 Flank
- 포피 Sheath
- 슬관절 Stifle
- 갈비뼈 Ribs
- 주관절 Elbow
- 상박 Forearm
- 밤눈 Chesnut
- 가슴 Brisket
- 어깨 끝 Point of shoulder
- 비절 Hock
- 중족부 Cannon bone
- 건 Tendon
- 거모 Ergot, 구절 뒤쪽 털
- 발목 Pastern
- 제관 Coronet
- 구절 Fetlock Joint
- 앞무릎 Knee
- 제벽 Wall of hoof
- 발뒤꿈치 Heel

PHYSICAL FEATURES 신체적 특징 17

골격계 SKELETON

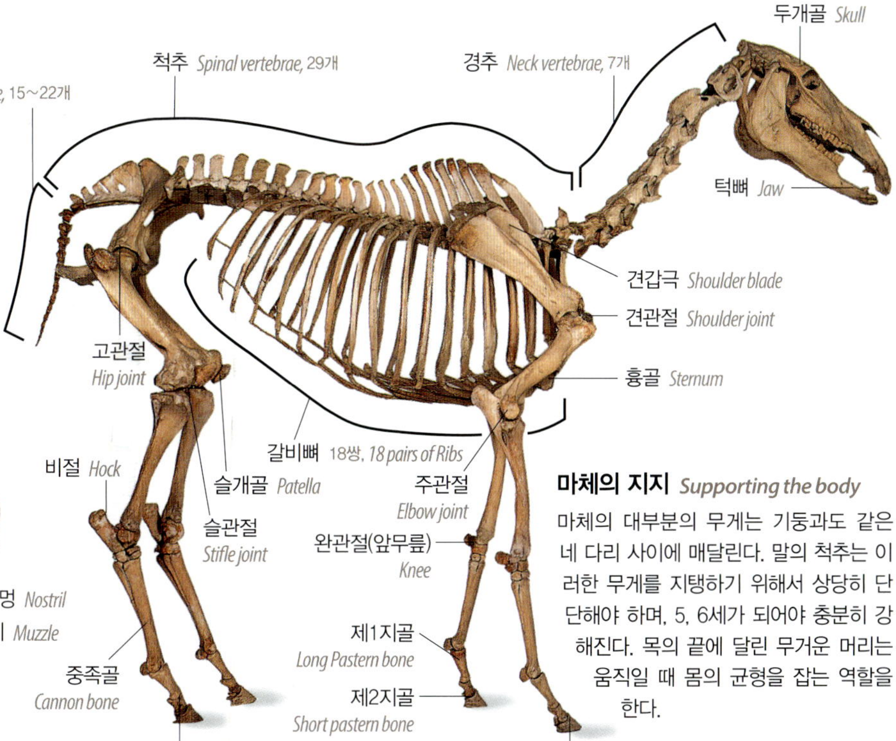

- 미추 Tail vertebrae, 15~22개
- 척추 Spinal vertebrae, 29개
- 경추 Neck vertebrae, 7개
- 두개골 Skull
- 정수리 Poll
- 귀 Ear
- 앞 갈기 Forelock
- 눈 Eye
- 뺨 Cheek
- 턱뼈 Jaw
- 견갑극 Shoulder blade
- 견관절 Shoulder joint
- 고관절 Hip joint
- 흉골 Sternum
- 광대뼈 Projecting Cheekbone
- 목구멍 Throat
- 턱 Chin groove
- 기관 Wind pipe
- 입 Mouth
- 경정맥 Jugulor groove
- 콧구멍 Nostril
- 주둥이 Muzzle
- 비절 Hock
- 슬개골 Patella
- 슬관절 Stifle joint
- 중족골 Cannon bone
- 구절 Fetlock joint
- 갈비뼈 18쌍, 18 pairs of Ribs
- 주관절 Elbow joint
- 완관절(앞무릎) Knee
- 제1지골 Long Pastern bone
- 제2지골 Short pastern bone
- 제골 Pedal bone

마체의 지지 Supporting the body

마체의 대부분의 무게는 기둥과도 같은 네 다리 사이에 매달린다. 말의 척추는 이러한 무게를 지탱하기 위해서 상당히 단단해야 하며, 5, 6세가 되어야 충분히 강해진다. 목의 끝에 달린 무거운 머리는 움직일 때 몸의 균형을 잡는 역할을 한다.

말의 체고 THE HEIGHT OF A HORSE

핸드 HANDS 와 인치 INCH

미터 METER 와 센티미터 CENTIMETER

말이 평평한 곳에 서 있을 때(이상적으로는 편자를 부착하지 않고) 돌등마루 지점에서 체고를 측정한다.

말의 개체 특징으로서, 그리고 마구와 마의류를 구입할 때를 위해 체고를 알아 놓는 것이 유용하다. 장애물 경주 등 각종 대회에서 말들은 체고를 기준으로 체급이 분류된다. 체고는 핸드와 인치로 측정된다. 원래 핸드는 어른 남자의 손의 넓이였으나, 현재는 4인치(10cm)로 표준화되었다. 체고는 미터법으로도 측정된다.

다리와 관절 LEGS AND JOINTS

다리의 주요 구성요소는 뼈, 근육, 건 및 인대이다. 말 다리의 앞무릎과 비절 아래로는 근육이 없기 때문에, 근육에서 연장된 기다란 건들은 아래쪽에 있는 발과 다리에 연결되어 다리를 움직이게 한다. 다리는 상당한 부하를 견뎌야 한다. 예를 들어, 말이 습보로 달릴 때 모든 체중이 하나의 다리에 실리므로(22쪽 참조). 엄청난 장력이 중수(족)골 뒤쪽의 건에 걸린다. 좋은 체형은 운동할 때 다리에 가해지는 부담을 줄여 부상이나 운동기질환 발생을 예방한다.

구조 STRUCTURE

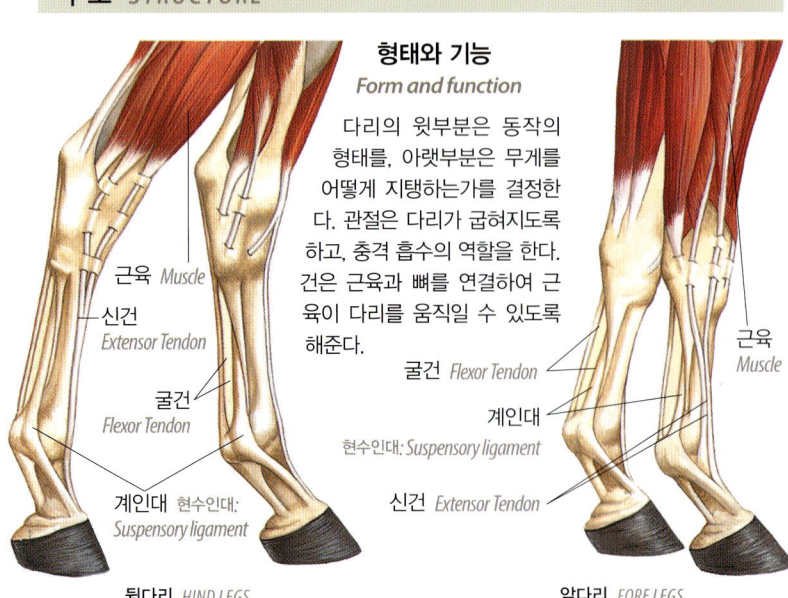

형태와 기능
Form and function

다리의 윗부분은 동작의 형태를, 아랫부분은 무게를 어떻게 지탱하는가를 결정한다. 관절은 다리가 굽혀지도록 하고, 충격 흡수의 역할을 한다. 건은 근육과 뼈를 연결하여 근육이 다리를 움직일 수 있도록 해준다.

근육 *Muscle*
신건 *Extensor Tendon*
굴건 *Flexor Tendon*
계인대 현수인대: *Suspensory ligament*

굴건 *Flexor Tendon*
계인대
현수인대: *Suspensory ligament*
신건 *Extensor Tendon*
근육 *Muscle*

뒷다리 HIND LEGS   앞다리 FORE LEGS

비교 COMPARISONS

말의 종류에 따른 다리형태 Legs to suit the horse

모든 말들의 다리의 해부학적 구조는 동일하지만, 특정종의 말들은 담당하는 역할에 따라 수백 년에 걸쳐 적응하였다. 일반적으로, 가는 다리는 스피드를 내기에 가벼워 쉽게 움직인다. 큰 관절은 표면이 훨씬 넓어서 무거운 말의 무게를 분산시킬 수 있다. 대형마의 작은 관절이나 가벼운 체격의 큰 관절 모두 문제를 유발한다.

발굽이 지면에 착지할 때 충격을 흡수할 수 있도록 각도가 잘 접힌 비절

경종마
LIGHT HORSE(ARAB)

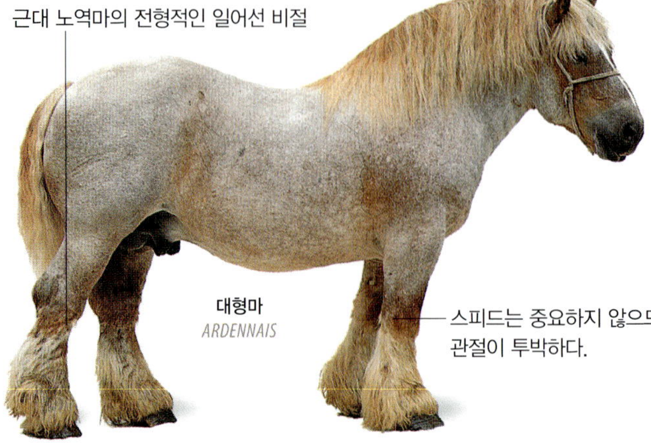

스피드를 내기에 적합한 관절이다.

근대 노역마의 전형적인 일어선 비절

민첩성이 중요하기 때문에 다리관절이 잘 발달됨

대형마
ARDENNAIS

스피드는 중요하지 않으므로 관절이 투박하다.

포니
SHETLAND

체구는 작으나 스피드에 적합한 무릎이다.

LEGS AND JOINTS 다리와 관절 19

좋은 지세 GOOD CONFORMATION

— 뒷다리의 중족골은 수직을 이룸

— 더 많은 무게가 실리는 앞다리는 무리 없이 지탱할 수 있도록 수직을 이룸

앞다리 FORE LEGS

뒷다리 HIND LEGS

주요 특징 Important features

모든 면에서 완벽한 다리를 가진 말을 찾아보기는 어렵다. 하지만 자세가 좋을수록 문제발생 가능성은 적어진다. 앞다리 뒤에 뒷다리를 딛고 서서, 네 발굽을 연결할 때 완벽한 사각형을 만들며 설 수 있어야 한다. 양쪽 다리는, 관절의 크기가 같고 정확하게 수직이어야 한다. 옆에서 볼 때, 비절의 각도를 제외하고는 곧아야 한다. 발은 안쪽, 또는 바깥쪽을 향해서는 안 되며 관절과 건 주위가 부어 있어서도 안 된다.

나쁜 지세 BAD CONFORMATION

앞다리 Forelegs

지세 상의 결함은 다리 전체가 균등히 마체의 무게를 지탱하는데 방해가 된다. 대신 특정 부위에 불필요한 부담이 실린다. 말의 무릎이 앞으로, 또는 뒤로 휘어 있다면, 약한 발뒤꿈치 부위에 부하가 걸린다. 발굽이 안팎으로 휘어져 있으면 구절, 제1지골 및 발굽에 불균등한 부담을 준다.

앞으로 휜 무릎
OVER AT THE KNEE

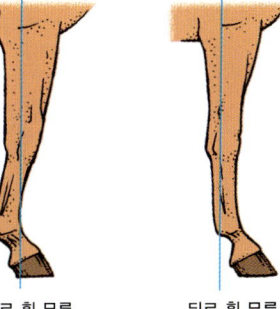
뒤로 휜 무릎
BACK AT THE KNEE

내향지세
PIGEON-TOED

외향지세
SPLAY-FOOTED

뒷다리 Hind legs

비절이 낮은 말은 걸을 때 근육이 너무 일찍 최대의 운동을 한다. 비절이 너무 뒤쪽에 있는 말은 추진할 때 최대의 운동이 늦게 발휘된다. 안쪽(cow hock) 또는 바깥쪽(bowed hock)으로 휜 비절은 운동시 너무 많이 휘어 뒷다리의 추진력을 감소시킨다.

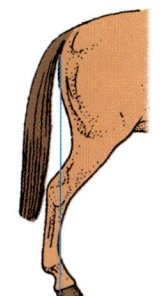
낮은 비절
HOCKS TOO FAR UNDER THE BODY

뒤쪽에 있는 비절
HOGS TOO FAR BEHIND THE BODY

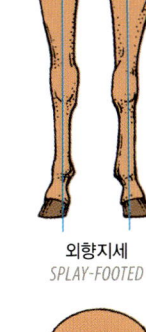
X형 지세
COW HOCKS

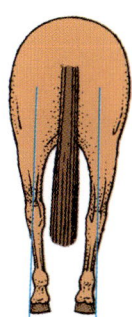
O형 지세
BOWED HOCKS

발과 발굽 FEET AND HOOVES

말의 발굽은 발톱이나 손톱의 변형이다. 단단한 제벽은 한 쪽이 터진 원의 형태를 하며, 탄력 있는 발뒤꿈치가 터진 부분에 자리한다. 이로 인해 발굽은 무게가 실림에 따라 조금씩 모양이 변할 수 있도록 해 준다. 마체의 무게는 굽바닥이 아니라 비스듬한 제벽에 의해 지탱된다. 뒷발굽은 다이아몬드 모양인데 앞발굽과는 약간 다르지만 구조적으로는 동일하다.

구조 STRUCTURE

측면 SIDE VIEW

정면 FRONT VIEW

- 제관 Coronary band
- 제벽 Wall
- 제첨부 Toe
- 발뒤꿈치 Heel
- 발뒤꿈치 Bulb of heel
- 제저지각 지지대는 제구부를 지지한다
- 제저지각 Seat of corn
- 제차는 고무같은 재질로 미끄러짐을 방지한다
- 제차열구 Creft of frog
- 제저부는 오목하며 지면을 움켜쥐도록 해 준다
- 제차첨부 Point of frog
- 백선은 제벽과 제저부가 만나는 지점이다

제벽 표면 The outer surface

발굽의 각질은 케라틴으로 불리는 단백질로 이루어지며, 제벽 바로 아래를 따라 있는 관 형태 구조의 제관세포에 의해 만들어진다. 건강한 발굽은 표면이 부드러우며, 돌출부나 세로의 갈라짐이 없다.

바닥 The under surface

제저부의 각질은 부드럽거나 얇지 않고 단단해야 한다. 제저부는 약간 오목한 형태로, 다듬어진 발의 제벽과 같은 높이이다. 일반적인 상식과는 달리 제차는 발굽의 혈액 순환에는 도움이 되지 않으며, 발굽이 지면을 박찰 때 충격을 흡수하는 스프링 역할을 한다.

발굽이 자라는 방법 HOW THE HOOF GROW

제벽은 제저와 별도로 성장한다. 이 두 가지 굽 조직은 백선에서 만난다. 발굽의 크기는 말의 품종에 따라 차이가 있다. 제벽은 제관 부위에서 아래쪽으로 성장하고 제첨부까지 자라는데 약 9개월에서 12개월이 걸린다. 발뒤꿈치 부근에서는 6개월이 소요된다. 제관부에 영양이나 혈액 공급이 원활치 않을 경우 발굽의 불균형 성장을 야기하며 제벽에 굴곡이 나타나게 된다. 과성장한 발굽은 제첨부나 뒤꿈치 부근이 벌어지며 이는 전체적으로 발에 비정상적인 스트레스(부담)를 준다.

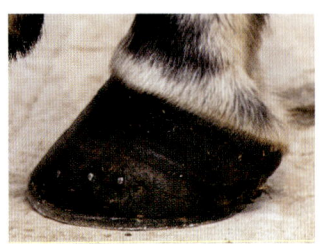

정상 발굽 NORMAL HOOF

굽벽의 제륜 GRASS RINGS ON A HOOF

FEET AND HOOVES 발과 발굽

내부구조 Internal structure

마체의 무게는 직선을 이루는 지골들까지 곧바로 전달된다. 이 무게는 제엽조직에 의해 제벽에 매달린다. 그 밑으로 주상골과 심지굴건은 비정상적인 압력에 특히 민감하다.

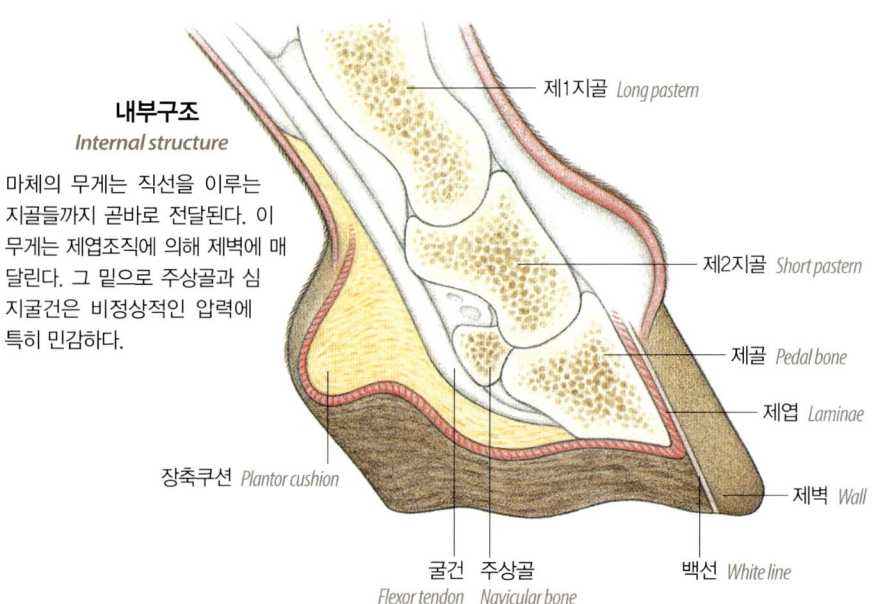

- 제1지골 Long pastern
- 제2지골 Short pastern
- 제골 Pedal bone
- 제엽 Laminae
- 제벽 Wall
- 백선 White line
- 주상골 Navicular bone
- 굴건 Flexor tendon
- 장축쿠션 Plantor cushion

제엽조직 Close-up laminate

제엽조직은 제골을 제벽에 연결해 준다. 제엽은 뼈와 발굽 사이에 혈관과 신경이 지나가면서, 서로 맞물려 있는 형태로 연결되어 있는 조직들로 이루어져 있다.

균형잡힌 발굽 A BALANCED FOOT

발굽이 대칭형이어야 하는 이유
Why symmetry is important

발굽이 지면을 박찰 때마다 그 충격은 다리 위쪽으로 전달된다. 발굽이 대칭형이 아니면, 즉, 발굽이 충격을 발목 위쪽으로 보내지 못하는 모양을 한 경우에는, 건과 관절, 다리뼈에 비정상적인 부담을 주게 된다. 완벽한 발굽의 모양을 가진 말은 드물지만, 발굽을 적절히 관리하면 작은 결점이 심각한 문제로 발전하는 것을 막을 수 있다.

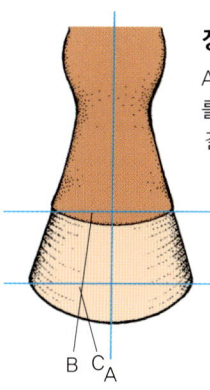

B C A

정면 Front view

A는 다리의 정면을 지나는 가상의 선이며 다리를 정확히 양분해야 한다. 내, 외측의 제관을 연결하는 선B는 발굽의 바닥을 내, 외측으로 연결하는 선C와 평행해야 한다. 이러한 형태의 발굽은 충격이, 발굽의 어느 한쪽에 치우치지 않고 다리의 중앙으로 고르게 전달됨을 의미한다.

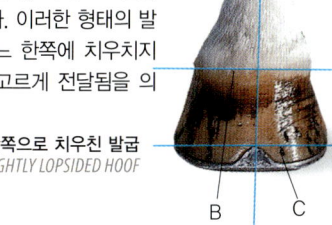

한쪽으로 치우친 발굽
SLIGHTLY LOPSIDED HOOF

B C A

정확한 비율 Correct proportions

발뒤꿈치와 제벽이 만나는 지점에서부터 제첨부 중앙으로 그어진 선 D는, 발굽의 가장 폭이 넓은 양쪽 옆을 잇는 선E와 길이가 같아야 한다. D가 E보다 길면 발굽이 너무 길다고 할 수 있는데, 이 경우 발뒤꿈치에 많은 압력을 가하게 된다.

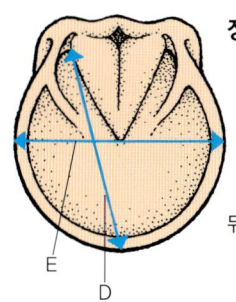

E D

측면 Side view

발목의 중앙을 지나는 가상의 선 F는, 제벽 가장 앞쪽의 선 G와 평행해야 한다. 두 개의 선이 어긋나면, 발굽과 발목의 축이 다르다고 할 수 있다.

F G

선 F는 제저부의 중앙부에서 지면과 만난다.

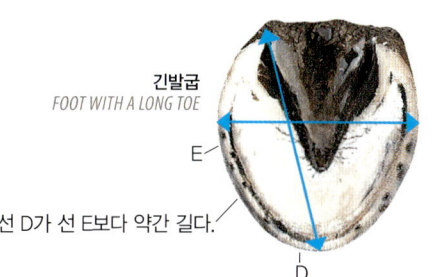

긴발굽
FOOT WITH A LONG TOE

E D

선 D가 선 E보다 약간 길다.

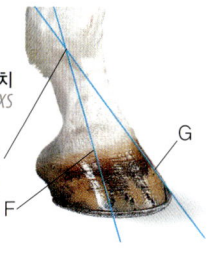

발굽과 발목의 축 불일치
BROKEN HOOF-PASTERN AXS

선 G가 선 F보다 더 누워있어서 더 많은 중량이 발뒤꿈치에 걸린다.

G F

걸음과 동작 GAITS AND MOVEMENTS

말은 동작의 측면에서는 오랜 세월동안 크게 진화하지 않았다. 말은 대부분의 시간은 풀을 뜯으며, 새로운 초지를 찾아 나설 때만 이동한다. 야생마가 5~10분 동안 쉬지 않고 평보나 속보로 이동하는 것은 드문 일이다. 10분간의 속보로도 말은 상당한 거리를 이동할 수 있기 때문에, 새로운 초지로 이동하는 데에 충분하다. 말은 공포를 느낄 때 구보로 위험으로부터 달아나지만, 오랫동안 그렇게 달릴 수 없으며 그럴 필요도 없다. 단시간 내에 포식자로부터 도망치거나 굴복하거나 할 것이기 때문이다.

평보 WALKING

4절도 보법 *Four-beat gait*
평보로 걸을 때는 항상 세 다리는 지면에 붙이고 한 다리를 떼어 놓는다. 뒷다리, 같은 쪽의 앞다리, 반대쪽의 뒷다리, 반대쪽의 앞다리 순으로 차례대로 걸음을 옮긴다.

속보 TROTTING

2절도 보법 *Two-beat gait*
속보로 걸을 때는 반대쪽 앞, 뒷다리를 동시에 움직인다. 항상 한쪽의 앞다리 또는 뒷다리가 체중을 받치고 있기 때문에 파행을 찾아내는데 유용하다.

구보 CANTERING

3절도 보법 *Three-beat gait*
구보로 달릴 때는 반대쪽의 앞·뒤 다리가 동시에 지면을 박차고, 나머지 앞다리와 뒷다리는 따로 움직인다. 어느 한쪽의 앞다리가 걸음을 떼면 반대쪽의 뒷다리로 이어지고, 나머지 두 다리는 같이 움직인다. 주행 중에 어느 다리도 지면에 붙어 있지 않는 순간이 생긴다.

습보 GALLOPING

4절도 보법 *Four-beat gait*
구보와 동일한 형태로 이루어지나, 구보에서 같이 움직이던 두 다리는 별도로 움직이는데, 뒷다리가 반대쪽 앞다리보다 먼저 착지한다. 구보나 습보에서 걸음을 주도하는 앞발을 바꿀 수 있다.

기타 걸음걸이 OTHER GAITS

어떤 종(특히 북미 또는 남미에서)들은 우측에 나타난 보법과 다른 보법이 개량되었다. 예를 들면 달리며 걷는 보법은 부드러운 4절도의 측대보(Lateral gait) 운동으로 파소(Paso)로도 알려져 있다. 밑에 이러한 보법을 시현하고 있는 말은 파소 피노(Paso Fino)이다.

GAITS AND MOVEMENTS 걸음과 동작

◀ **강한 유대** *Strong bonds*

야생에서 말은 작은 규모의 가족단위나 대규모의 군집형태로 살아간다. 가축화된 말일지라도 서로서로 소통하며 상호간의 강한 유대를 갖는다.

Horse's eyes **말의 눈** ▶

말의 눈은 머리의 측면에 배치되어있기 때문에 넓은 시야를 가지고 있다. 이 때문에 다양한 방향으로부터의 위험을 감시할 능력을 가지게 되며, 심지어는 고개를 내려 풀을 뜯을 때도 위험을 감지한다.

▼ **달리는 말** *Running horse*

말이 빨리 걷거나 달릴 때는 보기에 매우 우아할 뿐 아니라 긴 거리를 효율적으로 달리게 한다. 하지만 서있거나 싸울 때는 말의 다리는 힘 있는 무기가 되기도 한다.

치아와 턱뼈 TEETH AND JAWS

말에게 치아의 역할은 대단히 중요하다. 말의 소화효소는 말들이 뜯어먹는 풀에 들어있는 섬유소를 분해하지 못하기 때문에, 결장 안의 박테리아가 이것을 담당한다. 만약 치아가 풀을 걸죽한 "스프"로 만들지 못하면, 박테리아는 섬유소를 분해하지 못해서 말은 영양소를 얻지 못하게 되고, 섬유질 덩어리가 창자에 걸리게 될 것이다. 따라서 치아의 문제는 야생상태에서 말들이 오래 살지 못하는 중요한 이유 중에 하나일 것이다. 나이가 들어가면서 어금니 표면은 닳고 안쪽으로 더 밀려들어간다. 상악이 하악보다 넓은 이유로 위쪽 어금니 외측 끝과 아래쪽 어금니 내측 끝이 날카롭게 변하게 된다.

치아의 종류 DIFFERENT TEETH

치아의 역할
Function of the teeth

말의 위턱과 아래턱은 서로 같은 수의 대칭되는 치아를 가지고 있다. 음식물을 자르는 앞니가 각각 6개(양쪽에 각각 3개)씩 있다. 성마는 6개의 전구치와 6개의 구치(양쪽에 각각 3개)도 가지고 있는데, 이것들은 음식물을 씹기 위한 것이다. 어린 말들은 뒤쪽의 3개씩의 어금니(구치)가 없다. 수말의 경우에는 양쪽에 쓸모가 없는 1개씩의 송곳니가 있을 수 있다.

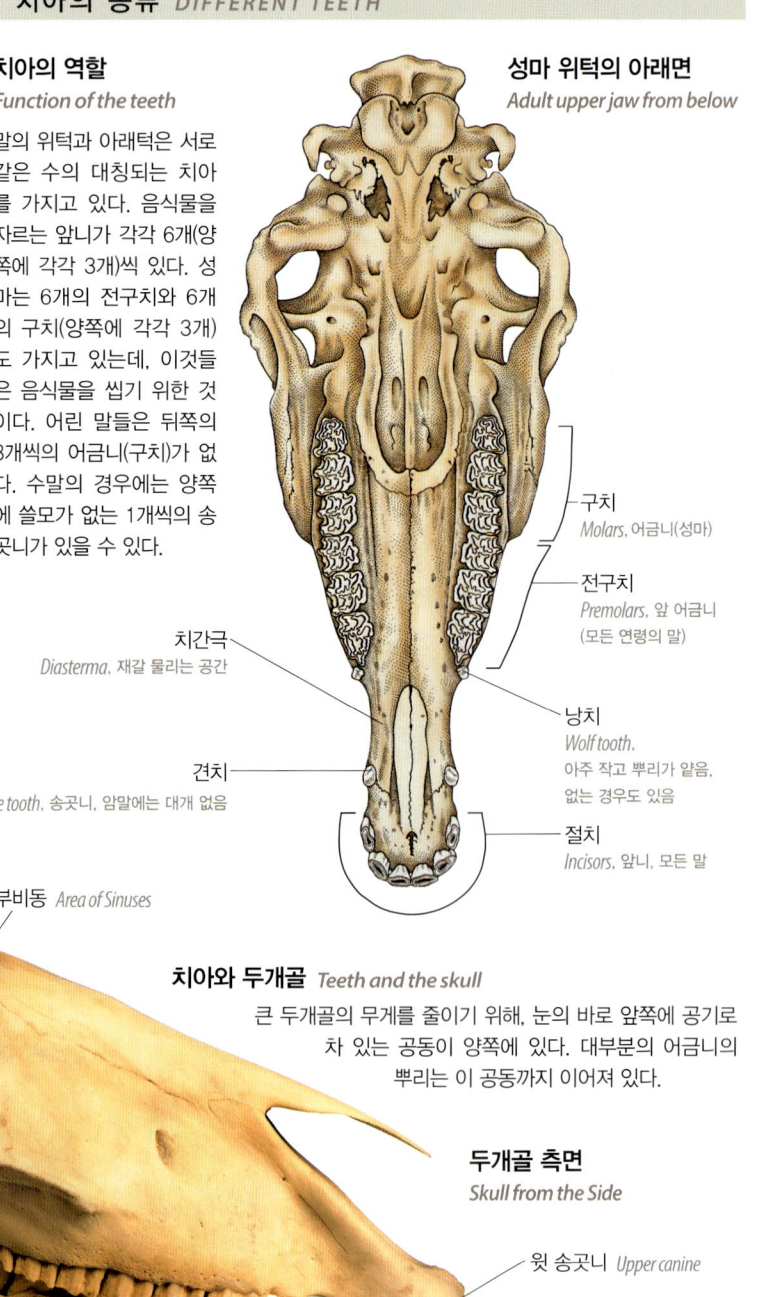

성마 위턱의 아래면
Adult upper jaw from below

구치 *Molars*, 어금니(성마)
전구치 *Premolars*, 앞 어금니 (모든 연령의 말)
낭치 *Wolf tooth*, 아주 작고 뿌리가 얕음, 없는 경우도 있음
절치 *Incisors*, 앞니, 모든 말

치간극 *Diasterma*, 재갈 물리는 공간
견치 *Canine tooth*, 송곳니, 암말에는 대개 없음

부비동 *Area of Sinuses*

치아와 두개골 Teeth and the skull

큰 두개골의 무게를 줄이기 위해, 눈의 바로 앞쪽에 공기로 차 있는 공동이 양쪽에 있다. 대부분의 어금니의 뿌리는 이 공동까지 이어져 있다.

두개골 측면
Skull from the Side

윗 송곳니 *Upper canine*
아래 송곳니 *Lower canine*
윗 앞니 *Upper Incisors*
아래 앞니 *Lower Incisors*

구치 *Molars*, 어금니 전구치 *Premolars*, 앞어금니

TEETH AND JAWS 치아와 턱뼈

앞니 THE INCISORS

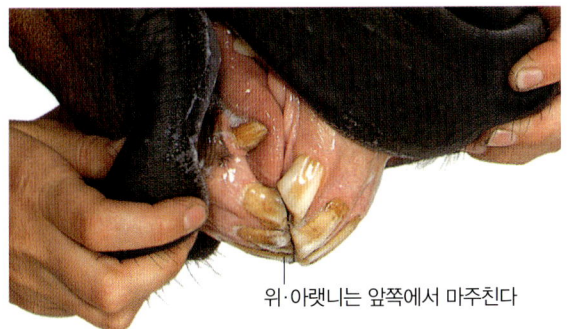
위·아랫니는 앞쪽에서 마주친다

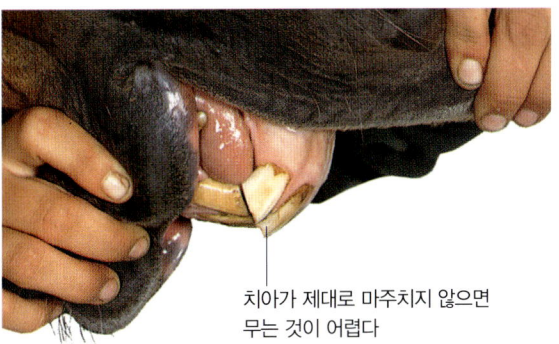
치아가 제대로 마주치지 않으면 무는 것이 어렵다

치아 교합 Teeth that meet
음식물을 적절히 자르려면 위아래의 앞니가 만나야 한다. 풀을 자를 수 없으면 음식을 섭취하지 못하기 때문에. 치아의 교합은 야생마에게 특히 중요하다. 사육마들은 잘 잘라진 음식물을 먹을 수 있다.

부정 교합 Teeth that do not meet
윗턱이 아래턱보다 긴 말들은 윗니가 아랫니보다 앞으로 돌출해있다. 이러한 말들은 앵무새 입이라고 한다. 훨씬 드문 경우나, 그 반대로 아래턱이 더 긴 말은 암퇘지 입(sow-mouthed)이라고 부른다.

치아에 의한 나이 측정 TEETH AS AN INDICATOR OF AGE

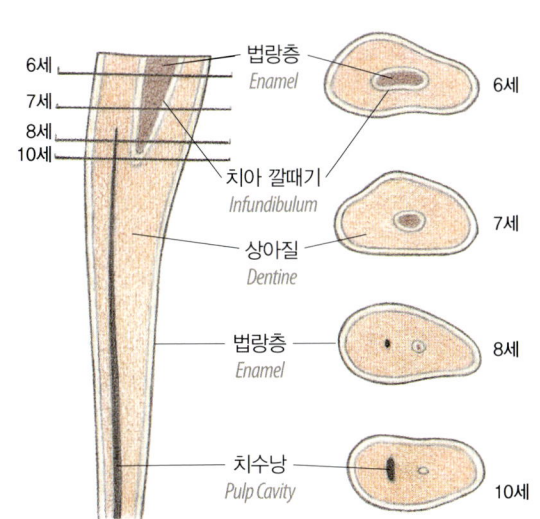

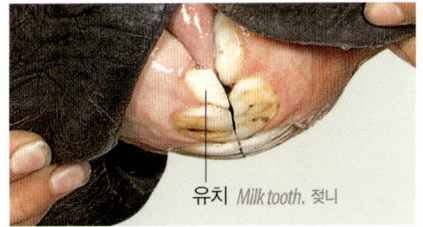
4세마의 곧은 앞니
THE STRAIGHT TEETH OF A FOUR-YEAR-OLD HORSE
유치 Milk tooth, 젖니

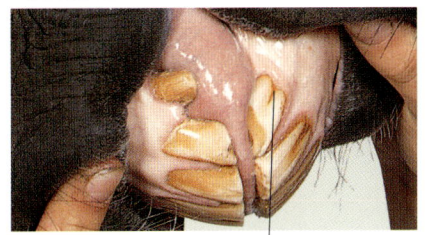
20세마의 누운 앞니
THE ANGLED TEETH OF A 20-YEAR-OLD HORSE
갈베인 홈 Galvayne's groove

치아단면의 마모 Wear of the surface of the teeth
말의 치아는 대략적인 나이를 측정하는 수단으로 이용할 수 있다. 앞니의 단면은 나이를 먹어감에 따라 마모되는데, 점차 다른 모습을 보인다. 이를 통해 최고 8세까지 나이를 가늠하는데 유용하다. 8세 이후로는 "노령"의 말로 부른다. 말이 늙을수록 앞니의 경사가 점점 커진다. 10세쯤에 이르면 "갈베인 홈(Galvayne's groove)"으로 알려진 검은 줄이 제3절치 옆쪽의 윗니의 위쪽에 나타나서 점차 아래쪽으로 자라나다가 위쪽부터 없어진다.

유치와 영구치 Temporary and permanent teeth
자마들은 몇 개의 유치를 가지고 있는데, 점차 빠지고 5세쯤에는 모두 영구치로 대체된다. 대략 그 나이에 골격도 성숙된다. 따라서 남아 있는 유치의 개수는 말이 어느 정도의 운동을 해야 하는가를 알려준다.

마체 시스템 BODY SYSTEM

말은 진화하면서 생체 시스템이 특별한 필요에 맞추어 적응되었다. 예를 들어 초원에서 풀을 뜯는 동물이기 때문에 소화 시스템은 섬유소를 소화할 수 있어야 했다. 따라서 대결장은 박테리아의 발효작용을 위한 저장소의 역할을 하게 되었다. "달아나거나 싸우는 동물"이기 때문에 말의 근육은 급박하게 많은 양의 산소를 필요로 하는 경우가 있으므로 비장이 적혈구를 저장하고 있다가 필요한 경우에 혈액 속으로 내보내도록 발달하였다.

호흡기계와 순환기계 RESPIRATION AND CIRCULATION

연관 작용 Working together

호흡기계와 순환기계의 기능은 필연적으로 서로 연관되어 있다. 순환기계가 산소를 체내의 각 세포로 옮겨주지 않으면, 호흡기계가 흡인된 공기로부터 산소를 뽑아내어도 소용이 없다. 기본적인 원리는, 기체는 밀도가 높은 곳에서 낮은 곳으로 이동한다는 것이다. 공기 중의 산소는 폐의 벽을 통해 혈액으로 들어가며, 심장은 혈액을 몸 전체로 뿜어낸다. 이와 동시에 이산화탄소는 혈액에서 폐를 통해 몸 밖으로 배출된다.

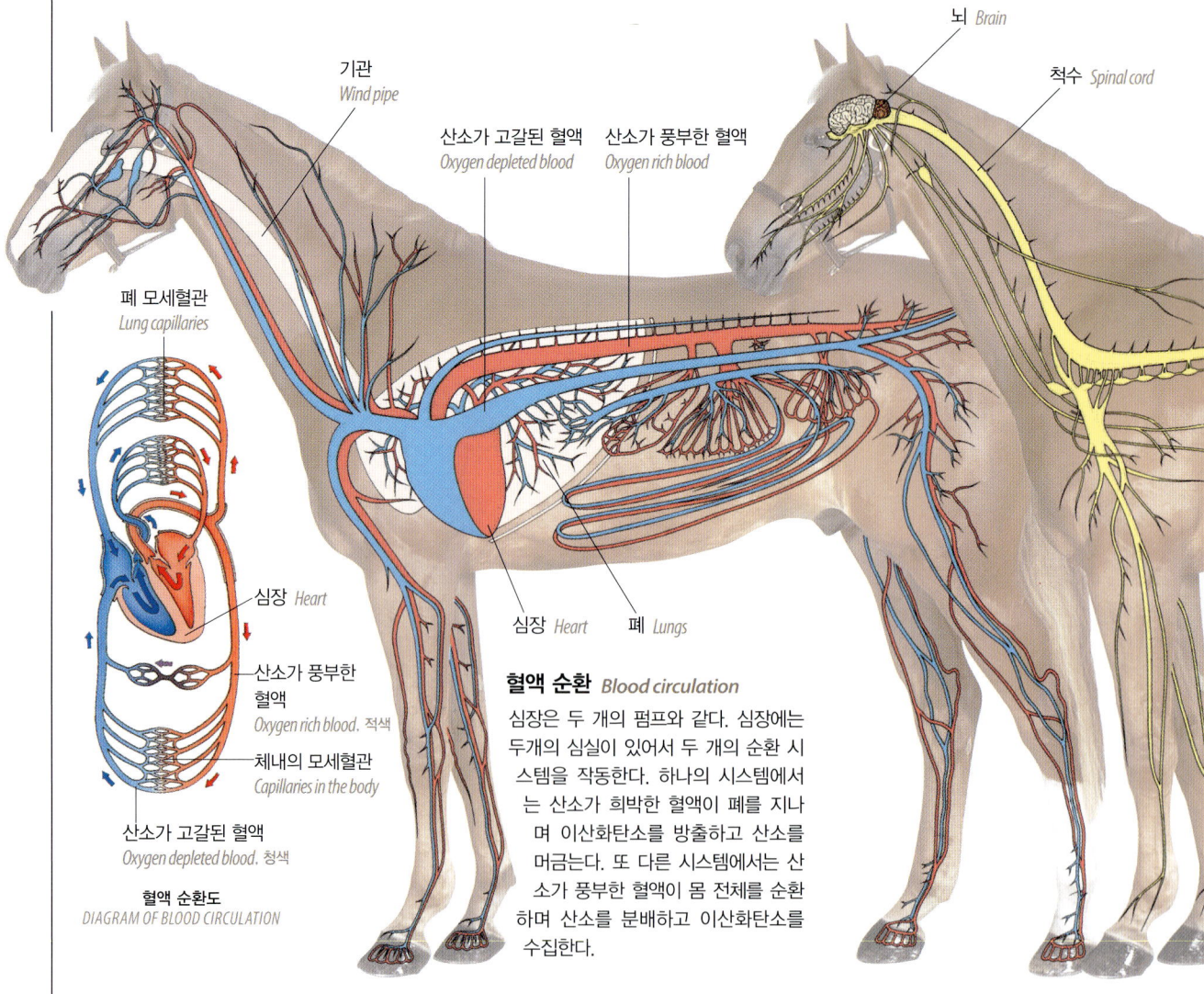

혈액 순환 Blood circulation

심장은 두 개의 펌프와 같다. 심장에는 두개의 심실이 있어서 두 개의 순환 시스템을 작동한다. 하나의 시스템에서는 산소가 희박한 혈액이 폐를 지나며 이산화탄소를 방출하고 산소를 머금는다. 또 다른 시스템에서는 산소가 풍부한 혈액이 몸 전체를 순환하며 산소를 분배하고 이산화탄소를 수집한다.

BODY SYSTEM 마체 시스템

신경계 시스템 NERVOUS SYSTEM

마체 지배 Instructing the body
신경계 시스템은 신체의 모든 활동을 조정한다. 감각기를 통해 정보를 수집하고, 필요한 활동을 결정해서, 목적을 달성하기 위해 관련 시스템에 명령을 보낸다. 대부분의 신경계 시스템은 자동적으로 작동한다.

소화기계 시스템 DIGESTIVE SYSTEM

소화의 과정 The process of the digestion
말은 소화를 위해 음식물을 재빨리 소장으로 내려 보내기 때문에 위장이 작다. 소화되지 않은 섬유소는 맹장과 대장으로 내려가서 분해된다. 액체는 혈액으로 흡수되고 수분이 적어진 나머지는 대변으로 배출된다.

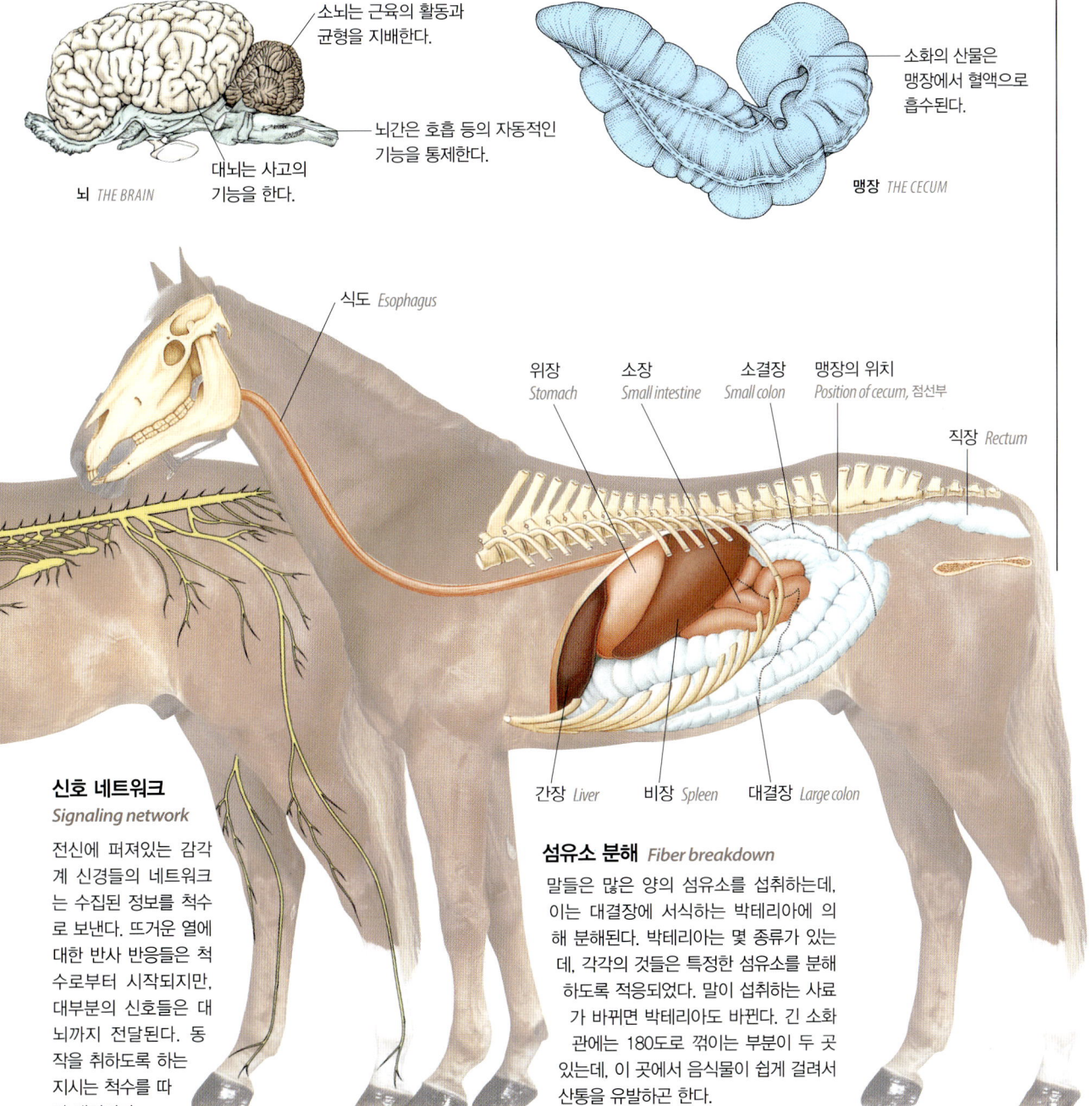

- 소뇌는 근육의 활동과 균형을 지배한다.
- 뇌간은 호흡 등의 자동적인 기능을 통제한다.
- 대뇌는 사고의 기능을 한다.

뇌 THE BRAIN

- 소화의 산물은 맹장에서 혈액으로 흡수된다.

맹장 THE CECUM

식도 Esophagus
위장 Stomach
소장 Small intestine
소결장 Small colon
맹장의 위치 Position of cecum, 점선부
직장 Rectum
간장 Liver
비장 Spleen
대결장 Large colon

신호 네트워크 Signaling network
전신에 퍼져있는 감각계 신경들의 네트워크는 수집된 정보를 척수로 보낸다. 뜨거운 열에 대한 반사 반응들은 척수로부터 시작되지만, 대부분의 신호들은 대뇌까지 전달된다. 동작을 취하도록 하는 지시는 척수를 따라 내려간다.

섬유소 분해 Fiber breakdown
말들은 많은 양의 섬유소를 섭취하는데, 이는 대결장에 서식하는 박테리아에 의해 분해된다. 박테리아는 몇 종류가 있는데, 각각의 것들은 특정한 섬유소를 분해하도록 적응되었다. 말이 섭취하는 사료가 바뀌면 박테리아도 바뀐다. 긴 소화관에는 180도로 꺾이는 부분이 두 곳 있는데, 이 곳에서 음식물이 쉽게 걸려서 산통을 유발하곤 한다.

건강한 말 THE HEALTHY HORSE

건강한 말이란 사고나 질병으로 인해 자연적인 신체능력이 제한되지 않는 말을 말한다. 야생에서는 건강한 말과 그렇지 않은 말을 명확하게 구분할 수 있다. 건강한 말은 살아남지만 그렇지 않은 말은 포식자나 질병에 굴복하고 만다. 사육마의 경우에는 이러한 경계가 상당히 모호기 때문에 매우 아픈 말들도 수의사의 도움으로 살아남는다. 건강과 체력을 혼동해서는 안 된다. 건강한 말이라고 반드시 정력적이지는 않다. 건강한 많은 말들이 운동으로 쉽게 지치곤 하지만, 정력적인 말의 운동능력은 피로감에 의해 제한을 덜 받는다. 건강한 말이라면 너무 살찌지도 마르지도 않아야 한다(125쪽 참조). 특히 비만은 사람에서와 마찬가지로 말의 건강에 악영향을 미친다. 늙은 말들은 질병에 더욱 민감한데, 평소의 건강한 외모와 행동에 조금이라도 다른 점이 있다면 찾아낼 수 있도록 특별히 잘 관찰해야 한다. 어떤 특이한 증상을 "노쇠"함 때문으로 돌리지 않도록 주의한다.

체온, 맥박, 호흡
Temperature, pulse rate, and respiration rate

이들은 건강과 질병을 나타내는 중요한 지표이다. 말이 건강할 때 체온, 맥박, 호흡수를 측정해 둠으로써 말의 건강상태 변화를 알 수 있다(45쪽 참조). 휴식하고 있는 건강한 말의 일반적인 체온은 38.3∼38.6℃, 분당 심박수는 30∼50회, 호흡수는 8∼16회이다.

꼬리 *Tail*

꼬리가 다리 사이로 처져 있거나, 속보로 걸을 때 한 쪽으로 치우쳐 있으면 안 된다. 꼬리는 항상 깨끗하게 정돈되어 있어야 한다. 엉덩이가 비벼져 털이 벗겨져 있으면 기생충이나 심한 가려움증이 있다는 것을 의미한다(147쪽 참조).

모세혈관 재충진 시간 *Capillary refill time*

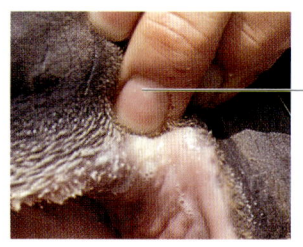

잇몸을 누르면 혈액이 모세혈관으로부터 밀려나가기 때문에 하얗게 변하게 된다.

말의 혈액순환을 측정하는 단순한 방법은 잇몸의 부드러운 부분을 손가락으로 세게 눌러보는 것이다. 손가락을 떼면 하얗게 되었던 부분이 정상 색깔인 분홍색으로 돌아오는데, 4초 이상 걸리면 안 된다. 이를 모세혈관 재충진 시간이라고 한다.

대변과 소변 *Droppings and urine*

건강한 말의 대변은 둥근 모양이며 지면에 떨어질 때 부서진다. 섬유소 덩어리나 곡물의 낱알이 그대로 대변에 섞여 있어서는 안 되며, 대변은 하루에 6∼10회 배출된다. 소변은 냄새가 강하고 짙은 노란색이다.

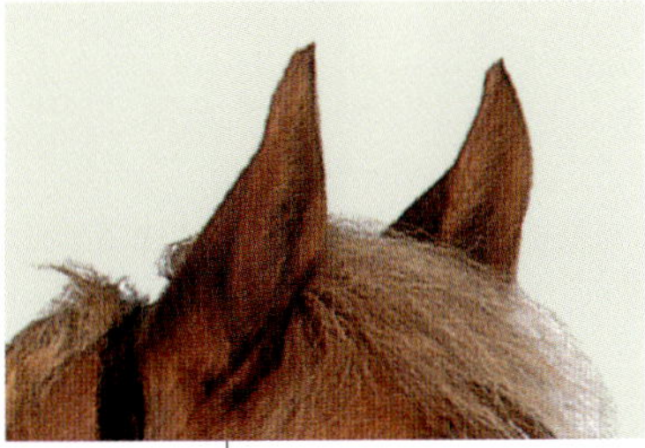

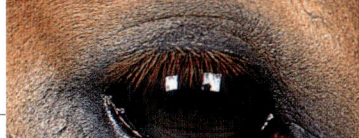
THE HEALTHY HORSE 건강한 말 31

귀 *Ears*
말의 귀는 기민하게 움직여야 하며, 두 눈과 함께 사람에 집중하여야 한다. 청각은 시각만큼이나 말에게 중요한 감각이다.

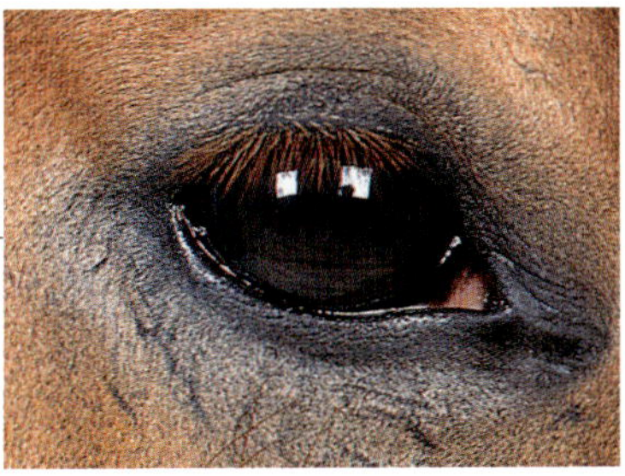

눈 *Eyes*
눈은 맑고 눈곱이 끼어있지 않아야 한다. 눈 안에는 홍채의 맨 위로부터 늘어진 검은색의 컬리플라워 같은 모양이 있는 것이 정상이다. 이것은 흑색체(Corpora nigra)라고 불린다. 눈 주위와 눈꺼풀 안쪽의 막은 연어살 같은 핑크색이어야 한다.

입과 콧구멍 *Mouth and nostrils*
대부분의 말들은 고정된 채식 습관을 가지는데, 뭔가 이상이 생기지 않으면 그 습관을 바꾸지 않는다. 음식물을 먹다가 입 밖으로 흘리는 것은 바람직하지 않다. 치아 이상이 있을 수 있다(*147쪽 참조*). 콧구멍은 휴식 중인 상태에서 벌름거려서는 안 되며 분비물이 없어야 한다.

피부와 체모 *Skin and coat*
피부는 부드럽고 쉽게 움직여야 한다. 목 주변의 피부를 손가락으로 집었다가 놓았을 때, 즉시 반듯하게 펴져야 한다. 집힌 자국이 그대로 남아 있으면, 탈수증세가 있는 것이다. 체모는 부드럽고 광택이 있어야 하며, 털갈이 중이 아니라면 느슨한 털이 있어서는 안 된다.

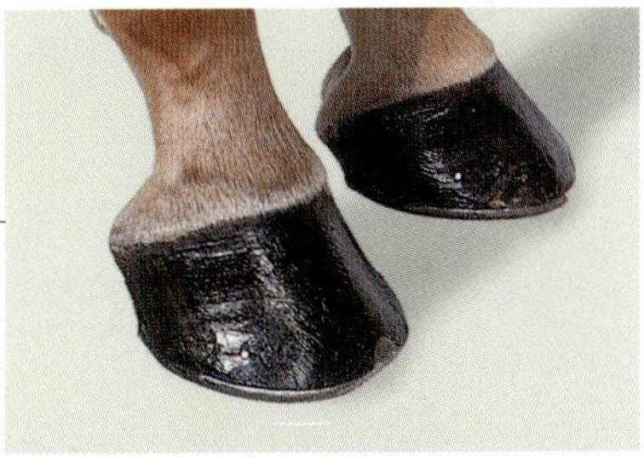

발 *Feet*
건강한 말은 편하게 네 다리에 체중을 싣고 있을 수 있으며, 체중의 60%는 앞다리에 실린다. 많은 말들은 한 쪽 뒷다리에 체중을 덜어 쉴 때가 많다. 발굽은 가로로 난 골이나, 세로로 갈라짐이 없어야 하며, 각질부는 지면에 닿는 부분이 부서지거나 갈라져서는 안 된다.

말의 감각 EQUINE SENSES

야생의 말들은 시각, 청각, 촉각, 후각 및 미각에 의존해 생존해 나간다. 시각과 청각은 위험을 경고하고, 미각과 후각은 안전한 음식물을 선별한다. 말이 지나가는 자동차를 볼 때마다 달아나거나 하지 않듯이, 말이 길들여짐에 따라 감각에 대한 반응은 상당히 둔해지나, 그러나 감각 자체는 여전히 예민하다. 사람이 감지하지 못하는 무엇에 대해 말이 반응하는 경우가 있는데, 흔히 육감이라 부른다. 이것은 사람이 인식하지 못하는 사소한 정보를 분석해내는 말의 고도로 예민한 감각능력이라 할 수 있다.

시각 SIGHT

양촛점 구간 *Bifocal visoin*

왼쪽시야의 범위 *RANGE OF VISION OF LEFT EYE*

오른쪽 시야의 범위 *RANGE OF VISION OF RIGHT EYE*

시야의 범위 *Field of vision*
말의 양쪽 눈은 독립적으로 기능한다. 각각의 눈은 반원에 가까운 넓은 시야를 확보한다. 얼굴의 바로 앞쪽에서 양쪽의 시야가 겹쳐지는 부분이 있고, 바로 뒤쪽에서는 사각지대가 있다. 따라서 말의 뒤쪽에서 접근하면 말이 놀랄 수 있으므로 주의해야 한다.

정면의 시야 *Seeing straight ahead*
말은 점프를 할 때, 장애물과의 거리를 판단하기 위해서 양쪽 눈의 입체감을 사용하지 않는다. 한쪽 눈으로만 보이는 말도 거리를 판단할 수 있다. 말은 땅을 박차는 순간 장애물은 시야를 떠나게 된다. 따라서 안전하게 점프하기 위해서는 기승자를 완전히 신뢰해야 한다.

청각 HEARING

움직이는 귀, 넓은 시야, 그리고 유연하게 굽혀지는 목은 말이 자신의 뒤쪽에서 무슨 일이 벌어지는지를 항상 알 수 있도록 해 준다.

귀의 사용 *Use of ears*
말은 양쪽 귀를 독립적으로 움직이며 소리를 잡아내는 등 청각을 많이 사용한다. 말에게 말을 거는 것은 사람이 그곳에 있으며, 위협이 되지 않는다는 것을 알려주는 중요한 방법이다.

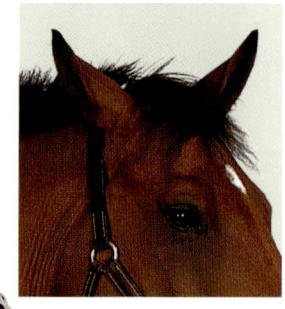

도주 준비 *Preparing to flee*
말이, 예를 들어 개가 짖는 소리 같은 것을 들을 때는 소리가 나는 쪽을 응시하며, 머리를 들어올리고, 소리의 중대성을 가늠한다. 만약의 위험으로부터 쉽게 달아나기 위해 몸 전체를 돌리지는 않는다.

EQUINE SENSES   말의 감각   33

촉각 TOUCH

민감도 Sensitivity
말은 몸 전체에 걸쳐 예민한 촉각을 가지고 있어서, 한 마리의 파리라도 감지해서 정확하게 꼬리를 휘둘러 쫓아 버릴 수 있다. 예고 없이 말을 만지면 말은 몹시 놀랄 것이다.

촉모 Whiskers
수염과 눈 주위의 기다란 털은 가까이에 있는 물체를 감지하는데 유용하다. 말의 털을 깎을 때, 이런 촉모는 깎지 않도록 주의한다.

후각 SMELL

정보의 습득 Obtaining information
후각은 말이 음식물 안에 있는 이물질을 탐지할 수 있도록 한다. 또한 사회적 상호작용을 하는데도 중요하다. 예를 들어, 주둥이를 서로 맞대어 친구에게 인사를 하거나 낯선 말을 냄새로 구분한다.

냄새 분석 Scent analysis
"플레멘"으로 알려진 이 행동은 콧구멍 뿐만 아니라 입술 안쪽의 예민한 막으로 후각을 도울 수 있다. 대개 교배 시에 관찰되며, 공기 중에 퍼트려진 성 호르몬인 "페로몬"을 감지하기 위한 것이다. 많은 말들이 처음 접하는 특이한 냄새나 사료에 이러한 반응을 보인다.

미각 TASTE

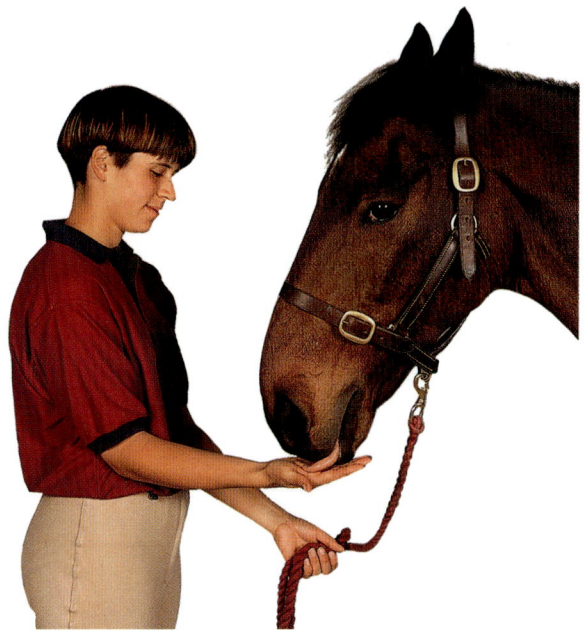

좋아하는 음식 Favorite foods
말들은 짜고 단 음식을 좋아하고, 쓰거나 신맛은 싫어한다. 페퍼민트를 좋아하는 말들도 많은데, 이것은 아마도 누군가 자신의 소금기가 있는 손을 핥는데 대해 보너스로 페퍼민트를 주었고, 말은 이 맛을 즐겼기 때문일 것이다.

신체 언어 BODY LANGUAGE

말은 무리를 이루어 사는 동물로서 다른 말들과 의사소통할 수 있는 능력이 필요하다. 물론 말들이 철학적인 토론을 나누지는 않을 것이다. 신체언어를 통해 공포심 같은 기본적인 감정을 전달하고, 폭력을 사용하지 않고 지배의 서열을 확립한다. 사람에 의해 사육되는 말들은 인간을 자신의 무리의 일원으로 생각해서 똑같은 신체언어로 말을 걸어온다.

만족 CONTENTMENT

행복감의 표현
Signs of happiness

만족감을 느끼는 말은 주위의 다른 말들에 대해 신경을 쓰지 않는다. 머리를 높이 들고 꼬리를 치켜세운 채 평소보다 요란한 동작을 하는 경향이 있다.

방목장에서 *In the field*
말들은 함께 있는 것을 좋아하기 때문에 자신이 잘 알고 있고 신뢰하는 사람이 곁에 있으면 즐거워한다. 달아나는 대신 두려움 없이 사람에게 접근한다.

마방에서 *In the stable*
말이 휴식을 즐기기 위해 혼자 있고 싶을 때는 다른 말들에게서 등을 돌리고 선다. 마방에 있는 말이 사람과 대화하기를 원치 않을 경우에는 문 쪽으로부터 등지고 서있다.

참을성 없음 IMPATIENCE

머리의 움직임 *Head movements*
말들은 아이들과 같아 무관심을 좋아하지 않는다. 주둥이로 밀침으로써 사람의 관심을 끌려하기도 한다.

슬쩍 밀치는 것도 강력하다.

발 구르기
Stamping feet

말은 사료를 기다리거나 갇혀있을 때 참을성이 없어진다. 그러한 경우 앞발로 바닥을 긁어 대거나 마방 문을 걷어차서 소음을 낸다.

불쾌감 ANNOYANCE

- 귀를 뒤로 젖힘 / Ears back
- 이를 드러냄 / Teeth bared

다른 말 물기 *Biting other horses*
인내가 다했을 때 다른 말들을 물어서 분노를 표현하기도 한다. 말의 이는 육식동물처럼 물었을 때 심한 상처를 내도록 생기지는 않았다. 무는 행동은 "나는 이 무리에서 내가 원할 때 너를 물 수 있는 서열에 있다"는 것을 나타낸다.

사람 물기 *Biting you*
다른 말을 무는 행동과 똑같은 이유로 사람을 물 수도 있다. 이런 행동을 내버려 두는 것은 말이 사람보다 서열상 위라는 것을 인정하는 것과 같은 것이다. 물기 전에 다른 데로 말의 관심을 돌리도록 해야 한다. 말이 당신을 물려고 할 때마다 주둥이를 가볍게 때린다.

공포심 혹은 분노? FRIGHT OR FURY?

- 눈의 흰자위가 드러난다 / White eye visible
- 즉각 동작을 할 수 있는 자세가 된다 / Body ready for action

공포심과 공격성의 표시 *Signs of fright and aggression*
공격적인 말과 겁먹은 말 사이에는 큰 차이가 있다. 겁먹은 말은 가만히 서 있거나 달아난다. 물론 똑같이 흰자위를 보이고 물거나 발로 찬다. 말이 공격적으로 행동하는 경우는 극히 드물지만, 일단 공격적으로 변하면 사람에게도 공격하려고 한다. 겁먹은 말은 대개 달아난다. 시간이 얼마나 걸리든 다시 다가올 때까지 기다려야 한다.

불만족 UNHAPPINESS

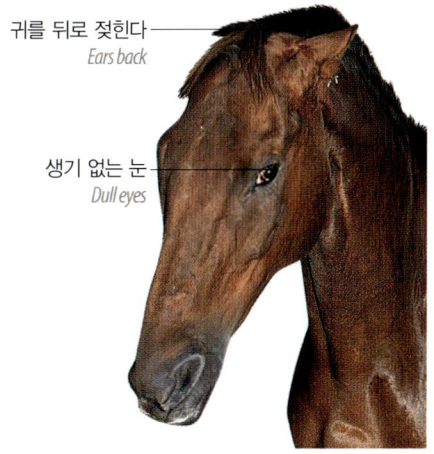

- 귀를 뒤로 젖힌다 / Ears back
- 생기 없는 눈 / Dull eyes

불만의 원인 *Cause of unhappiness*
말들은 아프거나 위협을 느끼면 의기소침해진다. 무관심하거나 침울해 보일수도 있으며 공격적으로 변할 수도 있다. 예전에는 말의 기세를 꺾는 것을 자랑하던 시절도 있었으나, 오늘날에는 받아들여지지 않는다.

말의 휴식 THE HORSE AT LEISURE

마방관리를 잘 한다 하더라도 말들은 사람을 위한 노동으로부터 얼마간 휴식을 취하는 것이 필요하다. 매일 오후에 한 시간씩 방목장에 내어놓거나 초지에 몇 일간 또는 수 주에 걸쳐 방목할 수도 있다. 말의 일상을 갑자기 변화시켜서는 안 되며, 말의 소화기관과 운동기관이 적응할 수 있도록 최소한 일주일의 시간을 가져야 한다. 말들은 초지에서 잘 살아나간다(몇몇의 더러브렛 같은 말들은 일에 중독된 사람처럼 휴식에 적응하지 못하는 경우도 있다). 말들은 대개 휴식에서 막 복귀했을 때 경주에서 가장 좋은 성적을 낸다. 자연적인 환경에서의 정신적 휴식 때문인지 청초를 뜯으며 더 나은 영양을 섭취해서인지는 알 수 없지만, 자연의 힘에 기인한다고 볼 수 있다.

휴식 RELAXING

일광욕 Sunbathing
초지에 방목된 말들은, 특히 햇빛이 좋을 때, 마방에 있는 말들보다 자주 눕는다. 이렇게 휴식을 취할 때 의식이 없어 보이지만, 갑작스런 소음이 나면, 혹시 모르는 위험을 감지하기 위해 즉시 깨어난다.

놀기 Playing
어린 말들은 놀면서 의사소통 방법을 배운다. 모든 어린 동물들과 마찬가지로 싸우는 흉내를 내며 신체적 접촉을 즐긴다. 여기서 기억해야 하는 것은, 말 한 마리만 관리할 때에는, 다른 말 친구가 없기 때문에 주인이 이러한 사회적 접촉을 대신 제공해야 한다는 것이다.

구르기 ROLLING

말이 구르는 이유?
Why do horses roll?

말들은 재미 삼아 땅바닥에서 뒹굴곤 한다. 산통이나 복부에 통증이 있을 때도 뒹군다. 말이 뒹굴기 전과 후에 정기적으로 말을 관찰하면 어떤 이유로 뒹구는지 쉽게 알 수 있다. 말이 뒹굴 때는 몸의 모든 근육이 사용되며, 재미로 뒹굴 때는 사람이 기지개를 펼 때와 비슷하게 이를 즐기는 것 같다. 등이 가려울 때나 몸을 깨끗이 하기 위해서도 뒹군다.

자리 선택 Choosing the place
뒹구는 장소는 대체로 일정한 장소를 선택하곤 한다. 침대 위에 자리를 잡는 개처럼, 그 자리에서 한두 번 뒹군다.

앉기 Settling down
말은 앞다리 먼저 꿇는다. 아마도 갑작스런 위험으로부터 달아날 수 있도록 뒷다리는 나중에 굽힌다.

THE HORSE AT LEISURE 말의 휴식

귀가 약간 젖혀진다

졸기 *Dozing*
말은 서서 잘 수 있다. 한쪽이나 양쪽의 무릎 관절을 편 채로 고정시켜 서 있을 수 있다. 말이 잠들면, 눈은 반쯤 감기며 머리는 약간 낮아진다. 무리를 지어 있을 때, 다른 말들이 이렇게 조는 동안 한 마리는 깨어서 풀을 뜯는다.

아랫입술이 느슨하게 늘어진다

상호간 인사하기
Two horses greeting each other
말들은 많은 부분을 소리로 의사소통한다. 위 사진에 나온 두 마리의 말은 의심할 여지없이 친구이다.

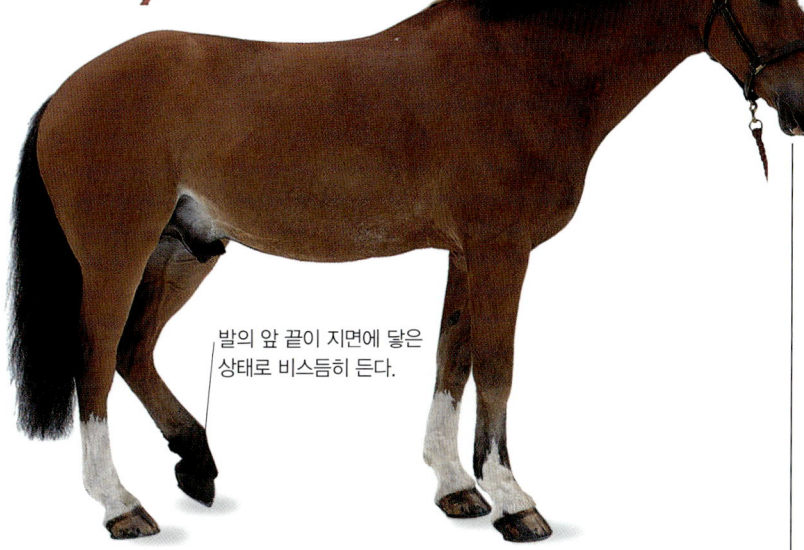

발의 앞 끝이 지면에 닿은 상태로 비스듬히 든다.

뒷다리 쉬기 *Resting a hind foot*
많은 말들이 뒷다리를 쉬게 한다. 이것은 체중을 덜기 위한 것이 아니라(대부분의 체중은 앞다리에 실린다) 아마도 무릎 관절을 잠그는 구조를 쉬게 하기 위한 것이다. 한쪽 다리를 자주 쉬게 하는 말이 있으면, 혹시 그 다리에 통증이 있는지 확인하기 위해 다른 쪽 다리도 쉬게 하는지를 관찰해야 한다.

구르기 *Rolling around*
다리가 수직으로 하늘을 향할 때까지 몸을 굴린 후 같은 쪽으로 몸을 내리기를 수차례 반복한다. 때로는 반대쪽으로 구르는 경우도 있다.

일어나기 *Getting up*
앞다리부터 일으킨다. 위험이 닥치지 않았는지 확인하기 위해 머리를 높이 들어 올리는 것이 중요하기 때문이다.

먼지 털기 *Shaking the dust off*
일어선 다음, 뒹굴 때 묻은 먼지를 털기 위해 크게 몸을 턴다.

군집생활 THE HERD

야생마의 무리에는 모든 연령대의 암수 말들이 있다. 사육 상태에서는 거세마들과 암말들이 같이 방목될 수 있으나, 주도권 싸움을 벌일 가능성이 있으므로 분리하는 것이 좋다. 수말들은 대개 암말이나 거세마들과는 별도로 관리된다. 수말들은 암말들을 거느리고 짝짓는 본성으로 인해 다른 수말들과 종종 다툰다. 어느 무리에서나 위계질서가 있어서 각각의 말은 자신의 하위에 있는 말들을 보호할 의무가 있다.

무리의 안전 *Safety in numbers*
말은, 서로 모르는 사이라도, 다른 말들과 무리 짓기를 좋아한다. 이러한 본능은 너무 강해서 기승자를 잃은 말들은 주로 안에서 다른 말들과 같이 달릴 것이고, 혼자서 풀을 뜯고 있던 말은 탈출해서라도 지나가는 말들과 합류하려고 할 것이다.

싸움 *Fighting*
말들 사이에서 벌어지는 대부분의 싸움은 서열에서 특정 지위를 확보하려고 하거나, 다른 말에 도전해서 더 높은 서열을 차지하려는 욕구에 의해 시작된다. 싸움은 심각한 신체적 타격보다는 의식적인 동작으로 진행된다. 암말들을 거느리고 있는 수말이 침입자에게 도전을 받을 때는 싸움이 더욱 격렬하다. 하지만 대개의 말들은 공격적이지 않다. 말은 싸우기보다는 달아나기를 선호하기 때문이다.

THE HERD 군집생활 **39**

다툼 *Arguments*

암말 또는 거세마 만으로 이루어진 무리에서도 서열상 우위를 확보하려고 하는 말들이 있다. 주도권을 가진 말들은 자신의 그룹에 더 많은 말들을 모으려 하며, 그룹의 우두머리들 간의 다툼이 벌어진다.

어린 말들의 보호
Caring for young

무리는 확대된 가족의 개념이다. 무리 중 여러 마리의 말들이 어린 말들의 보호와 교육을 담당한다. 어린 말들은 자연적으로 함께 모이는데, 거세마라 할 지라도 가장 가까이 있는 성마가 부모 노릇을 한다. 이타적으로 보이는 이러한 행위는, 사실 암말에 대해서만 아니라 어린 말들에게도 지배력을 발휘하려는 욕구에 의한 것이다.

우정 *Friendship*

그룹 내의 어떤 말들은 서로 간에 강한 유대감을 발전시킨다. 이들이 마방에 있을 때, 어느 한 마리의 말만 기승을 위해 끌고나간다면, 마방에 남아 있는 나머지 말들은 매우 화를 낸다. 두 마리의 친구가 함께 나가면, 서로에게 매우 가까이 있으려 한다. 어느 하나가 죽거나 팔려 가면, 남아 있는 말은 슬픔에 빠져 우울하게 된다.

한데 모으기 *Rounding up*

무리에서 수말들은 자신이 거느리고 있는 암말들을 한데 모은다. 이것은 위험으로부터 암말들을 보호하기 위해서라기보다는 경쟁하는 수말들의 성적인 위협을 물리치기 위한 것이다. 사육되는 말들의 무리에서도 성별에 관계없이 많은 말들이 주도권을 강화하기 위해 자신이 지배하는 말들을 한데 모으곤 한다.

2장

일반관리
GENERAL CARE

야생마들은 다른 말들과 많은 신체적 접촉과 아울러 사교적인 접촉을 지속하는데 비해, 사육되는 말들은 거의 그렇게 하지 못한다. 그러므로 사육되는 말들은 대신 사람의 접촉을 필요로 하는데, 이것은 말 손질과 조련 등의 활동을 통해서 이루어진다. 마방청소 작업은 사람에게는 지루한 일일 수도 있으나, 그 일을 성급히 끝마치려고 해서는 안 된다. 왜냐하면 그 일들은 말에게는 흥미로운 기분 전환거리이기 때문이다. 아무런 자극 없이 장시간 동안 마방에 갇혀 있는 말들은 지루해져서 악벽이 생길 수 있다.

말 소유하기 OWNING A HORSE

말을 소유하기로 마음먹었다면, 그것은 당신이 말의 복지후생에 대한 전적인 책임을 지기로한 것을 뜻한다. 이런 의무를 이행하기 위해서는 말의 정신적인 욕구와 신체적인 욕구 양쪽 모두를 이해해야 한다. 이것을 무시하는 것은 비록 무심결이라 할지라도, 말을 학대하는 것이 된다. 말의 소유는 많은 돈과 시간의 헌신을 의미한다. 말을 관리하는데 드는 비용은 생각하는 것보다 보통 1.5배가 든다. 즉, 일상적인 사양관리에 돈이 들어가는 것뿐만 아니라, 수의사 진료, 마의 구매 및 편자 교체등에 대해서도 돈이 들어간다.

말의 자연적 본능 THE HORSE'S NATURAL INSTINCTS

영양 공급 *Nourishment*

말의 자연적 본능 중 하나는 먹고 마시는 것이다. 사료와 물은 마체가 활동하는데 필요한 것들을 공급한다. 자연 상태의 초지에서 충분한 영양분을 얻기 위해서 말은 하루의 대부분을 풀을 뜯으며 보내야 한다. 야생 상태에서 말은 주위에 있는 풀들을 뜯어먹고 나서 더 많은 풀을 먹기 위해 새로운 지역으로 옮겨간다.

생존 *Survival*

얼룩말이 사자를 피해 달아나려고 할 때, 자연적인 생존본능을 사용한다. 말도 위험에 대해 "두려움과 도피"라는 같은 본능을 가지고 있으며, 그것은 인간에 의해 사육되는 말들에게 조차도 남아있다. 그러므로 말이 두려움을 느꼈던 그 무엇으로부터 도망쳐 달아나려고 하더라도 놀랄 필요는 없다.

번식 *Reproduction*

말의 또 다른 본능은 번식하는 것이다. 비록 사육되고 있는 씨수말이나 씨암말이 번식용으로 사용되고 있지 않을 때라도 그 말의 생식시스템은 여전히 활동한다. 씨암말은 봄, 여름에는 3주마다 5일 동안의 발정기에 들어가서 생산할 준비를 한다. 번식 시즌에 들어가면 씨암말은 신경질적이 되고 다루기가 더 힘들어진다.

OWNING A HORSE 말 소유하기 43

말의 기본권 THE HORSE'S BASIC RIGHTS

친교 Companionship
말은 무리를 이루며 사는 동물이고, 동료와의 사교를 필요로 한다. 만일 말을 한 마리만 갖고 있다면, 말이 무리 속에서 다른 말들로부터 흔히 받게 되는 신체적인 접촉과 정신적인 자극을 사람이 말에게 제공해 주어야 한다.

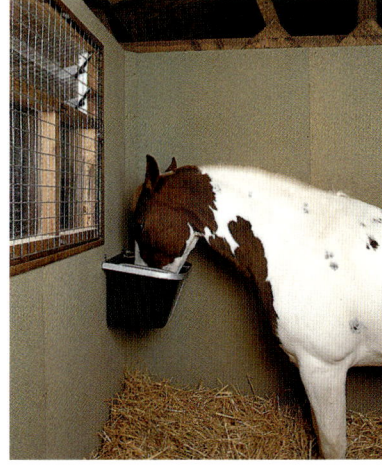

사료 Food
사육되면서 길들여진 말은 사료에 관한 한 전적으로 주인에게 의존한다. 만일 당신의 말이 어떤 운동기능을 수행하길 원한다면, 풀과 건초 이외의 다른 사료를 더 줄 필요가 있다.

신중한 취급 Careful treatment
무리의 일원으로 있을 때와 마찬가지로, 사람에게도 복종하는 것을 받아 들이기 때문에 어린아이의 명령조차도 따른다. 말에게 겁을 주어 사람에게 복종하게 할 필요는 없다.

주인의 헌신 YOUR COMMITMENT

고된 작업 Hard work
말을 관리하기 위해서는 마분 줍기, 물과 건초 운반, 말 손질 등과 같은 고된 작업을 필요로 한다. 마방에 가두어 놓은 말은 매일 운동시켜야 하며, 방목된 말은, 특히 궂은 날씨일 수록 하루에 두 번이상 점검하여야 한다.

비용 Expense
말과 관련된 비용은 선택적인 것이 아니다. 사료, 마의, 장체, 수의 진료, 그리고 쉴 곳 제공 등을 위한 비용 발생은 필수적이다.

건강관리 KEEPING A HORSE HEALTHY

질병이 발생한 후 치료하는 것보다는 질병을 미리 예방하는 것이 더 좋다. 말들은 파상풍이나 감기와 같은 특정 질병에 대해서는 예방 접종을 받을 수 있다. 그러나, 질병에 대한 가장 좋은 예방법은 마사를 잘 관리하고 정상적인 건강상태에서 벗어나지 않는지 주의 깊게 관찰하는 것이다. 어떤 상태의 말이 정상적인 상태인지를 알고 있어야 한다. 하루에 한 번씩 간단하게 건강 체크를 한다. 그러면 문제가 발생했을 때 즉시 알아챌 수 있을 것이다. 만일 승마대회 같은 데에서 말이 낯선 다른 말들과 같이 있게 되는 경우가 있다면 각별히 경계를 늦추지 말아야 한다. 마방에 돌아오는 즉시 감염을 대비하여 다른 말들과 격리시키는 것을 고려해야 한다.

건강하다는 신호
Signs of health

초지에서 관리되는 말은 하루에 두 번씩 살펴보아야 한다. 다리가 정상적인 상태인지, 상처는 없는지 그리고 마의는 잘 입혀져 있는지 점검해야 한다. 날씨가 매우 나쁠 때는 초지에서 마사로 말을 들여 놓는 것이 좋다.

마방 소독
Disinfecting the stable

절대로 신마를 더러운 마방에 집어넣어서는 안 된다. 마방은 우선 완전히 깨끗하게 청소한 후 소독을 실시하여야 한다. 오물, 특히 대소변 찌꺼기들은 많은 종류의 소독약에도 잘 소독되지 않는다. 따라서, 소독만 실시하는 것으로 청소를 대신할 수는 없다. 즉 청소는 소독의 필수적인 요소인 것이다.

- 눈과 구강 점막의 색깔을 점검한다.
- 다리를 더듬어 염증 증상을 점검한다.
- 하루에도 수시로 발굽을 파준다.

전신 점검
Checking all over

매일 마체의 모든 부분을 손으로 만져보아야 한다. 염증의 전형적인 증상인 열, 부종 그리고 통증을 찾아본다. 자연히 말에 존재하는 모든 굴곡부의 크기에 익숙해져야 한다. 피부는 유연해야 하고 땀을 흘리는 징후를 보여서는 안 된다. 말들은 종종 양쪽 다리 중에서 어느 한 쪽을 더 많이 쉬기도 하는데, 이러한 습관의 변화를 눈여겨봐야 한다.

KEEPING A HORSE HEALTHY 건강관리 45

구충 *Worming*
규칙적으로 기생충을 구제하는 것은 필수적이다(150쪽 참조). 구충의 주된 목적은 기생충 알이 대변을 통해 배출되는 것을 차단하여 다시 말에게 감염되지 않도록 하기 위해서다.

구강 검사 *Examining the mouth*
입안을 살펴서 혀나 볼 안쪽에 날카로운 치아로 인한 궤양이 없는지 확인한다. 말이 먹는 것을 관찰한다. 만일 말이 사료를 입에서 흘린다면 치아의 문제일 수 있다(*145쪽 참조*).

전문적인 검사 *A PROFESSIONAL CHECK*
말은(일부 나이 먹은 말들은 더 자주 해야 하지만) 수의사나 치과의사로 하여금 1년에 한 번씩 치아 점검을 받도록 해야 한다. 전문가들은 객(gag)을 사용하여 입을 벌리게 하고 턱을 고정한다. 사료를 저작하면서 이빨이 편측성으로 마모되어 자연적으로 생긴 날카로운 부분을 전동그라인더를 사용해 갈아내야 한다.

호흡, 체온, 맥박 체크 CHECKING THE RESPIRATION, TEMPERATURE AND PULSE

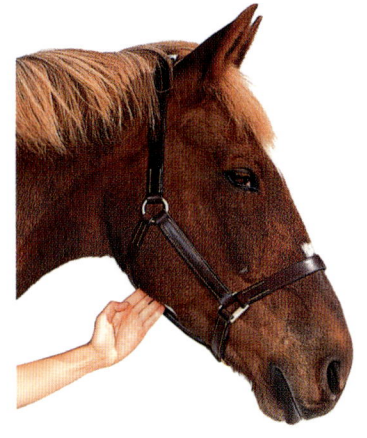

호흡 *Respiration*
말은 쉬고 있는 동안에는 정상적으로 1분에 8~16번 호흡을 한다(호흡은 갈빗대가 한 번 들썩대는 것을 한 호흡으로 센다.) 숨을 천천히 쉬고 있을 때는 호흡하는 것을 보고 세기가 어렵다. 말 뒤의 어느 정도 안전한 거리에 서서 말이 숨을 쉴 때 갈빗대가 들썩대는 것을 세면 된다.

체온 *Temperature*
건강한 말은 체온이 38.3~38.6℃이다. 처음에는 전문가의 도움을 얻어 체온을 잰다. 체온계에 바셀린을 바르고 세게 흔든 다음 꼭 쥐고 둥근 부분을 앞으로 해서 말의 직장까지 집어 넣는다. 약 1분 후에 체온계를 빼 눈금을 읽는다.

맥박 *Pulse*
말의 정상적인 맥박은 1분에 30-50회이다. 맥박을 느끼는 훈련이 필요하다. 말의 턱 밑 끝부분을 타고 흐르는 동맥에 손가락 끝을 대고, 맥박의 횟수를 센다. 맥박 수는 호흡 수의 3-4배를 예상하면 되는데, 호흡수 대비 심박수는 심지어 운동 후에도 그렇다.

마방 내 나쁜 습관 STABLE VICES

말은 빨리 배우지만 배워서 행하는 일들이 항상 바람직스럽지는 않다. 말들의 반복적이고 전형적인 비정상 행동유형은 전세계 어디서나 볼수가 있다. 이러한 행동들은 소위 나쁜 습관으로 알려져 있으며, 이러한 나쁜 습관은 말에게 이러한 행동을 지속하지 말아야 할 다른 선택이 주어지지 않기 때문에 발생한다. 말은 중독성이 강한 동물이다. 만약 어떤 적정한 자극이 주어진다면 말은 그것에 따라 행동한다. 다른 습관도 마찬가지인데, 특히 물체를 물어뜯는 습관이 있는 말은 식전이나 훈련 전에 또는 방목장에 사람이 다가오거나 흥분도가 증가할 때 더욱 더 심해진다. 우리가 나쁜 습관이라고 지칭하는 반복적인 행동습관을 발생시키는 원인에 대해서는 여러 가지 이론이 존재한다. 그중 하나는 말이 스트레스를 받았을 때 이러한 행동을 한다는 것이다. 왜냐하면 이런 행동을 할 때 뇌하수체에서 기분 좋게 하는 모르핀과 같은 성분이 나오기 때문이다.

물체를 물어뜯는 습관 CRIBBING

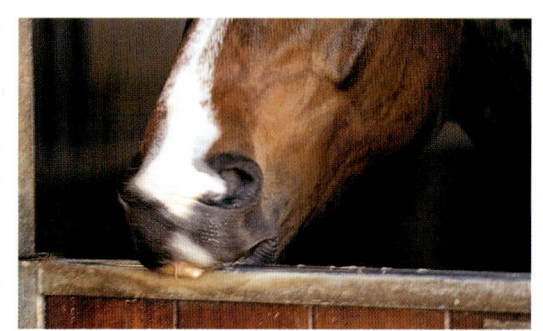

물체를 물어뜯는 습관 CRIBBING

말은 딱딱한 물체(대부분은 문틀과 같은 돌출 부분)에 앞니를 걸치고 문지른다. 이런 행동은 문틀을 손상시킬 뿐만 아니라 앞니를 비정상적으로 심하게 마모시킨다. 이렇게 이빨이 마모되면 이빨의 상태로 말의 나이 측정을 곤란하게 만든다.

마방 내 머뭄 Stabling

말은 하루에 대부분을 마방 안에 갇혀 있게 되어 자연적인 휴식을 취할 수 없고 스트레스를 더 받기 때문에 나쁜 습관을 발전시킨다.

STABLE VICES 마방 내 나쁜 습관 47

창살 설치 *Installing grille*

웅벽(Weaving)은 말이 서서 머리를 좌우로 흔들어 대는 것을 말한다. 대부분의 말들은 마방 창문 너머로 목을 내놓고 이런 행동을 한다. 말 주인들은 이런 것을 예방하기 위해 출입문 위쪽 부분에 창살을 설치하여 말목을 밖으로 낼 수는 있으되, 좌우로 머리를 흔들지 못하게 설계한다. 말의 나쁜 습관 자체가 말에게 훨씬 더 스트레스가 될 것이다.

큰 장난감 걸기 *A large toy*

오랜 기간 동안 마방에 커다란 장난감을 걸어두면 악벽의 원인이 될 수 있는 스트레스와 불안감을 분산시킬 수 있다. 그러나 어린아이와 같이 장시간이 흐르면 장남감에 대한 흥미를 잃어버리기 때문에 다른 물체로 바꿔줘야 한다. 이렇게 함으로써 어떤 경우에는 악벽보다는 덜한 행동을 보이게 한다.

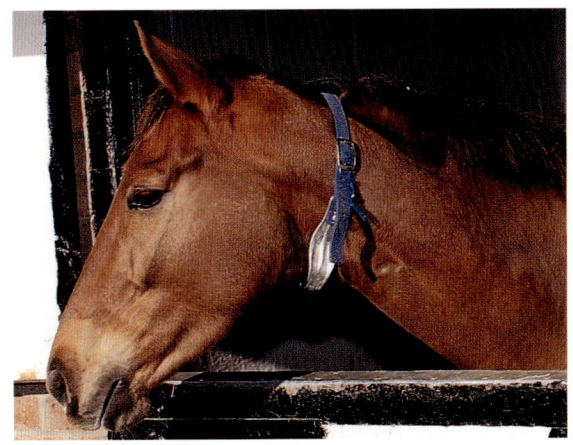

석벽 방지 끈 *Anti-wind-sucking strap*

석벽이란 말이 위, 아래턱을 단단한 물체에 걸치고 식도에 공기를 흡입하는 나쁜 습관이다. 전부 다는 아니지만 많은 경우 석벽마들은 원래 물체를 물어뜯는 습관이 있던 말(Cribbers)이다. 석벽마들은 위장이 공기로 꽉 차기 때문에 산통에 걸리거나 대부분 체중이 빠진다. 몇몇 말들은 야외 패독에서 휴식을 취하면서도 석벽 증상을 보인다. 이러한 행동은 패독 펜스의 기둥을 흔들리게 만들기도 한다.

갓 이유한 더러브렛 자마 *Newly weaned Thoroughbred foals*

오랫동안 말의 나쁜 습관은 기존에 악벽을 보이는 다른 동료 말들에게 노출되어서 그들의 행동을 모방하면서 습득한다고 생각되었다. 하지만 과학적인 연구결과 이런 방식으로의 행동 전파는 성공적이지는 않다고 한다. 말의 나쁜 습관은 이유 시와 그때의 식단에서 그 원인을 찾을 수 있다고 하는데, 물체를 물어뜯는 습관이나 석벽을 가진 말에게 제산제를 먹이면 이런 행동을 감소시킬 수 있다.

말 다루기 HANDLING A HORSE

처음에 어떻게 말에게 접근하고 다루는가 하는 것은 이후 말의 모든 행동들에 영향을 미친다. 만일 처음에 말을 긴장시키거나 겁먹게 했다면, 그 다음부터는 아주 일상적인 행동들 조차도 말에게 의심을 받게 된다. 말에게 접근할 때는 마치 말이 가만히 서서 기다리기를 기대하는 마음으로 말에게 일정한 속도로 천천히 접근해야 한다. 만일 말이 뒤돌아 달아나도, 가만히 서서 말이 다시 방향을 돌려 다가올 때까지 기다린다. 항시 말에게 말을 걸어 당신이 누구인지 알 수 있도록 한다. 이때 명령을 하듯이 말하기보다는 부드러운 목소리로 안심시킨다. 말이 놀라지 않게 하기 위해서는 서두르지 않고 침착하게 움직인다. 위험하다고 느껴질 만한 것이 있으면 반사적으로 급히 달아나는 것이 말의 본능이다.

말에게 다가가기 APPROACHING A HORSE

1 말이 분명하게 볼 수 있도록 말머리의 중심에서 약간 벗어난 각도로 앞쪽에서 말에게 다가간다. 사람이 접근하는 소리를 말이 듣도록하고, 말에게 충분히 가까이 갔을 때 냄새를 맡을 수 있도록 손을 내뻗는다.

— 말이 손의 냄새 맡고 핥을 수 있도록 한다

2 말의 목을 부드럽게 두드린다. 이러한 신체적인 접촉은 말의 기분을 좋게 하여, 말과 사람 간의 관계를 돕는다. 또한, 사람이 말을 두려워하고 있지 않다는 것을 말에게 보여준다.

굴레 씌우기 PUTTING ON A HALTER

1 말머리 왼쪽에 서서, 리드로프를 목 너머로 넘겨 말을 즉시 통제할 수 있게 한다. 일단 말이 로프를 느끼면 대부분의 말들은 가만히 서 있는다.

2 마방굴레의 양쪽을 잡고 코끈을 주둥이 위로 밀어 올린다. 만일 말이 머리를 들더라도, 머리를 따라 굴레를 움직여서 굴레가 빠지지 않도록 한다.

HANDLING A HORSE 말 다루기

리드로프는 말 목 둘레에 그대로 둔다

양손을 사용해서 버클을 채운다

3 반대쪽에 있는 오른손을 사용해서 머리끈을 말의 목덜미 너머로 차분하게 넘긴다. 어떤 말들은 목 왼쪽에 끈이 갑작스럽게 닿으면 놀라므로 조심한다.

4 실제로 말의 볼 위에 있는 버클을 채우기 전에, 머리끈이 말의 귀 바로 뒤에서 편안하게 위치하고 길이가 맞는지 확인한다. 안전을 위해서 버클 속으로 밀어 넣어진 끈의 끝이 빠지지 않도록 적절하게 끼워 놓는다.

5 마지막으로 굴레가 제대로 씌워졌는지 확인하고, 필요하다면 버클을 고쳐 채운다. 고삐에 달려있는 걸쇠에 말의 피부가 끼어 있지 않은지 확인한다.

로프굴레 THE ROPE HALTER

로프굴레(Rope Halter)는 보편적으로 사용되는 것으로, 크기 조절이 가능한 마방굴레의 한 종류이다. 이것은 벨트나 로프로 만들어진다. 코끈은 말의 코뼈 너머로 걸치고, 머리의 왼쪽에 로프로 매듭을 묶어야 한다. 매듭을 옆쪽에서 짓지 않으면, 굴레가 느슨해질 수 있고, 그렇게 되면 귀 뒤로 쉽게 풀어지거나 너무 꽉 조여지게 될 수 있다.

로프를 너무 조여서는 안 된다

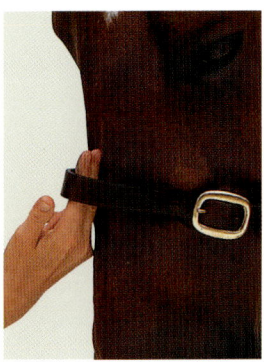

적절한 착용
Correct fit

굴레가 너무 꽉 끼면 불편하고, 너무 느슨하면 안전하게 통제할 수 없다. 코끈은 눈과 구각의 중간에 위치해야 하며, 적어도 코끈 밑으로 손가락 두 개가 들어갈 수 있어야 한다.

제어 방법 METHOD OF CONTROL

사람의 편의를 위해서만이 아니라 말을 위해서도 말을 적절히 제어하는 것이 필요하다. 예를 들어, 말에게 붕대를 감거나 치아를 검사하거나 기생충약을 먹일 필요가 있을 때, 말에게 언제 그리고 왜 말이 가만히 서 있어야 하는지를 스스로 알아서 잘 해주길 기대할 수는 없다. 말은 원하지 않는 것 또는 마음에 들지 않는 것에 대해 도망치는 본능을 가지고 있기 때문이다. 따라서 말에게 고통을 유발하지 않고 충분한 제어를 가해 말을 통제하여야 한다. 만일 물리적인 방법이 실패한다면, 수의사는 잠시 동안 진정제를 사용해 말을 진정시킬 수 있다.

왜 제어하는가? WHY CONTROL?

효과적인 제어 Effective control

말이 길들여지면 앞발을 들고 뒷발로 서거나 발길질을 해 사람의 제어로부터 벗어나려고 하는 것은 바람직하지 않다는 것을 알게 된다. 만일 말이 한번 목적을 달성하게 되면, 다른 상황에서도 똑같은 방법을 쓸 것이다. 말을 제어하기 위해서는 완력보다는 머리를 사용해야한다. 말은 아마도 사람보다 더 크고, 확실히 체중도 더 많이 나간다. 힘으로는 사람이 말을 이길 수가 없기 때문이다.

말 매놓기 TYING UP A HORSE

고리에 단단하게 고정된 동그란 모양의 핀에 밧줄을 묶는다.

굴레 사용하기
Using a halter

가장 단순한 제어 도구는 마방굴레와 리드로프이다. 말을 붙들어 매놓을 때, 리드로프를 끈에 묶어 놓아야 하는데, 말이 놀라서 뒤로 당기면 끈은 끊어지도록 해서 말이 더 이상 공포에 사로잡히지 않도록 한다.

빨리 풀어지는 매듭
Quick-release knot

말을 매놓을 때는 항상 빨리 풀어지는 매듭을 사용해야 한다. 만일 말이 놀라거나 어떤 어려움, 예를 들어 건초망에 한 발이 끼었다든지 하면, 빨리 말을 풀어주는 것이 중요하다. 빨리 풀어지는 매듭은 비록 말이 뒤로 당겨서 매듭이 꽉 조여지더라도 풀기가 쉽다.

1 밧줄을 끈 속으로 통과시켜 넣고 루프를 만들고 로프 끝을 루프 속으로 넣는다.

원형의 루프 안으로 로프 끝을 넣는다

2 로프의 끝으로 또 다른 둥근 루프를 만들고 이것을 첫 번째 만든 루프의 아래쪽 안으로 통과시켜 넣는다.

3 두 번째 둥근 모양을 매달리게 해놓고 그것과 말 쪽에 연결된 로프를 잡아당겨 확실하게 매듭을 조인다.

로프의 끝을 잡아당겨 매듭을 푼다

METHOD OF CONTROL 제 어 방 법

기타 제어방법 OTHER METHODS OF RESTRAINT

사료로 주의 분산시키기
Distracting with food

말에게 간단한 조치를 하는 동안 사료로 말의 주의를 딴 데로 돌릴 수 있을 것이다. 건초망이 가장 좋은데, 이것은 적당히 긴 시간 동안 말을 붙잡아 놓을 수 있기 때문이다.

조마삭용 코굴레 씌우기
Fitting a lunging cavesson

조마삭용 코굴레는 다루기 힘든 말을 제어하는 데 유용하게 쓰이며 리드로프 끈을 말의 턱 아래가 아니 콧등에 연결한다. 조마삭용 코굴레는 튼튼한 마방굴레 정도로 보이지만 콧등에 고정시키면 말이 앞다리를 들어 뒷다리로 서는 것을 쉽게 막을 수 있다.

코굴레 안쪽은 푹신한 소재로 덧대어져야 하고 말 콧등에 딱 맞도록 매어져야 한다.

발 들어올리기 *Lifting a foot*

만일 말의 다른 다리들에 어떤 조치를 하려고 한다면, 그 반대쪽 다리를 들어올리는 것이 말을 제어하는데 도움이 된다. 말들은 세 다리로 편안하게 설 수 있으나, 어떤 말들은 두 다리로 서고 세 번째 다리로 차는 경우도 있으므로 조심해야 한다.

다리의 모든 관절이 구부러질 수 있도록 발을 들어 올린다.

살가죽 비틀기 *Twisting the skin*

씨수말들은 암말들을 제어하기 위해 피부를 꽉 문다. 이와 같이 말의 목주름을 한 움큼 비틀어 잡는 방법을 이용할 수 있다.

코틀개 사용하기 *Using a humane twitch*

마지막 수단으로 코틀개로 윗입술을 잡아 비틀면 말이 다른 부위의 통증이나 자극을 잊도록 만들 수 있다. 코틀개 자극은 말 스스로 혈관 속에 생리적 진통제인 엔돌핀을 방출시킨다. 항상 단단한 금속으로 된 코틀개를 사용해야 한다. 밧줄로 된 코틀개는 지나치게 꼬일 수가 있고, 화상을 입을 수도 있으니 주의해서 사용해야 한다.

코틀개는 몇 분 정도만 사용한다.

손으로 끌기 LEADING IN HAND

잘 순치되어 온순한 말은 번잡한 곳을 통과하더라도 안전하게 끌 수 있다. 말은 장애물을 어떻게 점프해야 하는지를 배워야 하는 것과 마찬가지로 어떻게 사람에게 이끌려야 하는지도 많이 배워야한다. 대부분의 말은 망아지였을 때 배우지만, 말이 언제라도 도망치려는 본능으로 되돌아가려는 것에 대비하여야 한다. 대부분의 사람들이 오른손잡이이기 때문에 항상 말의 왼쪽에서 말 리드로프를 잡고 걷는 것은 전통적인 관행이며, 이것은 가장 강한 팔이 말의 바로 옆에 있다는 것을 의미한다. 하지만, 말이 끌기에 익숙해질 수 있도록 양쪽 모두에서 끄는 것을 훈련해야 한다. 만일 말이 단지 왼쪽에서 끌리는 것에만 익숙해져 있다면, 반대편에서 끌어야만 할 상황이 되었을 때, 마치 처음부터 다시 끌기연습을 시작하는 것처럼 말은 배워야 할 것이다.

마방굴레 씌워 끌기 LEADING IN A HALTER

말과 어깨를 나란히 하고 걷는다. 말 앞에서 끌거나 얼굴을 응시한다면 말은 저항할 것이다.

로프 잡기 Leading the rope

로프는 굴레에서 30~45cm 떨어져 한 손으로 잡는다. 그리고 반대쪽 끝이 땅에 끌리지 않게 다른 손으로 잡는다. 그러면 말이 갑자기 달아나려고 할 때보다 쉽게 잡을 수 있을 것이다. 절대로 손에 밧줄을 감지 않는다. 만일 말이 갑자기 도망치면 감은 로프를 풀 시간이 없을 것이고, 그렇게 되면 심각한 부상을 당하게 될 것이다.

재갈굴레 씌워 끌기 LEADING IN A BRIDLE

더 강한 제어력 More control

재갈굴레는 마방굴레보다 말을 더 쉽게 제어할 수 있다. 재갈굴레로 끌 때는, 고삐를 말머리 아래로 넘겨서 리드로프 잡는 것과 같은 방법으로 잡는다. 고삐는 팔이나 손목에 감지 않는다.

도로에서 끌기 Leading on the road

도로에서 말을 끌 때에는 항상 재갈굴레를 사용한다. 유도자는 말과 교통의 흐름 사이에 위치하여 교통의 흐름과 같은 방향으로 걷는다. 대개 오른손으로 말을 끌어야 한다는 것을 의미한다. 사람이 차들과 말 사이에서 걸으면, 아마도 말은 교통의 흐름에 덜 신경을 쓰게 될 것이다.

LEADING IN HAND 손으로 끌기

둥글게 돌기 TURNING AROUND

1 몸집이 큰 네 발 달린 짐승인 말은 돌 때 사람보다 더 많은 공간을 필요로 한다. 말은 군인의 제식훈련처럼 "뒤로 돌아"를 할 수 없다. 말의 걷는 방향을 돌릴 때는, 먼저 말을 침착하게 한 후, 말머리를 손으로 밀어 유도자에게서 멀리 떨어져 돌게 하는데, 유도자는 그 도는 원의 밖에 위치해 있어야 한다.

후구가 밀려나가서는 안 된다. 후구가 밀리면 말은 균형을 잃게 된다.

돌 때는 항상 사람이 말의 바깥쪽에 위치해야 한다.

2 유도자가 말머리를 손으로 밀면서 돌면, 말은 목을 구부려 돌리게 되므로, 유도자가 말의 머리를 당겨서 돌릴 필요는 없다.

3 도는 동안에 유도자는 불가피하게 말 어깨의 조금 앞에서 걸어야 한다. 일단 도는 게 끝나고 말이 똑바로 걸어가면, 유도자는 다시 바른 위치로 돌아온다.

◀◀ 물 뿌려주기 Hosing down
치장을 위해서든 흙이나 먼지를 씻겨주든 간에 샤워가 필요할 때가 있다. 때로는 경기 출전마들은 덥고 습한 상태에서 고된 훈련 후 물로 식혀줄 필요가 있다.

◀ 편자 점검하기 Checking the shoes
장제사를 통해 4~6주 간격으로 편자를 교체해야 한다. 그러나 매일 편자를 점검해서 편가가 느슨해졌는지 제저에 이물질이 박혀있는지 확인해야 한다.

▼ 야외로 말 끌기 Leading out a horse
말은 끌 때 올바르게 행동하도록 훈련 받아야 한다. 많은 말들은 어릴 때 교육을 받는다. 말을 끌 때는 항상 말이 집중하도록 만드는 것이 중요하다. 말은 심지어는 들판에서도 어느 순간에라도 본능적으로 날뛰며 도주하려고 하기 때문이다. 말이 갑작스럽게 날뛰려고 하면 리드로프를 당겨서 방어해야 한다.

발굽 점검 CHECKING A HORSE'S FEET

"발굽 없는 말은 말도 아니다(No foot, no horse)"라는 유명한 말이 있다. 파행하는 문제의 거의 대부분은 발굽에 원인이 있다(138쪽 참조). 그러므로 무엇이든 발굽에 악영향을 끼치는 것들은 말에게 통증을 주어 제대로 걸을 수 있는 능력을 감소시킨다. 매일 네 발굽 모두 점검해야 한다. 발굽 점검은 발굽파기, 부상여부 검사, 그리고 부착된 편자가 느슨해지지 않았는지를 체크하는 것이다. 편자가 닳았든 닳지 않았든 간에 발굽은 정기적으로 장제사에게 점검을 받아야 하며, 필요하면 삭제도 해야 한다. 만약 편자가 빠지면, 가능한 한 빨리 장제사를 불러야 한다. 절대로 세 개의 편자만으로 말에게 운동을 시켜서는 안 된다. 한 쪽 발굽 편자가 빠지면 차라리 양발의 균형을 맞추기 위해서 반대쪽 편자를 빼는 것이 낫다.

방치된 발굽 NEGLECTED FEET

방치의 신호
Signs of neglect

방치된 발굽의 경우 제벽이 갈라지고 발굽이 바닥에서부터 부서진다. 제벽이 바깥쪽으로 벌어지면서 앞쪽이 들고 일어난다. 제엽염에 걸리거나 사료를 갑작스럽게 변화시키면 제벽에 수평의 굴곡을 만들어 낸다.

앞발 들기 LIFTING A FRONT FOOT

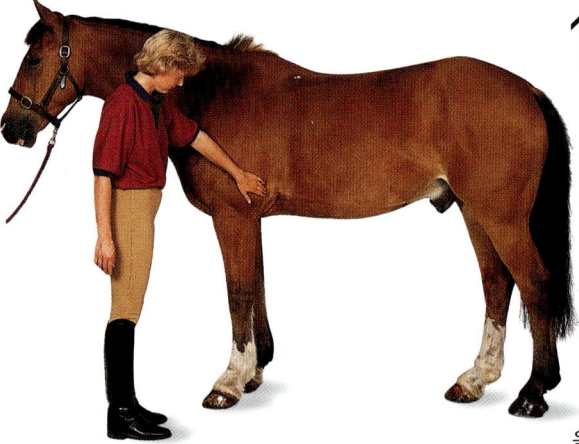

1 말 어깨 쪽 가까이에서 꼬리를 향하고 선다. 말의 어깨 위 가장 가까운 부분에 손을 대고 다리를 향해 손을 옮긴다. 이것은 말의 다리를 들어올릴 계획이라는 것을 말에게 알려주며, 그렇게 함으로서 말은 두려움을 덜 갖게 된다.

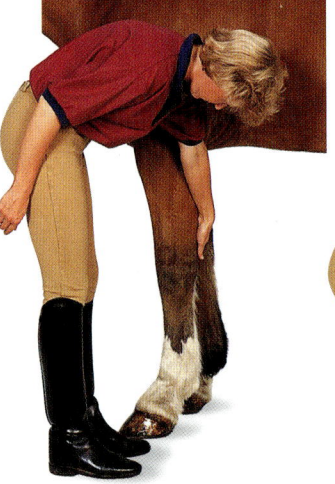

2 손을 다리 뒤쪽을 거쳐 안쪽으로 가져간다. 다리에는 가볍지만 확실한 압박을 가해라.

3 말이 발을 들어 올릴 수 있도록 유도하기 위해 지골의 뒷부분을 뒤쪽과 위쪽으로 압박한다. 말이 발굽을 들지 않으면, 지골을 움켜잡고 발굽을 뒤쪽과 위쪽으로 당긴다.

4 말이 발굽을 들어 올리면 제벽 둘레를 잡고 다리를 지탱한다. 그리고 손바닥은 발굽 안쪽 벽을 감싸 쥔다. 만약 발굽을 검사하거나 발굽파개를 사용할 필요가 있다면 제저를 위로 향하게 한다.

CHECKING A HORSE'S FEET 발굽 점검 57

뒷발 들기 LIFTING A HIND FOOT

말의 발을 들어 올릴 때는 말이 도망가지 않도록 묶어놓는 것이 가장 좋다.

1 말에 가까이 다가선다. 그러면 말이 발로 차더라도, 말 다리에 타력이 거의 형성되지 않기 때문에 덜 다치게 될 것이다. 말과 가까운 손을 말의 후구에서부터 아래쪽으로 더듬어 내려간다.

2 비절 바로 아래쪽에서 다리 안쪽으로 손을 가져간다. 그리고 나서 가볍지만 확실한 압박을 유지하면서 손을 다리 아랫부분으로 옮겨간다.

무릎을 구부려서 등이 삐끗하지 않도록 한다.

3 구절의 뒤쪽을 부드럽게 꽉 쥐고 관절을 위쪽과 앞쪽으로 당긴다. 말이 땅에서 발굽을 떼어 들어 올리도록 유도한다.

4 땅에서 확실하게 떨어지도록 발굽을 들어 올린다. 너무 높이 들어 올리면 말이 균형을 잃게 되고 불편해 할 수도 있다. 다른 손으로 말의 제첨부를 단단히 잡으면서 구절 부분을 움켜쥐고 있던 손을 놓는다.

5 원래 손으로 안쪽에서 제첨부를 잡으면서 다리를 지탱한다. 발굽이 손바닥 안에 놓여 있게 한다. 앞발만큼 많이 발굽을 굽힐 수는 없을 것이다.

발굽파개 사용하기 USING A HOOF PICK

적어도 하루에 두 번 발굽을 파내고, 동시에 어떤 질병이 있는지 점검한다. 발굽파개는 너무 날카롭지 않은 것을 사용해야 한다. 처음에는 제차 옆의 홈, 그 다음에는 제차를 깨끗이 한다. 발굽파개가 굽바닥을 긁을 경우에 제차나 다리에 상처를 주지 않기 위해 항상 제첨부 쪽으로 긁어내린다. 모든 진흙과 깔짚 부스러기, 부서진 각질을 제거한다.

편자 HORSESHOES

말은 장거리 여행을 할 수 없다. 야생마는 하루 중 대부분을 풀을 뜯어먹는데 시간을 보내고, 어떤 위험을 피할 때만 이동을 한다. 사육마들은 종종 비교적 장거리 여행도 요구되어 발굽은 마모를 견딜 수 없어 쇠로 만든 편자를 사용한다. 거친 땅에서 규칙적으로 일하지 않는 말은 편자가 필요없다. 만약 맨발 상태로 일을 시키려면 전문가의 조언이 필요하다.

편자와 장제 못 SHOES AND NAILS

편자의 종류 Types of shoes
각기 다른 크기의 말들을 위해 다양한 사이즈의 기성품 편자가 있다. 대부분의 편자는 아래쪽 밑바닥에 홈이 있어서 편자를 더 가볍게 하고 땅과 마찰력을 좋게 한다. 하지만 홈이 없는 바닥이 매끈한 편자도 있다. 항상 편자는 당초 계획한 말의 활동에 적합해야 한다.

편자 못 NAILS
편자 못의 크기는 편자의 크기에 알맞은 것을 사용해야 한다.

둥근 홈 편자 FULLERED SHOES
둥근 홈 Fullering
못 구멍 Nail hole

가벼운 운동을 위한 민자형 편자 PLANSTAMPED SHOE FOR SLOW WORK

볼트형 못 STUDS

볼트 못은 접지력을 향상시키기 위해 편자 뒤꿈치 부분에 미리 뚫어 놓은 구멍에 박는다. 못을 꼭 조이기 위해 스패너가 필요하다. 볼트 못은 도로상이나 거친 땅에서 일을 할 때에는 떼어내야 하는데, 볼트 못이 발굽을 기울어지게 하여 지면과 접촉 면적을 줄이기 때문이다.

볼트못 STUD
볼트못 구멍 STUD HOLE
볼트못 편자 STUD SHOE
볼트못 구멍 청소용 탭 TAP FOR CLEANING STUD SHOE

앞발용 원형 편자 CIRCULAR FRONT SHOE
뒷발용 다이아몬드형 편자 DIAMONE-SHAPED HIND SHOE

편자교체 여부 판단 SIGNS THAT RE-SHOEING IS NECESSARY

편자 체크하기 Checking shoes
편자 교체시기가 되기 전에 말이 장제를 필요로 하는지 점검한다. 예를 들어 편자가 느슨해지면 손가락으로 살짝만 눌러봐도 움직이게 되며, 못이 느슨해지면 편자가 빠져버릴 수가 있으며, 어떤 경우는 편자가 너무 닳아버린 경우도 있다. 편자가 다 닳아버릴 때까지 기다렸다가 장제사를 불러서는 안 된다. 그 전에 발굽을 손질해 줄 필요가 있다.

편자 뒤쪽 끝이 제차를 압박하고 있음

잘못 부착된 편자 POOLY FITTED SHOE

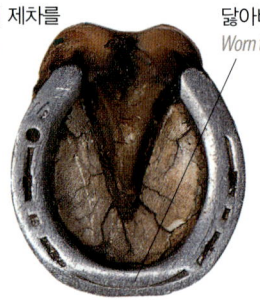

닳아버린 제첨부 Worn toe

일찍 혹은 불균형적으로 닳은 편자 SHOE THAT HAS WORN EARLY OR UNEVEN

삐져나온 기역자 못 두드려 박기 KNOCKING DOWN A CLENCH

발굽 위쪽으로 튀어나온 편자 못을 발견했을 때(58쪽 참조)는 두드려 박아 장제사가 도착 할 때까지 편자가 떨어져 나가지 않게 할 수 있다. 우선 말을 바르게 세우고 안전을 확보한 다음 망치로 몇 차례 단단히 두드려 고정시킨다.

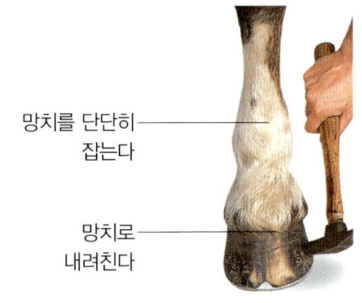

망치를 단단히 잡는다
망치로 내려친다

HORSESHOES 편자

편자 빼기 REMOVING A SHOE

말이 불편해하므로 발을 너무 높이 들어서 잡지 않는다.

1 위급한 상황에서 장제사가 곧바로 오지 못할 때는, 헐거워진 편자를 부분적으로 조이기만 했다가 말을 다치게 할 위험을 초래하는 것보다는, 아예 편자를 떼어내는 것이 더 낫다. 앞발의 편자를 빼기 위해서는 발굽을 무릎 사이에 끼워놓고 양손을 자유롭게 한 다음 망치와 버퍼(buffer)를 사용하여 구부러진 못을 쳐 올린 다음 뺀다.(60쪽 참조)

2 집게 부분이 편자와 발굽 사이에 오도록 하여 펜치(pincer)로 편자의 뒤꿈치 부분을 꽉 잡는다. 제첨부 쪽으로 순간적으로 힘껏 당겨서 편자를 느슨해지도록 한다. 다른 쪽 뒤꿈치도 동일한 요령으로 반복한다.

3 편자를 느슨하게 하기가 어려우면 못을 하나 이상 뺀다. 이것은 못 펜치로 하는 것이 가장 쉽지만, 일반 집게를 사용할 수도 있다. 제첨부 쪽으로 지렛대를 사용하듯이 하여 양쪽이 점차 느슨해지도록 한다.

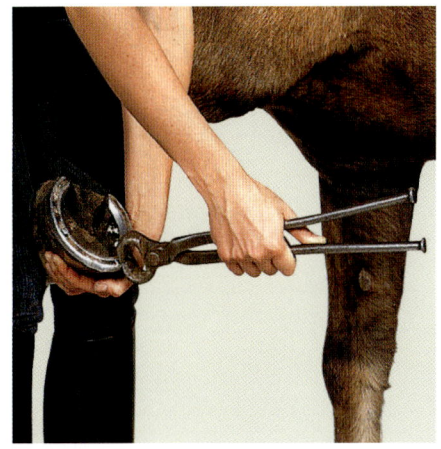

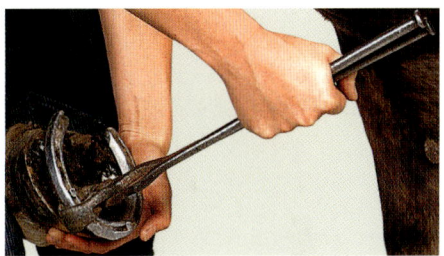

4 제첨부에 다다르면 편자를 완전히 떼어낸다. 발굽이 찢어지지 않도록 하기 위해서 지렛대를 사용하듯이 편자를 비스듬히 분리한다. 지면 위에 낡은 못들을 남겨두지 않도록 주의한다. 말이 밟아서 상처가 날 수 있기 때문이다.

뒷발 편자 빼기
Removing a hind shoe

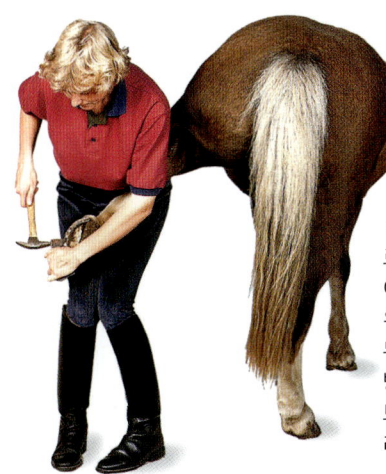

뒷발 편자를 빼야 할 때에는 말 다리를 당신의 양쪽 무릎 사이에 끼워놓는 것보다는 한 쪽 무릎 위에 걸쳐놓는 것이 더 낫다. 등을 말머리 쪽으로 향하고 서서 발굽을 무릎 안쪽에 놓이도록 한다. 말이 발로 차는 것을 막기 위해 말의 뒷무릎을 옆구리로 비스듬히 누른다. 앞발 편자를 떼어내는 것과 같은 방법으로 편자를 뺀다. 앞다리를 잡는 것보다 뒷다리를 잡는 것이 더 어렵고 이러한 과정은 훈련을 거쳐야 한다.

맨발 삭제 BAREFOOT TRIM

편자를 신기지 않고 말을 이용하는 사람이 늘어나고 있다. 맨발 삭제는 장제를 위해 발톱을 깎는 것이 아니고, 특별한 방식의 삭제의 일환이다. 이러한 손질의 기본적인 목적은 말 발굽벽(제벽)에 아주 작은 무게도 싣지 않게 하기 위함이다. 삭제를 함으로써 굽 뒤쪽을 짧게 하고 앞쪽의 제첨부 길이를 줄여, 제차가 발바닥 길이의 3분의 2를 넘도록 하여 체중을 지탱하게 한다.

장제 과정 SHEOING PROCEDURE

정기적인 장제 계획을 짠다. 평균적으로 장제사는 4~6주마다 방문하는 것이 필요하다. 편자가 닳지 않았더라도 발굽은 자라므로 삭제가 필요하다. 말에 적절한 장제를 하는 것은 비용이 꽤 들지만, 돈을 아끼려고 편자를 그대로 나둬서는 안 된다. 부착상태가 좋지 않은 편자는 말에게 고통을 주고 또 발굽에 영구적인 손상을 줄 수도 있다. 편자는 뜨겁거나 차가운 상태로 부착시킬 수 있다. 뜨거운 상태에서 하는 경우는 장제사가 편자를 가열하여 발굽에 맞도록 형태를 바꿀 수 있다. 차가운 상태에서 하는 경우는 편자 모양에 단지 작은 변화만 가능하다. 못 하나라도 결코 스스로 편자를 박아보려고 하지 말아야한다. 편자 박는 것은 고도의 기술을 요하므로 말을 위해서 장제사에게 맡기는 것이 바람직하다.

장제 도구
TRIMMING EQUIPMENT

장제 도구 중에서 프리첼은 뜨거운 편자를 화로에서 말에게로 옮기는 데 사용된다. 클린칭 통스는 제벽 위로 나온 못의 끝부분을 구부리는 데 사용된다. 버퍼는 편자를 떼어 낼 때 구부러진 못을 쳐 올려 빼기 위해 망치와 함께 사용된다. 줄칼은 제벽과 제차를 깎아 내거나 다듬는 데 사용된다.

뜨거운 상태의 편자 부착 과정 HOT SHOEING PROCEDURE

1 낡은 편자를 떼어낸 후에 장제사가 첫 번째로 하는 일은 너덜너덜하게 달린 얇은 각질들을 제저부에서 벗겨내는 일이다. 이렇게 하면 제저부를 기준으로 제벽의 길이가 정해지게 된다.

2 그런 다음에 제벽을 적당한 길이로 발굽 커터를 사용해서 다듬어지게 된다. 이것의 목적은 제벽의 길이를 종전에 장제했을 때의 길이로 되돌리는 것이다. 보통 제구 주변보다는 제첨부 주변의 각질들이 더 빨리 자라므로, 삭제도 더 많이 해야 한다.

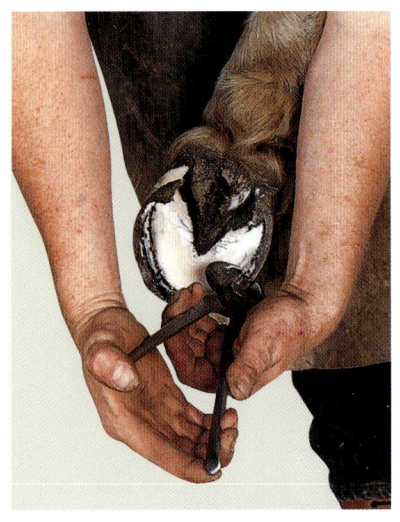

SHEOING PROCEDURE 장제 과정

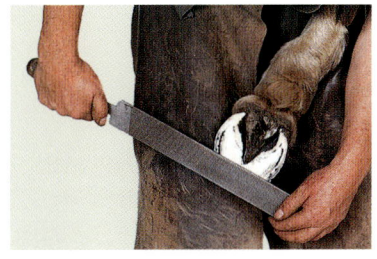

3 발굽 커터 사용 후 남겨진 울퉁불퉁한 표면은 발굽용 줄로 평평하게 손질한다. 제첨부 쪽에 있는 제벽은 너무 깎지 않도록 주의한다. 너무 많이 깎는 것을 덤핑(dumping)이라고 한다.

4 편자는 빨갛게 달아오를 때까지 가열한 다음 모루에 대고 망치로 두드리면서 모양을 만든다. 모양을 만들 때 편자를 화덕에 다시 집어 넣어 가열한다. 충분히 가열되지 않은 상태에서 망치질을 하면 쇠가 약해진다.

5 편자가 완성되면 뜨거운 편자를 발굽의 편자 부착자리에 살며시 댄다. 편자와 발굽의 부착상태를 방해하는 튀어나온 각질 부분을 태워서 변색시키기 위함이다. 다음 편자를 떼고 검게 탄 부분을 줄로 갈아서 평평하게 한다.

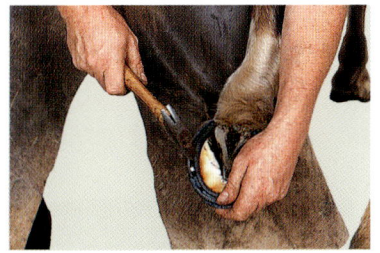

6 편자의 성형이 만족스럽게 되면, 물 속에 담가서 식힌 후, 제 위치에 대고 못으로 박는다. 사용할 못의 수는 정해진 것은 없으나, 가능한 한 적게 사용하는 것이 좋다. 보통 바깥쪽에 4개, 안쪽에 3개를 박는다.

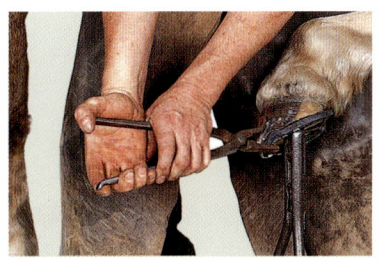

7 못의 끝부분은 비틀어 꺾고 기역자 형태로 하기 위해 클린칭 통스를 사용하여 구부린다. 대개 특별한 삼각대 위에 말의 발굽을 올려놓는다. 이렇게 하면 양손을 자유롭게 해서 통스를 사용할 수 있으므로 못을 구부리기가 더 쉽다.

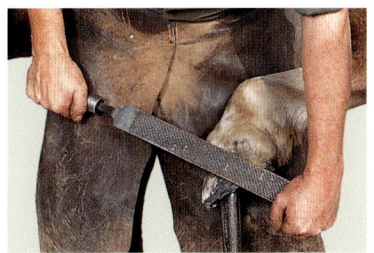

8 장제가 끝난 후, 못의 날카로운 끝 부분은 줄로 다듬어 깎아내고 편자와 맞닿은 제벽은 줄로 가볍게 다듬는다. 이것은 열제의 가능성을 줄이기 위한 것이다. 철순은 두드려서 제자리에 위치시킨다.

좋은 장제 상태 SIGNS OF GOOD SHOEING

최종 결과 *The final result*

적절하게 장제가 끝나면, 굽 안쪽과 바깥쪽의 길이가 균등하게 되어, 발굽이 대칭이 된다. 편자의 앞쪽 끝은 제첨부 제벽에 맞춰져야 한다. 편자의 뒷부분은 발굽 밑부분 전체가 보호될 수 있도록 충분히 길어야 한다. 발굽은 편자에 맞추어 벌어지기 때문에 편자는 발굽보다 약간 커도 괜찮으나, 절대 작아서는 안 된다. 좋은 장제사를 찾아 장제를 맡기는 것이 중요하다. 편자를 적절히 잘 박는 데에는 시간이 걸린다. 좋은 장제사라고 해서 작업 속도가 빠르거나, 장제비가 싸거나 하지는 않을 것이다.

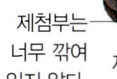
제벽의 1/3 높이에서 못을 구부린다.

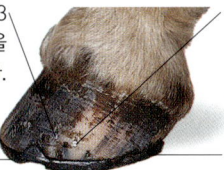
못은 곧게 박혀 있으면서도 이전의 못구멍에 박혀있지 않다.

제첨부는 너무 깎여 있지 않다.

편자는 발굽과 접착되어 있다.

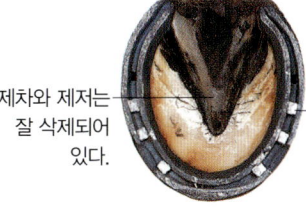
제차와 제저는 잘 삭제되어 있다.

제첨부 철순은 굽에 맞도록 예쁘게 고정되어 있다.

못은 편자의 크기에 맞는 적당한 크기이다.

"자연적 균형 편자" 부착하기
NATURAL BALANCE SHOEING

자연적 균형 편자는 전통적인 말편자와 제첨부 부분에서 다른 모양이며, 굽 뒤쪽으로 고정된다. 이 편자의 사용 목적은 발디딤 점(Breakover point: 말이 움직일 때 발뒤꿈치를 들면서 제첨부 쪽으로 돌리기 시작하는 점)이 제첨부의 끝쪽이 아닌 뒤쪽에서 시작하도록 만드는 것이다.

제첨부는 둥글지 않고 평편하다

자연적 균형 편자
NATURAL BALANCE SHOE

말 손질 도구 GROOMING EQUIPMENT

말 손질 도구 키트는 여러 솔들을 마구잡이로 혼합해 놓은 것이 아니라 말 손질을 위한 특수한 도구들을 구색을 맞추어 놓은 것이다. 각각의 도구들은 말의 예민한 피부를 다치지 않고 고유의 기능을 수행하도록 만들어져 있다. 만일 잘못된 도구를 사용하면 말을 다치게 할 수 있으며, 또 솔이 고유의 기능을 제대로 발휘하지 못하면 결국은 시간만 낭비하게 된다. 도구 키트는 깨끗하게 보관해야 하는데, 그것은 도구에 묻어있던 더러운 것들이 피부에 있는 작은 상처에 솔질할 때 들어갈 수 있으며, 그렇게 되면 차후에 감염을 일으킬 수 있기 때문이다.

개별적인 키트
Individual kits

각각의 말에 이름표가 붙은 각자의 손질 도구 키트가 있어야 한다. 이렇게 함으로써 백선과 같은 전염성 피부병이 말과 말 사이로 번지는 것을 막아준다. 키트를 넣을 수 있는 전용 박스는 매우 다양한 형태가 있다.

손질 도구들을 넣기 위해 집에서 쓰는 플라스틱 작은 상자를 사용할 수도 있다.

뻣뻣한 합성소재 강모
Stuff synthetic bristles

부드러운 소재 강모 *Soft fiber bristles*

금속 글갱이 *Metal curry comb*

이 금속 글갱이는 결코 말에게 사용해서는 안 된다. 이것은 단지 몸통용 솔을 청소하는 데에만 써야 한다(59쪽 참조). 효과를 유지하기 위해서는 털이 끼어 있지 않도록 한다.

몸통용 솔 *Body brushes*

이 솔들은 마방에서 관리하는 말의 피부에 있는 먼지나 비듬을 제거하는데 사용된다. 이것은 짧고 촘촘하게 뻣뻣한 털이 박혀 있다. 몸통용 솔은 뻣뻣한 정도에 따라 여러 가지로 나뉜다. 말의 체모가 가늘수록 부드러운 솔을 사용해야 한다. 또한 여름철에는 체모가 두껍지 않으므로, 겨울철에 쓰는 솔보다 부드러운 솔을 사용해야 한다.

글갱이 *Curry combs*

초지 방목마들의 진흙 등을 제거하는데 사용된다. 얇은 체모나 예민한 피부의 말을 제외하고는 보통의 말에게 직접 사용해도 된다.

플라스틱 글갱이 *PLASTIC CURRY COMB*

고무 글갱이 *RUBBER CURRY COMB*

선인장 천 *Cactus cloth*

말라붙은 진흙이나 땀을 제거하기 위해 사용한다. 천을 부드럽게 하기위해 물을 흠뻑 적신다.

GROOMING EQUIPMENT 말 손질 도구

뻣뻣한 솔 Dandy brush
더러운 체모에 가장 먼저 사용하는 솔이다. 강모는 몸통용 솔에 비해 길고 적당한 간격으로 박혀 있다. 민감하거나 털이 깎인 부분에는 사용해선 안 된다.

물질용 솔 Water brush
이것은 갈기나 꼬리털을 가라앉혀 정돈하는데 사용된다(61쪽 참조). 또한 밝은 색의 체모에 찌든 얼룩들을 제거하는 데 유용하게 쓰인다. 약간 축축한 상태로 사용하되, 물을 흠뻑 적시지는 않는다.

쇠 갈기 빗 Metal mane comb
뭉친 갈기털을 분리하는데 사용된다. 털을 너무 세게 당겨 빗지 말아야 한다.

스펀지 Sponges
부드럽고 질 좋은 2개의 스펀지가 필요하다. 하나는 눈, 코, 입을 닦기 위한 것이고, 또 하나는 꼬리 아래의 미근 부위를 닦기 위한 것이다. 숨이 죽은 스펀지는 사용하지 않는다. 왜냐하면 스펀지 조각들이 말의 눈에 들어갈 수도 있기 때문이다.

발굽파개 Hoof pick
발굽파개는 끝이 무뎌야 한다. 끝이 날카로우면 제저부를 다치거나 밟았을 때 발굽 바닥에 구멍이 생길 수도 있다. 발굽파개는 중요한 말 손질 도구이다. 쉽게 찾을 수 있는 곳에 보관한다.

마사지 패드 Massage pad
깨끗한 상태의 말에게 사용하는데, 근육의 발달을 돕고, 피부에 혈액 공급을 활발하게 해준다(66쪽 참조).

광택 천 Grooming clothe
보통 린넨 천으로 만들어진 광택용 천으로 표피에 마지막 광택을 내기 위해 사용된다. 이 천은 정기적으로 물로 씻어 주어야 한다.

전통적으로 마사지는 짚이나 건초로 만든 패드로 한다. 약간의 짚이나 건초에 물을 적셔 축축하게 하고 2~2.5m 길이의 밧줄을 꼬아 패드를 만든다. 밧줄의 한 쪽 끝에 2개의 둥근 고리를 만드는데, 하나가 다른 하나보다 약간 더 크도록 한다. 2개의 고리 둘레를 다른 쪽 끝으로 아래쪽까지 8자로 팽팽하게 감는다. 각 원의 끝부분을 통과하도록 밧줄을 꼬고, 끝을 단단하게 끼워 넣는다.

묶음의 크기에 맞추어 둥근 고리를 만든다. 손에 편하게 잘 맞는 크기여야 한다.

가능한 팽팽하고 깔끔하게 꼰다.

끝을 고리 속으로 끼워 넣는다.

발굽 기름 Hoof oil
발굽 기름은 투명하거나 검정색이다. 깨끗하고 건조된 발굽에 기름을 바르면 발굽을 보호하고 외관을 좋아 보이게 한다(61쪽 참조). 발굽 기름을 바르는 것이 각질의 질적 개선을 가져오지는 않는다.

말 손질하기 GROOMING A HORSE

야생마는 손질을 받지 않아도 완벽하게 잘 생존하지만 사육마는 진흙, 얼룩이나 먼지를 제거해 주는 것이 좋다. 방목마들은 지나치게 손질해서는 안되는데, 이는 피모에 있는 지방성분이 보온 및 건조상태를 유지하는데 도움을 주기 때문이다. 발굽을 파주고, 안장자리 부분의 진흙과 얼룩을 제거하는 것이 좋다. 마방관리 말들은 전체적으로 손질해야 한다. 오물을 제거하고 근육과 피부를 마사지하여 체내에서 생산된 지방이 체모로 흡수되도록 자극하고 혈액순환을 개선시킨다. 운동 후 체온이 올라갔을때 하면 효과적이다. 대부분의 말들은 손질 받는 것을 즐거워하지만, 어떤 말들은 장소에 따라 까다로워지기도 한다. 먼지와 털들이 다시 마체에 묻지 않도록 하기 위해서 가능한 한 밖에서 손질한다.

편안하게 손질하기 GROOMING FOR COMFORT

말과 말 상호간 손질
Mutual grooming

말들은 환영한다는 표시를 하기 위해서 뿐만이 아니라 사회적인 유대감을 형성하기 위해서 입을 사용해 서로를 손질해 준다. 말들은 또한 마사지의 한 형태로서 맨땅에 구르기도 하며, 나무에 대고 문지르기도 하는데, 그것은 솔질하는 것과 같은 효과가 있다.

쿼터링 QUARTERING: 1/4씩 손질하기

편안하고 단정해 보이게 하기 위해서 아침에 운동시키기 전에 신속하게 손질을 한다. 발굽을 파주고, 얼굴과 꼬리 부분을 스펀지로 닦고, 가볍게 체모를 솔질해주고, 스펀지나 물질용 솔로 큰 얼룩들을 제거한다. 마의를 입힌 말은 마의를 앞 또는 뒤로 접으면서 한 번에 1/4씩 손질하는데, 이를 '쿼터링'이라고 한다.

진흙 제거 REMOVING MUD

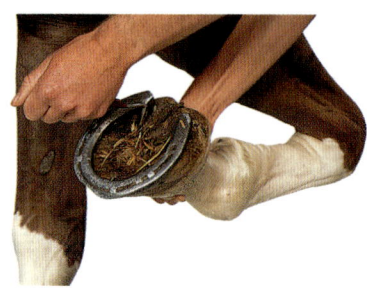

1 발굽 파기부터 시작한다. 배설물이나 진흙을 제거하기 위해 제차의 양옆을 제종부에서부터 제첨부 방향으로 당기듯 판다. 또한 편자의 안쪽 부분도 파줄 필요가 있다.

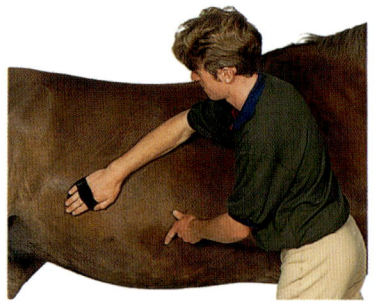

고무글갱이 사용하기 USING RUBBER CURRY COMB

2 고무글갱이나 뻣뻣한 솔로 말라붙은 진흙을 제거한다. 체모의 결을 따라 일직선으로 사용한다. 뻣뻣한 솔은

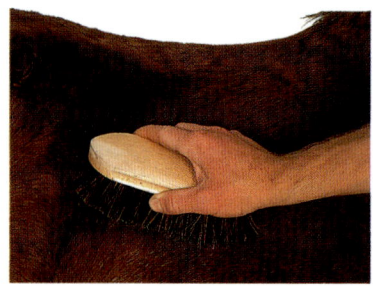

뻣뻣한 솔 사용하기 USING DANDY BRUSH

비교적 거칠기 때문에 배나 털을 깎은 부분 또는 얇은 피부의 부드러운 부분에 사용하는 것은 피한다.

몸통용 솔 사용하기 USING THE BODY BRUSH

갈기를 반대편으로 넘긴다.

1 진흙을 제거한 후에 몸통용 솔을 사용해서 피부를 털어 내고 마사지 한다. 말의 목덜미를 따라서 시작하여, 손목을 짧게 돌리듯이 하여 표피의 결대로 솔질을 한다. 솔의 털들이 피부에 바로 닿을 수 있도록 세게 누르면서 한다.

몸통용 글갱이 청소하기
Cleaning a body brush

금속 글갱이로 몸통용 솔을 깨끗하게 털어낸다. 솔질을 너댓 번 하고 나면 솔을 금속 글갱이에 대고 문지른다. 때때로 더러운 것을 털어 내기 위해 말에서 멀리 떨어져서 글갱이의 귀퉁이 부분을 딱딱한 곳에 대고 두드린다.

2 목덜미 솔질을 다 끝마쳤으면 갈기를 다시 반대쪽으로 넘겨서 한번에 갈기 털 한 움큼을 쥐고 솔질을 한다. 손가락을 이용해서 엉킨 갈기를 풀고, 목을 따라 아래 방향으로 갈기의 모근에서부터 솔질을 한다.

엉킨 갈기를 풀 때 갈기 털을 잡아 당기지 않도록 주의한다.

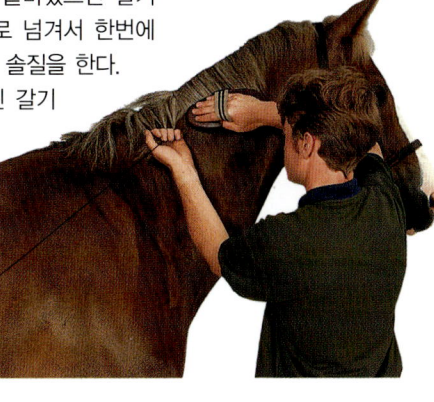

3 꼬리 쪽을 향해 몸 전체를 솔질한다. 다리 안쪽이나 사타구니와 같이 예민한 부분을 솔질할 때에는 말이 차지 못하도록 말 옆에 가까이 다가선다.

4 한 쪽을 마치고 나서 다른 쪽을 솔질한다. 말의 왼쪽에서는 왼손을 사용하고, 오른쪽에서는 오른손을 사용한다.

5 얼굴을 손질할 때는 글갱이를 사용해서는 안 된다. 부드러운 솔로 손질하는 동안 말을 묶지 말고 잡고 있어야 한다. 얼굴 손질할 때는 마방굴레를 벗기고 목 둘레를 버클로 채워 끈 아랫부분을 잡고 손질할 수 있도록 한다.

꼬리 솔질하기 BRUSHING THE TAIL

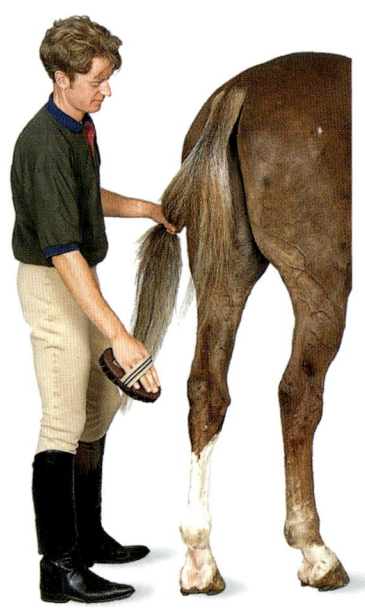

엉킨 꼬리털 풀기
Removing tangles

손가락으로 엉킨 것을 푼 다음에 몸통용 솔로 꼬리를 솔질한다. 꼬리털을 당겨 뽑지 않도록 주의하고, 절대로 뻣뻣한 솔이나 글갱이로 꼬리를 솔질하지 않는다. 한 손으로 꼬리를 잡고 흔들어서 얼마간의 털을 분리한다. 이 부분을 모근에서부터 시작해서 미끄러지듯이 길게 솔질한다. 여기에 꼬리털을 조금씩 덧붙여서 꼬리 전체를 모두 솔질한다.

마사지 MASSAGE

마체의 각 부분을 다섯 번씩 두드리는 것으로 시작해서 점차 횟수를 늘린다.

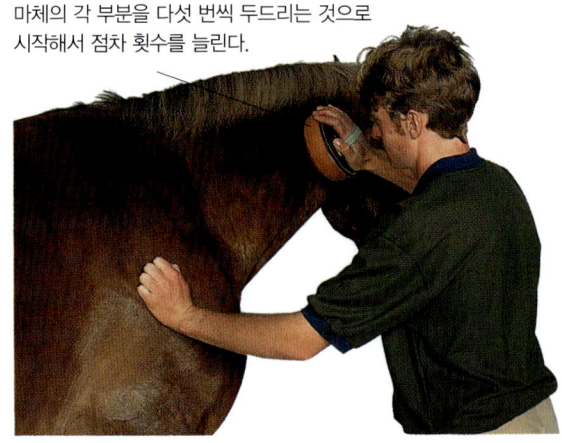

근육 풀어주기 Toning the muscles

목, 어깨, 엉덩이, 네 다리, 허벅지 부분을 두드려서 근육을 풀어준다. 적당한 힘으로 마사지 패드를 두드리며 체모의 결 방향으로 문지른다.

스펀지로 눈, 주둥이 그리고 꼬리심 부분 닦기 SPONGING THE EYES, MUZZLE, AND DOCK

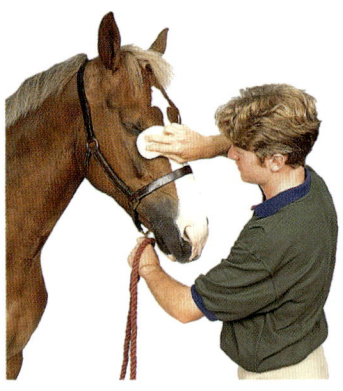

눈 The eyes

스펀지를 물에 적시되, 물이 흘러서 눈에 들어갈 정도로 많이 적시지는 말아야 한다. 눈꺼풀을 닦는 것이 목적이므로 눈을 뜨게 하려고 하지 않는다. 가장 더러운 부분을 마지막에 닦을 수 있도록 바깥쪽 끝에서 시작해서 안쪽을 향해 스펀지로 닦는다.

입
The muzzle, 주둥이

스펀지로 입술 주위를 닦은 후 콧구멍을 닦는다. 스펀지를 콧구멍 속으로 바로 집어넣어서 그 속을 닦을 수도 있다. 밖으로 배출된 분비물을 제거한다.

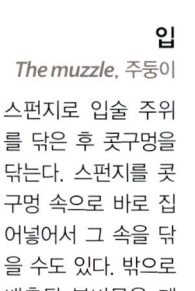

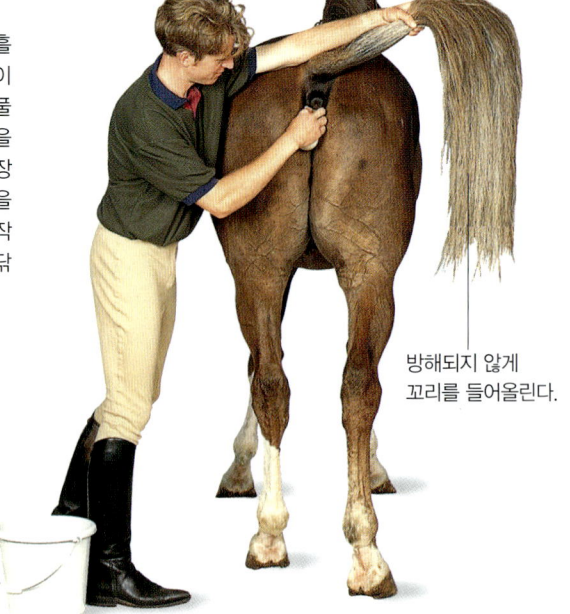

방해되지 않게 꼬리를 들어올린다.

미근 The dock

미근 부분을 닦기 위해서는 다른 스펀지를 사용한다. 미근 아래쪽을 부드럽게 스펀지로 닦은 다음 꼬리 아랫부분 전체를 닦는다.

GROOMING A HORSE 말 손질하기 67

갈기 정리하기 TRAINING THE MANE

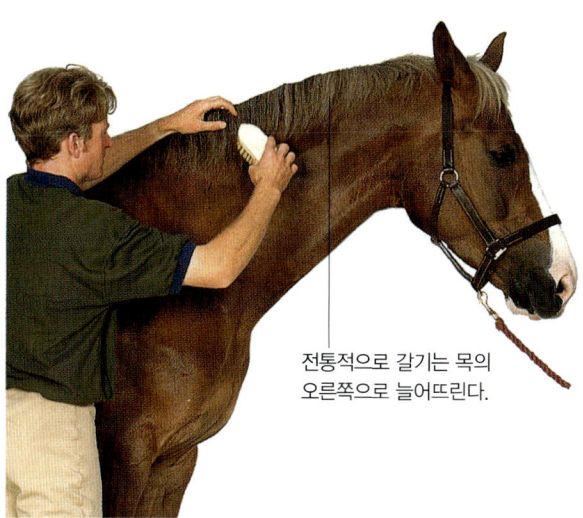

전통적으로 갈기는 목의 오른쪽으로 늘어뜨린다.

갈기 고르게 하기 *Flattening the hairs*

갈기를 고르게 하는 것은 갈기털을 바르게 정리해서 단정해보이도록 하기 위한 것이다. 물질용 솔에 물을 적시고 지나친 물을 빼기 위해 한번 흔들어 준다. 솔을 갈기 및 부분에 놓고 갈기 모근에서부터 아래쪽으로 솔질을 한다.

꼬리 정리하기 TRAINING THE TAIL

꼬리 손질하기 *Smoothing the tail*

갈기를 손질할 때와 같은 방식으로 물질용 솔로 꼬리 윗부분을 정리한다. 특히 짧은 털은 쉽게 위쪽을 향해 일어설 수 있으므로 더욱 주의한다. 꼬리를 다 정리하면 단정하게 하기 위해 붕대를 감을 수 있다(198쪽 참조).

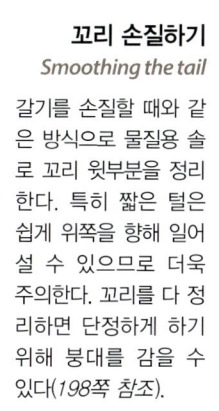

광택용 천 사용하기 USING A GROOMING CLOTH

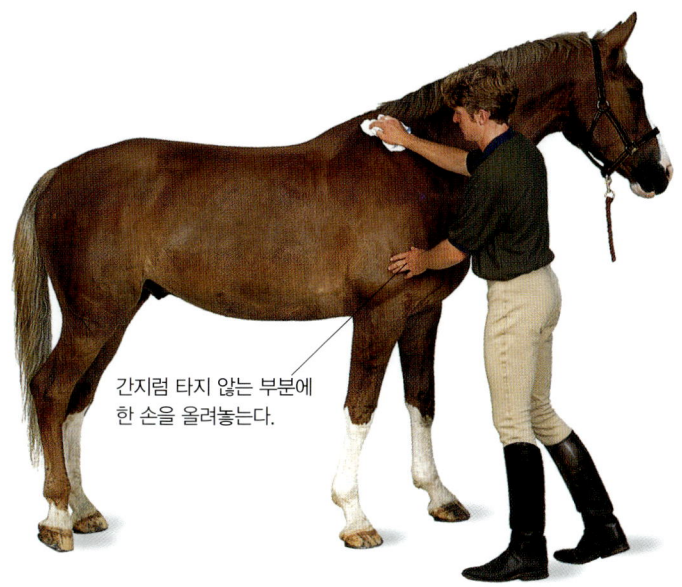

간지럼 타지 않는 부분에 한 손을 올려놓는다.

체모 광택내기 *Polishing the coat*

광택용 천에 물을 조금 적신 후 접어서 납작한 패드 모양으로 만든다. 털의 결을 따라 몸 전체를 닦아서 남아있는 먼지를 제거한다.

발굽에 오일 바르기 Oiling the hooves

오일을 바르기 전에 발굽을 솔질해서 진흙을 제거한다. 진흙투성이일 때에는 물로 씻는 것이 필요하다. 발굽을 물로 씻은 경우에는, 완전히 건조시켜야 하며 그렇지 않으면 오일의 효과가 없어진다. 절대로 더러운 발굽에는 오일을 발라서는 안 된다. 오일이 더러운 것을 계속 남겨 놓기 때문이다. 제구 부분에서부터 제관까지 발굽 전체에 오일을 균일한 두께로 얇게 바른다. 제저부에도 바른다. 이렇게 하면 진흙, 얼음 그리고 깔짚이 발에 뭉치는 것을 막을 수 있다.

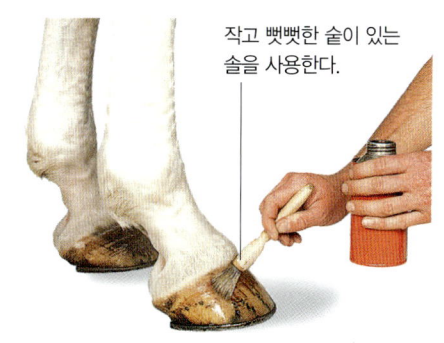

작고 뻣뻣한 솔이 있는 솔을 사용한다.

대회 준비하기 PREPARING FOR A SHOW

말은 대회장에 도착하기 전에 오늘은 특별한 날이라는 것을 이미 알고 있다. 따라서 아마도 당신이 마방에 도착하는 순간 흥분을 보일 것이다. 며칠 전부터 소소한 일상이 약간 변했다는 것에서 말이 예감했을 수도 있고, 당신 기분의 변화를 느꼈을 수도 있다. 대회 당일 아침에 당신은 대회 준비를 위한 산더미 같은 일을 처리해야 하기 때문에 일찍 출근해야 한다. 밤새 말이 뒹굴어 버리면 다시 해야 하기 때문에 이런 일들은 전날 밤에 미리 할 수가 없다.

물로 씻기 WASHING

갈기 씻기 Washing the mane

1 스펀지와 뜨겁지 않은 더운 물로 갈기를 충분히 적신다. 말의 눈에 물이 들어가지 않도록 주의한다. 앞머리도 잊지 않고 귀 뒤쪽으로 넘겨 갈기와 합친다. 물이 갈기의 모근까지 스며들도록 한다.

2 순한 비누 혹은 샴푸를 사용한다. 주방세제를 사용해서는 안 된다. 거품이 갈기털의 모근까지 스며들도록 하여, 피부의 비듬이 제거될 수 있도록 한다. 거품이 묻은 채 몇 분간 그대로 둔다.

귀 뒷부분부터 시작하여 아래 방향으로 훑는다.

3 깨끗한 물로 갈기를 완전히 헹군 후 손으로 물을 꼭 짜낸다. 땀훑치를 사용하여 목에서부터 물을 닦아주어 말이 추위에 떨지 않도록 한다.

꼬리털 씻기
Washing the tail

물통에 물을 담아 꼬리를 푹 담근 다음, 스펀지를 이용하여 꼬리 윗부분을 적신다. 미근 아래쪽을 적시고, 털의 뿌리 부근까지 잘 씻겨지는지 확인한다. 여러 통의 물을 써서 샴푸가 완전히 헹궈지도록 한다.

세척 도구 WASHING EQUIPMENT

샴푸 SHAMPOO

양동이 BUCKET

스펀지 SPONGE

땀훑치 SWEAT SCRAPER

PREPARING FOR A SHOW 대회 준비하기 69

털 뽑기 PULLING

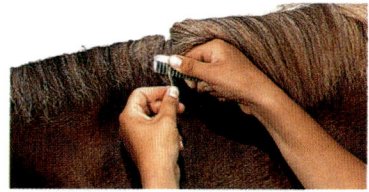

갈기털 뽑기 Pulling the mane
갈기털 숱을 줄이거나 짧게 하기 위해 털을 뽑는다. 모근 근처에서 빗으로 갈기털 몇 가닥을 추려내 빗 둘레에 감은 다음 빠른 속도로 잡아채서 뽑는다.

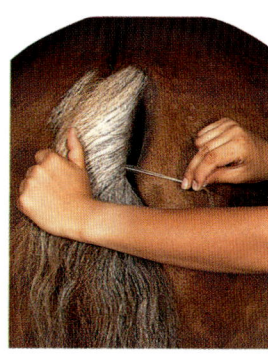

꼬리털 뽑기
Pulling the tail
꼬리털 뽑기는 다소 통증을 유발할 수 있다. 꼬리털을 뽑아야 한다면, 안쪽 털을 한 번에 아주 조금씩 잡아서 한다. 이것은 대회 한참 전부터 시작해야 한다.

털 뽑기 용구
PULLING EQUIPMENT

빗 COMB

갈기털/꼬리털 따기 BRAIDING

꼬리털 따기 *Braiding the tail*

1 꼬리털은 미근 주위에서 자라기 때문에 털을 단순히 세 묶음으로 나눠서 딸 수는 없다. 대신에 맨 위쪽의 가운데 부분과 꼬리 양측에서 적은 양의 털을 잡아서 꼬리 주위를 엮듯이 딴다.

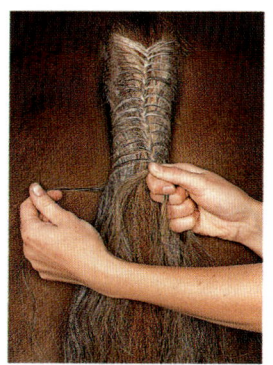

2 아래 방향으로 연속적으로 꼬리를 따 내려가면서 계속 세 방향에서 새로운 털을 합친다.

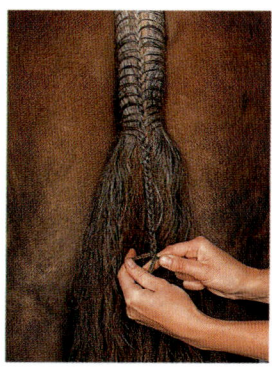

3 꼬리의 3분의 1 지점까지 딴 후 그 아래는 새로운 털을 추가하지 않고 계속 따 내려간다. 아래쪽에서 고리를 만들어 실로 고정한다.

털 따기 용구
BRAIDING EQUIPMENT

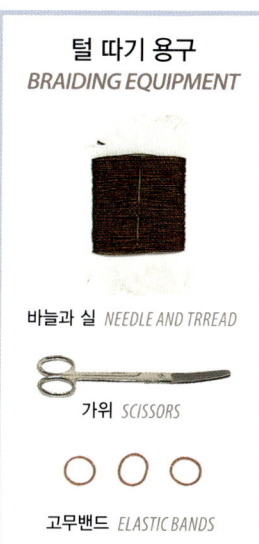

바늘과 실 NEEDLE AND TRREAD

가위 SCISSORS

고무밴드 ELASTIC BANDS

홀수의 가닥을 만든다.

갈기털 따기 *Braiding the mane*
1 갈기를 몇 개의 묶음으로 나눈 다음, 묶음별로 30cm의 실을 이용하여 3분의 1 지점까지 딴 후 약 8cm만 남기고 실을 잘라준다.

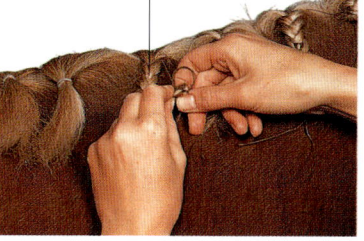

고무밴드로 갈기 다발을 분리한다.

2 바늘에 실을 꿴 후 딴 갈기를 감은 다음 아래쪽 끝을 꿰맨다. 실은 자르지 말고 다음 단계로 진행하기 전까지 모든 묶음에 위와 같이 작업한다.

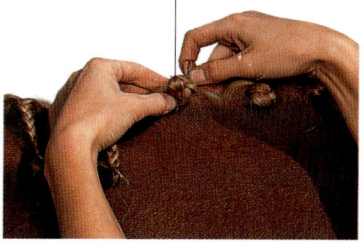

바늘로 말을 찌르지 않도록 조심한다.

3 바늘을 이미 따놓은 묶음의 윗부분으로 통과시켜 두 번 돌려 전체의 길이를 4분의 1로 만든다. 실을 바짝 당겨 묶음의 둘레에 감고 바늘을 몇 차례 묶음의 중심을 통과시켜 고정한다.

털 깎고 다듬기 CLIPPING AND TRIMMING

운동할 때 발생한 체열을 잘 발산하도록 털을 깎는 것이 좋다. 땀을 너무 많이 흘리면 컨디션이 나빠지고, 제대로 말리지 않으면 감기에 걸릴 수도 있기 때문이다. 말이 하는 운동의 정도를 고려하여 털을 깎아 준다. 땀을 흘리는 정도가 아니라면 털을 깎을 필요가 없다. 거의 모든 말들은 털 깎이는 것을 좋아하지 않는다. 복부에 기계가 닿는 것에 예민할 수도 있고 기계음에 적응하는데 시간이 걸리기도 할 것이다. 항상 말을 진정시키기 위한 보조자가 필요하다. 털 깎은 말은 마의를 입힌다. (192쪽 참조)

자연체모 THE NATURAL COAT

겨울 털 Winter protection
자연적으로 말은 추위에 견디기 위해 겨울에는 두꺼운 털을 낸다. 이것은 사람들이 생각하는 것보다 보온효과가 크다. 털은 몸에서 열이 방출되는 것을 방지하기 때문에 말 등에 떨어진 눈은 즉시 녹지는 않는다. 말을 초지에 방목할 때 두꺼운 마의를 입히면 체모의 성장을 방해하여 자연스러운 보온기능을 잃을 수 있다.

삭모장비 TRIMMING EQUIPMENT

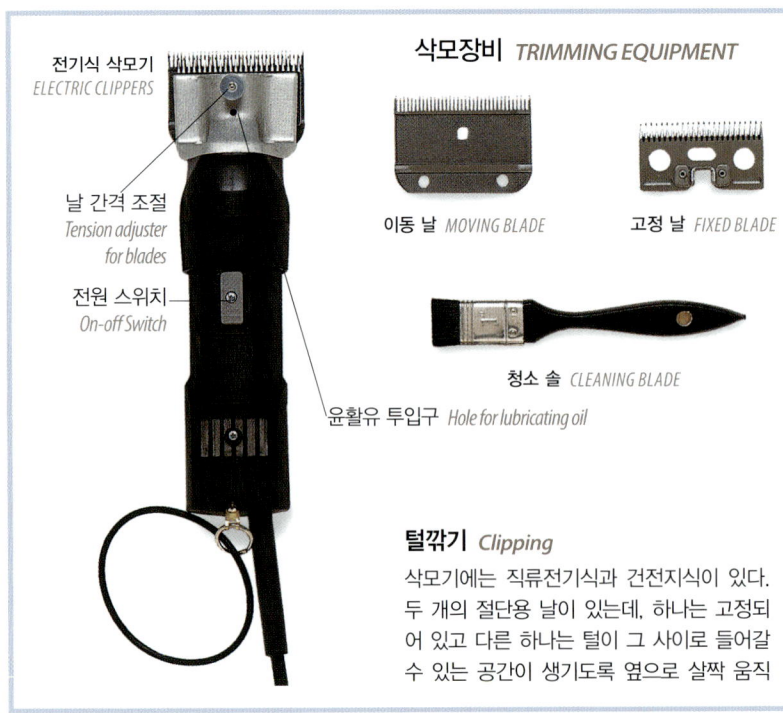

- 전기식 삭모기 ELECTRIC CLIPPERS
- 날 간격 조절 Tension adjuster for blades
- 전원 스위치 On-off Switch
- 윤활유 투입구 Hole for lubricating oil
- 이동 날 MOVING BLADE
- 고정 날 FIXED BLADE
- 청소 솔 CLEANING BLADE

털깎기 Clipping
삭모기에는 직류전기식과 건전지식이 있다. 두 개의 절단용 날이 있는데, 하나는 고정되어 있고 다른 하나는 털이 그 사이로 들어갈 수 있는 공간이 생기도록 옆으로 살짝 움직일 수 있도록 만들어져 있다. 청소용 솔은 삭모기 사용 후 잘린 털을 제거하는데 좋다. 소음이 작고 (건전지식의 장점) 가능한 한 강력한 삭모기를 이용하여 삭모기가 너무 뜨거워지지 않도록 한다. 대부분의 건전지식 삭모기는 유선 코드용보다 소음이 적기 때문에 머리 부근과 같은 민감한 곳에 사용하기 편하다. 이것은 전선이 없기 때문에 말이나 혹은 삭모하는 사람이 줄에 걸려 넘어질 염려가 없다. 또한 과부하 등의 전기 안전사항을 확인해야 한다. 말이 삭모기에 의한 소음이나 진동을 싫어한다는 것이 느껴지면, 코틀개(51쪽 참조)를 사용하는 것도 좋다. 삭모기의 불쾌함을 잊게 하여 침착하게 서 있도록 하는데 도움이 된다. 그러나 어떤 민감한 말들은 삭모를 위해 진정제를 투여할 필요가 있을 수도 있다.

CLIPPING AND TRIMMING 털 깎고 다듬기

삭모기 이용하기 USING CLIPPERS

압력 조정하기 *Adjusting the tension*

면도기의 날이 너무 느슨하면 덜그럭 거리며 털이 잘리지 않고 뽑히는 경우가 생긴다. 또한 너무 조여져 있으면 모터에 과도한 부하가 걸려 뜨거워진다. 날을 조이기 위해서는 나사를 서서히 돌린다. 날의 움직임이 차분해지며 소음이 변하면, 압력을 약간 풀어준다.

날에 기름치기 *Oiling the blades*

삭모 중에는 면도날에 자주 기름을 쳐주어야 한다. 그렇지 않으면 면도날이 뜨거워져 말의 피부에 화상을 입힌다. 먼저 삭모기를 끄고 윤활유를 바른다.

주입구에 윤활유를 떨어뜨리거나 스프레이 한다.

삭모의 형태 TYPES OF CLIPS

트레이스형 *Trace Clip*

땀이 축적되는 부분만을 깎는다. 만약 더 조금만 깎고 싶다면, 복부와 목 아래 부분만 깎아도 된다. 혹한의 날씨가 아니면 마의를 입힌 채 방목할 수도 있다.

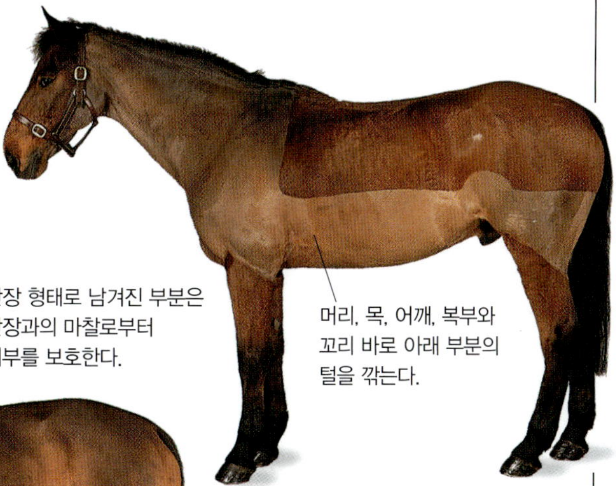

복부, 다리 윗부분, 가슴, 목 아래쪽만 깎는다.

이 선은 마차경주마의 장구인 트레이스가 지나는 선과 일치한다.

안장 형태로 남겨진 부분은 안장과의 마찰로부터 피부를 보호한다.

머리, 목, 어깨, 복부와 꼬리 바로 아래 부분의 털을 깎는다.

헌터형 *Hunter Clip*

안장 짓는 부분과 다리를 제외하고 모든 부분을 삭모한다. 이렇게 삭모한 말은 운동할 때를 제외하고는 항상 마의를 입혀야 한다. 또한 머리와 목을 마의로 덮지 않은 채로 말을 장시간 외부에 두어서는 안 된다.

다리에 남겨진 털은 진흙이나 추위로부터 다리를 보호한다.

담요형 *Blanket Clip*

장시간의 느린 운동을 하는 동안 말의 후구의 근육이 추워지지 않고도 땀을 배출할 수 있도록 한 것이다. 운동 중에 담요를 덮은 것과 같은 효과가 있다. 운동하는 동안을 제외하고는 마의를 입힌다.

말 삭모하기 CLIPPING A HORSE

1 분필로 삭모하고자 하는 부위에 외곽선을 그린다(이 말은 담요형으로 삭모하는 예). 이러한 예비 작업 없이 무작정 작업을 시작하면 양쪽 끝부분이 정확한 대칭이 되지 않는다.

다리의 근육을 따라 삭모하면 좋은 모양이 나온다.

꼬리털을 미리 묶어두면 작업에 방해가 되지 않는다.

말이 전선을 밟는 일이 없도록 작업자가 말과 전선 사이에 위치한다.

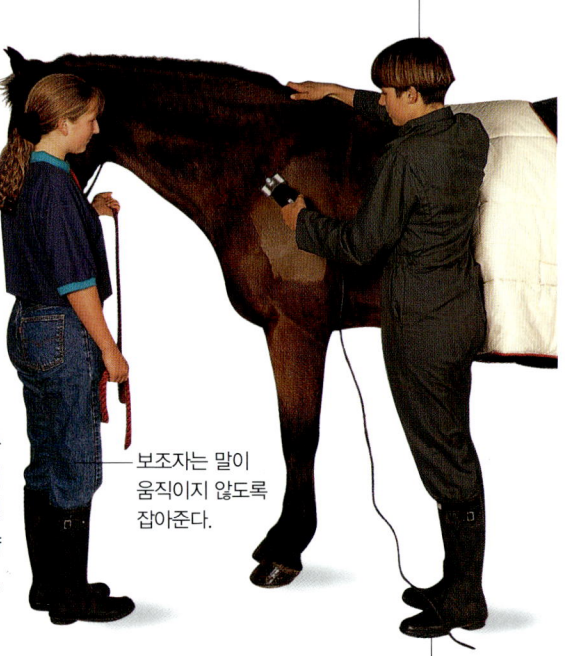

보조자는 말이 움직이지 않도록 잡아준다.

유선코드 삭모기를 이용할 때에는 안전을 위하여 밑창이 고무로 된 신발을 신는다.

2 어깨는 삭모를 시작하기에 최적의 부위이다. 대부분의 말들은 이곳에 삭모기가 닿아도 그렇게 싫어하지는 않는다. 삭모기를 털의 결에 반대방향으로 부드럽게 움직인다. 날과 피부가 평행하게 유지되도록 한다. 약간이라도 날을 아래쪽으로 기울게 되면 피부를 자극하고, 위쪽으로 기울면 털이 잘 깎이지 않는다.

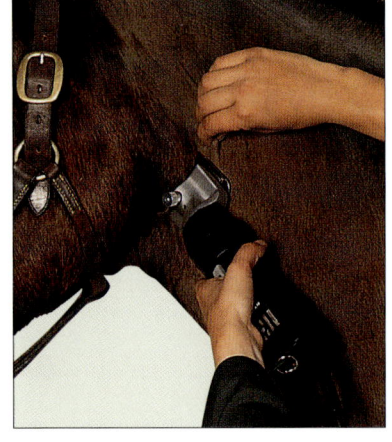

3 마체의 형태에 따라 피부가 늘어져 있거나, 혹은 말의 체형으로 인하여 오목한 부분을 삭모해야 하는 경우가 있다. 이러한 곳은 자칫 잘못하면 피부가 집혀서, 깨끗하게 삭모하기가 매우 어렵다. 이에 대한 해결책은 한쪽 손으로 말의 피부를 잡아당겨 피부를 편평하게 만든 다음 삭모하는 것이다.

만약 보조자가 말을 잡고 있지 않을 때에는 말을 묶어두고, 건초망으로 정신을 팔게 한 채 작업한다.

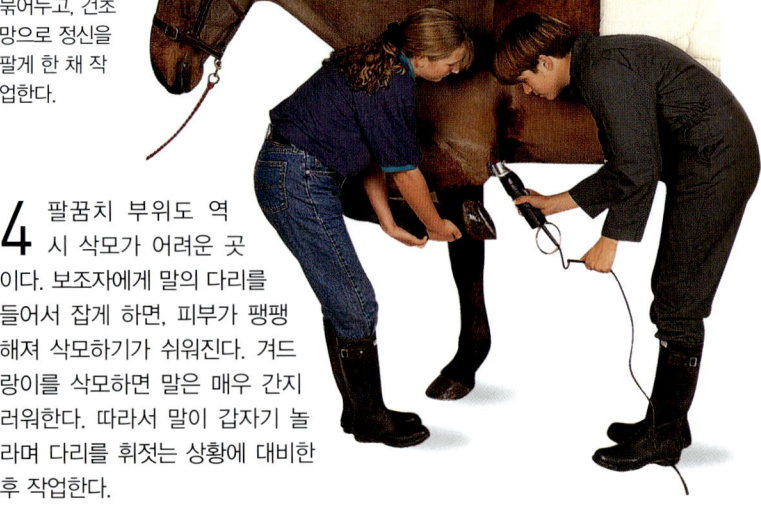

4 팔꿈치 부위도 역시 삭모가 어려운 곳이다. 보조자에게 말의 다리를 들어서 잡게 하면, 피부가 팽팽해져 삭모하기가 쉬워진다. 겨드랑이를 삭모하면 말은 매우 간지러워한다. 따라서 말이 갑자기 놀라며 다리를 휘젓는 상황에 대비한 후 작업한다.

CLIPPING AND TRIMMING 털 깎고 다듬기 73

털 다듬기 TRIMMING

귀 Ears

한 손으로 귀의 양끝이 서로 닿도록 접은 다음 양끝을 벗어나서 자란 털을 잘라낸다. 끝이 둥근 형태의 가위를 사용하고, 귀 안쪽의 검은 털은 귀의 내부로 먼지나 감염물질이 들어가는 것을 막아주므로 절대 깎지 않는다. 가위를 위쪽으로 향하도록 하여 위 방향으로 진행하며 털을 깎는다. 위쪽으로 향하게 하는 이유는 말이 고개를 움직일 때 가위 끝이 눈을 찌르지 않도록 하기 위한 것이다.

털 다듬기 도구
TRIMMING EQUIPMENT

빗 COMB

끝이 뭉툭한 곡선형 가위
CURVED BLUNT-ENDED SCISSORS

얼굴 Face

말의 뺨과 아래턱에 나있는 긴 털을 가위로 다듬되 수염은 그냥 둔다. 수염은 말의 촉각 기관이다. 빗으로 말의 털을 자르기 좋게 들어주고 수염은 잘리지 않도록 한다.

보조자가 한 팔을 꼬리 아래에 넣어 이동 중의 꼬리 길이를 설정하도록 한다.

꼬리 Tail

꼬리를 지면과 평행하도록 꼬리의 끝을 잘라준다. 말이 지면과 평형하게 서 있을 때 꼬리의 끝은 비절에서 한 뼘 정도 아래여야 한다.

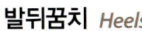

발뒤꿈치 Heels

다리 긴 털(다리와 구절, 제종부 뒤쪽의 긴 털)을 잘라내어 피부를 쉽게 씻고 말릴 수 있도록 하는 것이 좋다. 이렇게 하여 계군이 생기는 것을 막을 수 있다. 위쪽 방향으로 빗질하며 너무 짧지 않게 끝을 자른다.

말 수송하기 TRANSPORTING A HORSE

말을 육로로 수송하기 위한 목적으로 제작된 두 가지 형태의 차량이 있다. 전용수송차는 덮개가 씌워진 차량이다. 말 트레일러는 차량 뒤에 매달아 견인하는 형태이다. 트레일러는 두 마리 밖에 수송하지 못하지만, 전용 수송차는 10두 이상을 실을 수 있다. 여러 나라에서는 말 수송차를 운전하기 위해서는 특별 면허가 필요하다. 환기는 매우 중요하기 때문에 수송 시 외풍은 없되 신선한 공기가 잘 통하는지 확인하고, 6시간에 한번은 휴식을 취하도록 한다. 호흡기계 문제를 가진 말은 운송하지 않도록 한다.

사료와 장구 보관함
Storage space for food and tack

관리자 출입구
Groom's entrance

말을 묶어둘 수 있는 고리
Ring for tying up horses

전용 수송차 *Horse Van*

수송차를 선택할 때는 여러 가지 사항을 고려해야 한다. 차량의 총중량에 따라 특별한 면허가 필요할 수도 있다. 수송칸의 배치에 따라 말은 이동 중 앞뒤로 또는 옆으로 서 있어야 한다. 이 두 가지 방법 모두는 나름대로 장점이 있다. 어떤 차량은 말을 뒤쪽으로 싣기도 하지만, 어떤 차량은 옆에서 싣기도 한다. 사람에게 편하도록 되어 있어 말의 공간이 부족하거나 장비가 어설픈 차량은 피해야 한다.

트레일러 *Trailer*

트레일러를 사용하기 전에, 전반적인 관리 상태와 적정 적재중량을 확인한다. 차량의 등록번호가 트레일러 뒤쪽에도 부착되어 있어야 한다. 사진과 같이 트레일러를 견인하는 차량에 연결한다. 작업자가 트레일러에 탑승하는 것은 매우 위험하다.

앞쪽 출구 *Front exit*

스페어 타이어는 항상 사용할 수 있는 상태로 유지한다.

견인차량 뒤쪽에 설치된 연결봉과 트레일러의 걸림장치가 정확히 체결되어 있다.

트레일러의 브레이크는 풀려 있다.

받침용 바퀴나 다른 지지부가 지면에서 떨어져 있다.

TRANSPORTING A HORSE 말 수송하기 75

긴 여행 Long Journeys

중간에 잠시 정차하는 경우가 있더라도 하루에 8시간 이상 이동하지 않아야 하며, 4~6시간 이동 후에는 충분한 휴식을 취해야 한다. 휴식을 위해 정차하는 경우, 트레일러나 전용 차량의 모든 문과 창문을 개방하고 말 머리를 묶은 줄을 풀어 말이 기침을 하거나 머리를 낮출 수 있도록 한다. 트레일러 내부에 충분한 조명시설이 있어서 말을 싣거나 운송 중에 말을 확인할 수 있어야 한다. 야간에는 수송을 하지 않는 것이 좋다.

- 바닥은 청소하기 쉬운 재질이고, 말굽에 충분한 접지력을 줄 수 있어야 한다.
- 앞쪽에 경사판이 말을 내리는데 좋다.
- 뒤쪽의 지지봉은 말을 싣거나 내릴 때 트레일러에 안정감을 준다.
- 내부 벽과 칸막이에는 패딩이 덧대어져서 말이 기댈 수 있어야 한다.
- 수송되는 말마다 후방 지지를 위해 테이프나 체인, 지지봉이 설치되어야 한다.
- 뒤쪽의 차양막은 통풍을 제한하므로 날씨가 궂을 때만 내린다.
- 마신봉은 감속이나 정차 시에 말이 기댈 수 있으므로 충분히 강하고 잘 덧대어져 있어야 한다.
- 이동 중 칸막이를 잘 고정할 수 있는 장치가 있어야 한다.
- 경사판은 말이 오르기에 좋은 상태여야 한다.

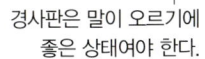

도착 On arrival

목적한 장소에 도착하면 트레일러 뒤쪽의 지지장치를 내리고 브레이크를 채운다. 말을 내린 후 약 5분간 손으로 끌기운동을 하여 이동 내내 차의 움직임에 대응하기 위해 사용된 근육을 풀어준다. 그 다음 말을 차의 외측 그늘진 곳에 묶어둔다. 말에게 신선한 물을 제공하고 필요한 경우 건초를 급여한다.

트레일러 운전 시 주의사항 CAREFUL DRIVING WITH A TRAILER

트레일러를 견인차량에 연결할 때, 트레일러와 말의 총 중량이 견인차량의 최대견인능력 내에 있는지 확인해야 한다. 버스를 타고 어느 것에도 의지하지 않고 몇 시간 동안 선채로 이동해 본 적이 있다면, 말이 수송 중 받는 스트레스가 어떤 것인지 짐작할 수 있을 것이다. 차량운행 중 상황을 미리 예상해서 서서히 가속과 감속을 해야 한다. 방향전환도 서서히 해야 한다. 도로에 물이나 얼음이 있는 경우 트레일러는 매우 미끄러지기 쉽다. 위급한 상황에서 필요할 수도 있으므로 후진에 익숙하지 않다면 트레일러를 견인하지 않아야 한다.

말 싣고 내리기 LOADING AND UNLOADING

말은 선천적으로 폐쇄된 공간으로 들어가는 것을 좋아하지 않는다. 항상 침착함을 유지하고, 말이 갑자기 멈춰서 일어서거나 뒷걸음질 치는 상황에 대비해야 한다. 이러한 상황이 발생하더라도 말을 계속해서 잡고 있을 수 있도록 리드로프는 가능하면 긴 것을 사용한다. 보조자가 있으면 말을 더 쉽고 안전하게 실을 수 있지만, 말이 전에 부정적인 기억 없이 여행한 경험이 있고 관리자에게 믿음이 있다면 대부분의 말은 특별한 문제없이 수송차나 트레일러에 탈 것이다.

말이 착용해야 하는 것 WHAT THE HORSE SHOULD WEAR

머리 보호장구는 단단한 스티로폼으로 제작되어야 한다.

꼬리 보호장구는 꼬리가 비벼지는 것을 막는다.

차량의 갑작스러운 움직임이 말의 균형을 잃게 한다는 것을 잊지 말아야 한다. 그러므로 말 수송 준비를 할 때, 앞무릎과 비절을 포함해서 다리에는 패드를 대야 한다. 말의 정수리에도 두터운 스티로폼이나 머리보호 장비를 착용시켜야 한다.

여름용 마의는 말에 가해지는 충격을 줄이고 체온이 너무 오르는 것을 막는다.

말 싣기 LOADING

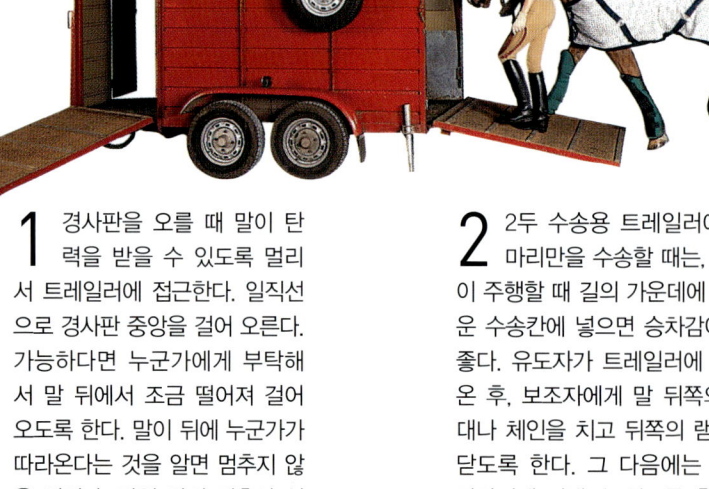

경사판을 자신감을 가지고 오른다.

보조자는 말의 시야에 보이도록 말의 뒤쪽 약간 옆에 위치한다.

1 경사판을 오를 때 말이 탄력을 받을 수 있도록 멀리서 트레일러에 접근한다. 일직선으로 경사판 중앙을 걸어 오른다. 가능하다면 누군가에게 부탁해서 말 뒤에서 조금 떨어져 걸어오도록 한다. 말이 뒤에 누군가가 따라온다는 것을 알면 멈추지 않을 것이다. 만일 말이 멈추어 선다면, 트레일러 양쪽에 긴 로프를 묶고 두 사람이 말 뒤로 교차하여 말을 밀어 올린다.

2 2두 수송용 트레일러에 한 마리만을 수송할 때는, 차량이 주행할 때 길의 가운데에 가까운 수송칸에 넣으면 승차감이 더 좋다. 유도자가 트레일러에 들어온 후, 보조자에게 말 뒤쪽의 막대나 체인을 치고 뒤쪽의 램프를 닫도록 한다. 그 다음에는 말이 칸막이에 기댈 수 있도록 충분히 긴 로프를 사용해서 말을 묶는다. 수송 중 말이 지루해하지 않도록 건초망을 넣어주는 것도 좋다.

LOADING AND UNLOADING 말 싣고 내리기 77

내리기 UNLOADING

1 트레일러의 앞부분에 출입구가 있으면 항상 앞쪽을 이용하여 말을 내린다. 먼저 말 앞쪽에 위치한 장비들을 치운다(이동 중 앞쪽에 장구를 두는 경우 움직이지 않도록 고정한다). 묶었던 고삐줄을 풀고 가슴 앞의 막대를 제거한다. 2두 이상을 수송하는 차량에서는 출구에 가까운 말을 먼저 내린다.

보조자는 유도자의 반대쪽에 서서 말이 경사판 밖으로 걸음을 옮기지 않도록 한다.

2 말을 차분히 밖으로 유도한다. 유도자가 주도권을 가지고 말을 유도해야 한다. 말이 사람을 끌고 나오게 내버려 두어서는 안 된다. 트레일러에 다른 말이 들어 있는 경우, 한 마리를 고정하고 나머지 한 마리를 풀고 칸막이를 벌려 출구를 넓힌 후 말을 밖으로 유도한다.

경사판 측면 뒤쪽에 서 있는 보조자는 말이 똑바로 내려오는지를 확인한다.

뒤로 내리기 *Rear unloading*
차량 뒤쪽으로 말을 내리는 것은 어려운 작업이다. 말은 뒤로 걷기가 쉽지 않으며 수송용 부츠는 뒷걸음 동작을 제한한다. 머리를 묶은 줄을 풀고 보조자에게 후방 막대나 체인을 풀도록 한다. 말이 갑자기 뒤로 끄는 경우에 대비하면서 말을 밖으로 후진시킨다. 후진할 때는 말이 몸을 똑바로 유지하기가 쉽지 않다.

운동 전후 말 관리 THE HORSE AT WORK

휴양하던 말을 다시 훈련할 때는 점진적으로 운동강도를 증가시킨다. 예를 들면, 처음 일주일간은 평보만 시키고, 그 후 일주일간 거리를 늘리며 평보 및 속보를 시킨다. 그 다음 주에는 구보를 시키고, 그 후에 전력질주 훈련을 한다. 대회에 나갈 경우에는 각 단계별로 더 오랜 기간을 훈련한다. 운동하던 말을 휴양마로 전환할 때도 점진적으로 운동량을 줄인다.

워밍업 WARMING UP

기승하기 전에 손으로 끌기운동을 통해 평보 및 속보로 몸을 풀어준다. 기승을 하고서도 빠른 운동 전에 말의 근육에 혈액순환을 촉진시키기 위해 최소 20분간은 평보 및 속보로 운동시킨다. 전력질주 운동은 근육 내에 젖산을 생산하므로, 생산 직후에 근육에서 소모하여 없애주는 것이 좋다.

운동 후 AFTER WORK

쿨링다운 Cooling off

힘든 운동 후에는 서서히 마체를 식혀주어야 한다. 빠른 훈련이나 기타 힘든 운동 후에는 10분 이상 평보로 걷게 한다. 그 후 말이 편안히 느끼도록 물로 땀을 씻어준다.

사료와 물 FOOD AND WATER

오랜 시간 운동을 하면 점차 수분이 빠져나가기 때문에 탈수가 오지 않도록 운동 중간에 가끔씩 소량의 물을 마시도록 하고, 여기에 전해질을 첨가할 수 있다. 운동 직후에는 다량의 사료 급여는 금물이다. 운동 직후에는 혈액이 근육 속에 머물러 있기 때문에 소화기는 빈혈 상태가 되기 때문이다.

1 땀이 많은 안장 아랫부분, 다리 사이, 배 아래쪽 등을 스펀지로 닦아낸다. 날씨가 추울 때에는 말이 있는 곳에 외풍이 있는지 확인한다.

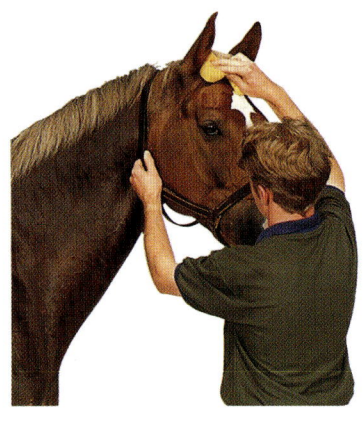

2 굴레를 뒤로 밀고 굴레가 놓이는 자리의 먼지와 땀을 닦아 낸다. 씻지 않고 다시 장안을 하면 먼지가 피부에 비벼진다.

THE HORSE AT WORK 운동 전후 말 관리

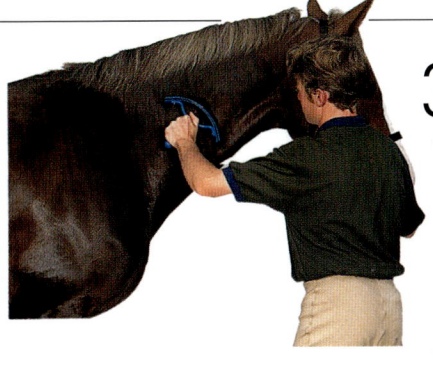

3 땀훑치를 사용해서 물기를 긁어낸다. 더운 날에는 마체가 천천히 마르도록 놔둔다. 수분의 증발이 마체를 식혀주는 효과를 낸다.

4 뒤꿈치와 발목 부위를 씻고 수건으로 완전하게 말린다. 발목은 세균이 젖은 피부에 침투해서 통증을 동반한 감염 증상인 계군이 가장 흔히 발생하는 부위이다(*146쪽 참조*). 다리의 흰 점 부분은 특히 민감하다.

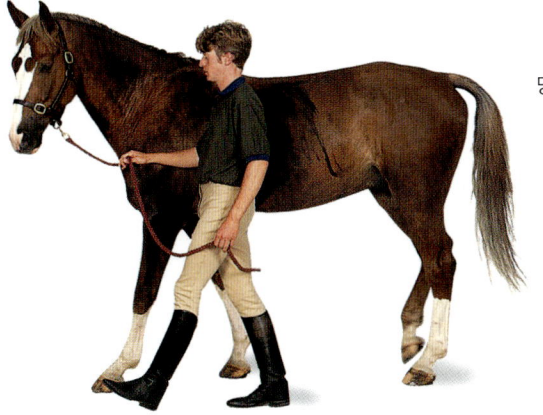

망사 마의를 복대로 고정한다.

마의를 입고 있는 동안 다시 땀이 나기 시작하는지 확인하는 것이 중요하다.

5 체모의 수분이 모두 증발하여 완전히 마를 때까지 걷게 한다. 몸이 젖은 상태로 마방에 세워 두어서는 안 된다.

6 겨울철에는 피부가 너무 차가워지지 않는지 확인한다. 망사 마의 아래에 짚을 한 층 깔면 마체의 보온효과 외에도 수분의 증발을 도울 수 있다.

대회장소에서 AT A SHOW

말 돌보기 *Caring for the horse*

매번 대회출전 전에 마체를 적절히 데워주어야 한다. 경연 대회 사이의 휴식 중에는 말을 그냥 묶은 채로 내버려 두어서는 안 된다. 편안해 하는지 확인하고, 깨끗한 물과 건초망을 준비한다.

입 적시기 *Sponging the mouth*

대회에서는 말이 재갈을 평소보다 오랫동안 물고 있게 된다. 그러므로 최소한 매 경기 전에는 젖은 스펀지로 입의 안쪽을 적셔준다.

쿨링다운 *Cooling off*

운동이 끝나면, 말을 끌고 걷게 한다. 망사 마의를 입히고 걷는 동안 긴장을 풀게 한다. 집으로 돌아가기 위해 다시 수송차에 싣기 전에 체온이 안정적인지 확인한다.

요구되는 신체특성 PHYSICAL DEMANDS

사람이 말에게 요구하는 육체적 훈련은 다양한 정도의 신체적 부하를 만들어 낸다. 오랜 세월동안 사람은 특정한 종류의 말들이 특정한 활동에 탁월하다는 것을 알게 되었다. 따라서 특정 활동을 위해 특정 품종의 말들을 선별하고, 그중 우수한 개체를 생산에 활용해 왔다. 그 결과로 일정한 신체적 특성을 가진 말들을 갖게 되었고 특정한 활동에 이들을 사용하고 있다.

프르제발스키종 Przewalski's horse

프르제발스키종은 몽고 야생마의 원형에 가장 가까운 품종으로 여겨진다. 하루 중 90%의 시간을 풀을 뜯는데 사용하지만, 인간은 이들의 선조말의 "공포와 도주" 본능을 가축화된 현대 말들에게 스피드가 발휘되도록 활용해 왔다.

말의 등 YOUR HORSE'S BACK

잘 맞지 않는 장구나 파행은 말의 등 근육에 통증을 유발할 수 있다. 이런 문제를 해결하겠다고 나서는, 제대로 교육받지 않은 자칭 "전문가"들이 있다는 것을 알고 있어야 한다. 공인된 말 전문 물리치료사들의 도움을 받는 것이 좋다. 수의사는 안장이 적절히 맞는지 여부를 조언할 수 있다.

지구력 경주
Endurance riding

지구력 경주에 사용되는 말들은 인간의 마라토너처럼 비교적 마르고 가는 체형을 가진다. 이는, 지속적으로 이산화탄소를 배출하고 산소를 옮겨오는 혈관과 근섬유가 근접해야 하기 때문이다. 이런 말들은 최대 640km의 거리를 평보나 속보로 이동할 수 있을 만큼의 체지방 보유량을 갖기 때문에 스태미너가 엄청나다.

비월경기 Show jumping

말에게 도약은 자연스러운 행동이 아니다. 어떤 말들은 아주 낮은 장애물도 넘으려고 하지 않는다. 그러나 말은 새로운 것을 쉽게 습득하며, 인간은 말의 점프 능력을 향상시키려는 노력을 해 왔다. 장애물비월경기용 말은 대개 근육이 잘 발달된 체형을 갖는다. 이들은 한 경기 중 몇 번에 한해 에너지를 폭발적으로 분출한 후 휴식을 취한다. 근섬유가 혈관과의 접촉에 의지하기 보다는 근육에 저장된 에너지를 사용하는 두껍고 강력한 근섬유를 갖고 있다.

PHYSICAL DEMANDS 요구되는 신체특성 81

장애물 크로스컨트리
Taking a cross-country jump

크로스컨트리 경주는 말에게 다양하고도 엄청난 것을 요구한다. 스태미나와 스피드뿐만 아니라 장애물을 뛰어넘는데 폭발적인 에너지의 분출이 필요하기 때문이다. 야생의 말들은 그만한 거리를 쉬지 않고 달리지 않는다. 다양한 장애물이 설치되어 있으며, 말은 장애물 반대편에 무엇이 있는지 몰라도 기승자를 신뢰하고 점프할 수 있도록 훈련되어야 한다.

마장마술 *Dressage*

마장마술은 근육에 대한 정밀한 통제에 관한 경기이다. 기승자 뿐만 아니라 말에게도 고도의 집중이 요구된다. 신경자극과 근육수축의 패턴은 통제된 동작을 만들어 내는데, 이는 반복을 통해 무의식적으로 학습된다. 오랜 시간 동안의 반복으로 얻어진 동작이다. 파행을 보이는 동작은 경기장 안에서 심각하게 다뤄진다. 마장마술용 말은 잘 만들어진 마체와 흐르는 듯 연결되는 동작이 필요하다.

단거리 경주 *Sprinting*

단거리 경주는 파워가 가장 중요하다. 이들은 짧은 시간동안 최대의 파워를 내는 커다란 근육을 가지고 있다. 심지어 저장된 에너지를 최대한 사용할 수 있도록 특별히 발달된 근섬유를 가지고 있다. 예를 들어, 쿼터호스는 다른 어느 품종의 말들보다 빠르게 달릴 수 있다.

언덕길 달리기
Hacking in the hills

언덕을 오르내리는 운동은, 관절과 건 부위에 큰 부하를 주는 운동이다. 그러므로 빠른 운동을 대체할 수 있어 체력단련 훈련법(fitness training)으로 활용된다.

조랑말 마차경주
Pony pulling a cart/carriage

무거운 짐을 끄는 것은 뒷다리에 상당한 부하를 주는데, 뒷다리는 체중의 40%를 지지한다. 차안대는 뒤에서 따라오는 마차에 대한 공포를 줄일 수 있지만, 말의 기동능력을 제한한다.

3장

방목마 관리
THE HORSE OUTDOORS

말은 풀을 뜯어먹는 동물이므로 넓게 펼쳐진 초지가 말의 자연스러운 생활환경이다. 야생 상태에서 말은 여기저기 돌아다닐 공간을 가지고 있고, 무엇을 먹을 것인지 어디에서 잘 것인지를 선택할 수 있다. 말이 한 목초지에 갇혀있다면 이러한 것들을 할 수 없다. 따라서 사람이 제공하는 목초지는 안전하고, 말이 좋아할 수 있는 곳이어야 함을 명심해야 한다. 말에게 안전한 방목지를 유지하고, 적절한 사료와 휴식처를 제공하고, 말을 방목지로 내보내고 다시 들여올 때 올바르게 다루는 것은 방목지에서 말을 관리하는데 있어서 중요한 요소들이다.

방목지 THE FIELD

말은 풀을 뜯는데 있어서 매우 까다로운 동물이다. 어떤 곳은 흙이 나올 때까지 풀을 뜯어먹는 반면 다른 곳은 손도 안대고 변을 보는 용도로만 사용하곤 한다. 풀을 뜯지 않고 방치된 구역은 풀이 길게 자라고 거칠어져 이내 잡초로 덮이게 된다. 만약 말을 자유로이 풀을 뜯어먹게 초지에 내버려 둔다면, 잡초가 무성한 부분이 점점 커져서 결국 방목지로는 부적합하게 되어버린다. 초지를 잘 관리하는 비결은 말이 선호하는 높이로 전 지역의 풀을 잘라주는 것이다. 풀을 자르는 방법으로는 양이나 소 등의 다른 가축들이 풀을 뜯게 하거나, 기계를 사용하는 것이다. 이용 가능한 지역을 2, 3개 방목지로 나누고, 이를 번갈아 이용하는 것(윤환 방목)이 가장 좋다. 이것이 자연 상태를 흉내 내어 초지의 수준을 유지하는 방법이다.

이상적인 조건
IDEAL CONDITIONS

접근로의 노면은 단단하고 평평해서 겨울에도 좋은 상태를 유지할 수 있어야 한다.

식수통에는 신선한 물이 공급되어야 한다.

높은 관목은 피난처를 제공한다.

대피소는 말이 펜스와 대피소 사이에 끼이지 않도록 위치해야 한다.

초지는 잡초가 없고 풀의 높이가 일정해야 한다.

독성이 있는 나무는 울타리로 접근을 제한해서 말들이 먹을 수 없도록 해야 한다.

초지는 배수가 잘 되어야 한다.

적당한 초지 A suitable field

경사가 심하지 않은 땅을 선택해야 한다. 지대가 너무 높아 완전히 노출되어서도 안 되고, 겨울철에 쉽게 진창이 되는 낮은 곳도 적합하지 않다. 추가적인 사료 급여가 없는 경우, 최소한의 초지 면적은 약 5,000㎡(약 1,530평)이다.

방목지 관리 FIELD MAINTENANCE

계절	관리 방법
봄	초지 성장이 가장 빠르기 때문에 말의 채식 능력을 초과할 수도 있으므로 삭초 작업이 필요하다. 초봄에는 몇몇 독초가 식용 풀보다 먼저 자라 올라와서 말들이 이를 먹을 가능성이 있으므로 세심하게 방목지를 관찰하고 잠재적으로 위험한 독초들을 제거해 주어야 한다.
여름	강수량에 따라 목초의 성장률은 다양하다. 갈수기에는 방목지에 물을 끌어들여 풀을 자라게 한 후 말을 방목시키는 것이 방목지를 회복시키는데 도움을 줄 수 있다. 여름철 써레질 작업을 통해 널려있는 마분을 파쇄하고, 벌레 유충수를 감소시킨다.
가을	관목 울타리를 설치하고, 목책과 방목지의 은신처에 방부제를 도포해서 보강하는 등 경계지역의 유지관리에 적합한 시기이다. 도토리 또는 다른 독성 열매와 씨가 방목지 내에 있는지를 확인하고 말이 먹지 못하도록 골라낼 필요가 있다.
겨울	관목으로 울타리를 한 경우에는, 잎이 모두 떨어지면 구멍이 생길 수도 있으므로 주의해야 한다. 초기에 방목지 내의 풀을 모두 뜯어먹도록 내버려두는 것보다는 건초를 먹이는 편이 좋다. 방목지 내 말이 짓밟아 진창이 된 지역을 살핀다. 사료 급식 장소를 옮기거나 해서 이러한 부분이 생기지 않도록 조치를 취한다.

THE FIELD 방목지 85

부적합한 조건
UNSUITABLE CONDITIONS

물의 흐름이 없는 정체된 연못은 식수원으로서는 부적합하므로 둘레에 울타리를 쳐야 한다.

둘레의 울타리가 파손되어 있으면 말들이 다치거나 밖으로 달아날 수 있다.

노지에 방목하기
Turning out in a yard

말을 초지에 방목할 수 없는 상황이라면, 커다란 노지에 풀어놓아 탁 트인 공간에서 시간을 갖도록 하는 것은 좋은 대안이 된다. 말들은 자유로움과 다른 말들과 함께 있는 것을 즐긴다.

물기가 모인 지면은 건기에도 풀이 푸르기 때문에 말들이 모이고 진창이 된다.

풀이 길게 자란 곳은 말이 풀을 뜯지 않아 낭비 공간이 된다.

초지에 버려진 쓰레기는 부상을 유발하고 유독성일 수도 있다.

대충 걸려 있는 출입문은 여닫기가 어렵다.

사료통이 지면에서 떨어져서 설치되어 있다.

구석진 부분의 펜스가 둥글게 처리되어 있으면 말이 끼이거나 무리지어 달리다가 다치지 않는다.

해충 억제 WORM CONTROL

말과 함께 양이나 소를 풀어놓으면 해충 수를 줄일 수 있다. 해충은 일반적으로 한 종의 동물에게 영향을 미치는데, 말에게 영향을 주는 해충의 유충은 소와 양의 체내에서 사멸한다. 말이 먹을 수 있게 애벌레가 목초의 위쪽으로 움직이므로 목초의 맨 윗부분을 잘라내는 것도 역시 도움이 된다(150쪽 참조). 써레질은 널려있는 마분을 잘게 부수고 남아있는 유충과 충란이 공기 중에 드러나 마르게 하지만, 유충을 오히려 퍼뜨리는 부작용도 있을 수 있다. 마분을 매주 제거하여 해충 알을 없애 주는 것이 좋다.

펜스와 출입문 FENCING AND GATES

효과적인 펜스는 말을 안전하게 유지하며, 방마되는 것을 막아준다. 많은 지자체는 말 주인들이 방목지에 말을 안전하게 가둬놓는 적합한 방법을 사용할 것을 요구한다. 펜스의 종류는 말의 종류에 따라 다르다. 예를 들어, 체고가 약 173cm인 헌터 종에게 적합한 높은 펜스는 아래로 셔틀랜드 포니가 자유롭게 드나들 수 있다. 포니에게는 엄두도 내지 못할 펜스를 대형 역용마는 쉽게 밀어 제칠 수도 있다. 관목으로 만든 두툼한 울타리는 가장 좋은 방안이나 독초가 포함되어 있어서는 안 된다(94~95쪽 참조). 또한 나무 울타리는 좋지 않은 날씨에 말들에게 대피소 역할도 한다. 펜스는 겨울에는 덜 효과적이다. 지면에 눈이 많이 쌓이면 울타리의 상대적 높이가 낮아지고, 낙엽이 지는 관목 울타리는 구멍이 생겨 말이 빠져나갈 수 있다.

펜스 FENCES

말뚝과 레일 Post and rails
이런 종류의 펜스는 튼튼하고 보기에도 좋으나 설치 비용이 크다. 풍화작용에 잘 견디는 양질의 목재를 사용해야 한다. 상단의 펜스는 지면에서 120cm 떨어져 있어야 한다(포니의 경우는 105cm). 아래쪽 펜스는 지면에서 45cm가 적당하다.

민 철사 펜스 Plain wire fencing
팽팽하게 잘 펴진 고품질의 철사줄로 설치된다면, 이 펜스는 효과적일 수도 있다. 맨 아랫줄이 지표면에서 적어도 30cm에 위치하게 하여 총 5~6줄이 되도록 설치한다. 말이 철사줄을 인식하지 못하고, 철사 펜스로 돌진할 수 있으므로 철사줄이 보이게 하기 위해 하얀 천 같은 표식을 사용한다.

위험한 펜스 DANGEROUS FENCING

고통을 주는 수단에 의지해서 펜스의 효과를 기대해서는 안 된다. 예를 들어, 철조망 같이 침이 달린 철사줄 펜스는 양이나 소에게는 이용할 수 있겠으나, 얇은 피부를 가진 말에게는 안전하지 않다. 매년 많은 말들이 이 철조망 펜스로 인해 심한 부상을 당한다. 끊어지는 경우, 철사줄 자체가 말의 다리를 휘감아 버릴 수 있기 때문에 매우 위험하다. 다른 종류의 느슨해진 철사줄도 똑같은 이유로 매우 위험하다. 철망도, 말의 발이 철망을 뚫는 경우 부상을 입지 않고서는 다리를 빼낼 수 없기 때문에 적합하지 않다.

FENCING AND GATES 펜스와 출입문

탄력 펜스 *Flexi-fencing*

이 펜스는 나무 기둥 사이에 연결된 강한 플라스틱 테이프로 구성된다. 그것은 말뚝과 레일처럼 보기 좋지는 않지만 값싸고 그만큼 효과적일 수 있다. 흰색 테이프는 또한 높은 가시성을 가지며, 썩지 않기 때문에 오래간다.

전류 펜스 *Electric fencing*

이 펜스는 특히 다른 펜스와 함께 사용한다면 효과적이다. 말이 전선을 건드리면, 작은 전기쇼크가 일어난다. 얇은 피부를 가진 말에게는 사용하지 말고, 전선은 눈에 잘 띄게 만들어져야 한다. 전선은 전기가 흐르지 않으면 좋은 장애물이 될 수 없다. 말들은 독특한 소음이 들릴 때만 전기쇼크가 일어난다는 것을 습득하게 된다.

유지관리 *MAINTENANCE*

필요하다면 전기적으로 펜스와 출입문을 점검하고 말이 방마되거나 부상을 당하는 일이 발생하기 전에 수리를 하는 것이 좋다. 와이어 줄은 늘어나기도 하므로 팽팽하게 보수한다. 땅속에 묻혀있는 나무 펜스 기둥 끝 부분은 나머지 부분에 비해 더 빨리 부식되므로 세심한 점검이 필요하다. 여분의 기둥을 건조한 상태로 잘 관리해서 보관하여 부식되지 않도록 한다. 유지관리를 위해 2년마다 나무 펜스에 무독성 물질의 방부제를 칠하는 것이 좋다.

출입문 GATES

나무 출입문 *Wooden gates*

출입문은 말이 밀치고 나가지 않도록 하기 위해서 방목지 안쪽으로 열려야 한다. 나무 출입문은 상대적으로 가볍다. 펜스와 마찬가지로, 정기적으로 목재 방부제가 섞인 페인트를 칠할 필요가 있다. 출입문에 사용하는 경첩과 자물쇠가 문을 더 쉽게 열리게 하거나 닫히게 하기 때문에 양질의 경첩과 자물쇠를 장착할 필요가 있다.

철제 출입문 *Metal gates*

방청 처리가 잘 되어있다면, 무겁고 견고한 철 출입문은 강하고 오래 견디지만, 상대적으로 비용이 많이 든다. 철제 출입문은 다루기가 어렵고 무거울 수 있다. 게다가 말이 출입문을 뛰어 넘으려 하거나 철제 가로막대 사이에 다리가 빠지는 경우 이 가로대는 부러지지 않기 때문에 말이 심각한 부상을 당할 수 있다.

식수와 대피소 WATER AND SHELTER

깨끗한 물과 적절한 대피소가 부족하면 말의 건강에 심각한 영향을 줄 수 있다. 물이 없으면, 말들은 탈수 상태가 되어 죽게 될 수 있다. 또한 뜨거운 태양, 폭우, 파리들은 말들을 극단적으로 불쾌하게 할 수 있고, 피부병을 유발할 수도 있다 (146~147쪽 참조). 사용하는 식수원과 피난처는 방목지 내 모든 말들의 접근이 가능하여야 한다. 식수는 깨끗하고, 산업용수나 농업용수로 오염되지 않아야 한다. 오염된 수원은, 둘레에 펜스를 쳐 접근할 수 없게 해야 한다.

식수 WATER

자연 식수원
Natural water source

말이 개울둑을 넘어 접근할 수 있다면, 흐르는 깨끗한 개울물은 이상적인 물 공급처이다. 개울은 바닥에 자갈이 깔려 있어야 한다. 바닥이 모래인 경우, 말이 물과 함께 모래를 먹게 되어 산통을 앓을 수 있다. 샘물로부터 물이 올라오거나, 수질을 유지할 수 있을 정도로 큰 연못이라면 식수원으로 적합할 수 있다. 고여 있는 연못이나 하수도는 사용해서는 안 된다.

물통과 파이프 물 공급 Tough and piped water supply

물통은 녹슬지 않는 비철금속 재질이어야 한다. 이상적으로는, 물이 급수 밸브를 통해 물통에 공급되어, 가끔 물통을 문질러 닦고 헹궈내서 식수를 청결하고 신선하게 유지할 수 있는 방식이어야 한다. 물통은 주변이 진흙탕이 되지 않게 배수가 잘 되는 곳에 위치해야 하고, 나무 아래에 있어 나뭇잎이 물통으로 떨어지지 않는 곳이 좋다.

겨울철 IN WINTER

식수원이 얼지 않았는지를 하루에 두 번 검사한다. 물통의 공급 밸브와 파이프가 얼 수 있기 때문에 얼음을 깨는 것 이상의 조치가 필요하다. 만약 이런 일이 발생한다면, 다른 물 공급원을 제공하여야 한다.

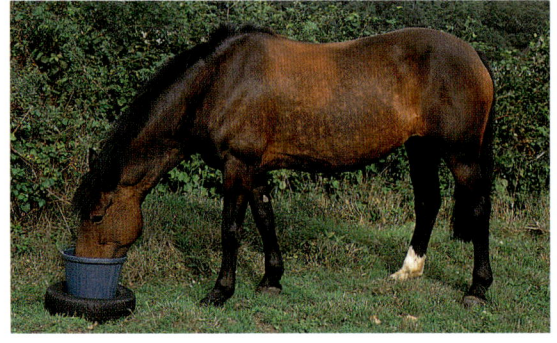

양동이와 타이어 Bucket and tire

물 공급을 양동이로 사용한다면, 손잡이에 말의 다리가 끼이지 않도록 손잡이 없는 형태를 고르는 것이 좋다. 타이어 안쪽에 양동이를 끼워서 말이 발로 차도 넘어지지 않도록 한다. 물통은 적어도 하루에 두 번 점검하여 보충한다.

WATER AND SHELTER 식수와 대피소

대피소 SHELTER

함께 서 있기
Standing together
말들은 날씨가 안 좋을 때 뭉쳐 서서 서로를 대피소로 활용한다. 두 마리가 가끔 서로의 머리와 꼬리를 대고 나란히 선 채 꼬리를 다른 말의 머리에 흔들어 파리들을 쫓기도 한다. 말은 혼자 있을 때 몸 뒤쪽을 바람 방향으로 하고 서 있는데, 이는 풍부한 혈액을 공급받는 후구의 넓은 근육 쪽이 온기를 유지하기 쉽기 때문이다.

나무와 관목울타리 Trees and hedges
나무 또는 관목 울타리는 여름철과 겨울철에 피난처를 제공할 수 있다. 나무는 여름에 태양으로부터 그늘을 제공하고, 관목 울타리는 바람을 피할 수 있도록 해 준다. 계절풍 등의 지속적인 바람이 불 때도 말들은 바람이 부는 방향으로 서 있을 수 있도록 해줄 필요가 있다.

개방된 헛간 Open shed
헛간은 좋은 형태의 대피소이다. 바닥이 질척거리면 깔짚을 깔아준다. 말들이 헛간을 그다지 많이 사용하지 않을 수도 있다. 대피소의 목적은 말이 필요로 할 때를 위해 그 자리에 있는 것이다. 말이 헛간에 들어가서 쉬는 것을 보게 되면, 이것이 매우 필요한 것이었음을 확신할 수 있을 것이다.

헛간의 뒷벽은 바람이 지속적으로 부는 방향에 설치해야 한다.

전면이 개방되어 말이 구석에 끼이거나 다치지 않도록 해준다.

개방된 마사 Open barn
방목지 내의 넓은 마사는 한 지붕 아래에서 여러 마리의 말들이 함께 대피할 수 있고, 말들이 사교행위를 계속 유지할 수 있다는 장점을 가지고 있다. 주 목적은 여름철에 뜨거운 태양으로부터 피할 수 있도록 하고, 시원한 바람이 헛간을 통해 불어 들어가게 하는 것이다. 또한 겨울철 날씨를 피할 수도 있다. 마사는 방목지의 모든 말들이 들어갈 수 있을 정도로 충분히 넓어야 한다.

◀ **펜스** *Fencing*
펜스는 우연히 질주하던 말이 충돌하지 않도록 잘 보여야 한다. 말들이 펜스에 몸을 부비는 경우도 있으므로 말의 힘과 움직임에도 견딜 수 있도록 튼튼해야 한다.

Out to grass **초지로** ▶
풀밭은 말의 야생적 환경이며, 말이 편안히 풀을 뜯을 수 있는 곳이다. 건초로 사용되지 않는 풀에서도 비타민과 미네랄을 섭취할 수 있는 좋은 기회가 된다.

▼ **마의의 장점** *The benefits of blankets*
마의를 입히는 이유는 다양하다. 털을 깎은 말들은 추위와 비로부터 보호될 수 있고, 더운 날씨에도 가벼운 마의는 무는 벌레로부터 말을 보호한다.

좋은 초지와 나쁜 초지 GOOD AND BAD GRAZING

단지 푸른 초지에 풀어놓았다고 말이 충분히 풀을 뜯으리라고 확신할 수는 없다. 첫 번째로, 초지에 어떤 풀이 자라고 있는지에 따라 영양가가 달라진다. 엉겅퀴로 가득한 초지는 사료로서 거의 쓸모가 없다. 두 번째로, 영양가는 식물의 성장 상태에도 영향을 받는다. 대부분의 풀들은 씨를 맺기 직전에 가장 영양분이 많다. 마지막으로, 말들이 키가 큰 풀보다는 짧은 풀을 선호하기 때문에 풀의 높이에도 영향을 받는다.

목초지 GRAZING AREAS

풀이 길게 자라는 지역과 짧게 유지되는 지역 *Long and short*
말들은 좋은 목초가 풍부한 지역을 좋아하며, 이러한 곳의 풀은 짧게 유지된다. 그다지 좋아 하지 않는 풀이 있는 지역의 풀은 길게 자라고, 먹히지 않은 식물은 씨를 생산하고 증식하여 그 지역을 악화시킨다.

좋은 목초 GOOD PLANTS

새포아풀 *Anuual bluegrass/Poa annua*
종종 메도우그래스라고 불리는데, 이 목초는 온화한 기후인 저습지에서 잘 자란다. 말들이 좋아하는 종류로서 우점적으로 초지를 뒤덮는다.

페스큐 *Fescue/Festuca*
페스큐는 비교적 억센 풀이다. 다른 목초들에 비해 말이 덜 선호하며, 다른 풀이 있으면 말들이 먹지 않는다.

라이그래스 *Ryegrass/Lolium*
라이그래스는 빨리 자란다. 온화한 기후에서 목장용으로 사용하기 위한 대부분의 혼합 종자제품에는 이 풀이 높은 비율로 포함된다. 가뭄에 저항력이 강하지 않지만 이른 계절에 잘 자란다.

티모시 *Timothy/Phleum pratense*
매우 억센 초종은 아니며, 말이 좋아하고 초지 내의 말들이 찾아 먹는 풀이다. 건초가 맛이 좋고, 영양가도 풍부하다.

오차드 그래스 *Orchard grass/Dactylis glomerata*
오차드그래스는 성장기 동안 계속되는 건조한 기후에도 잘 견딘다. 이 초종은 탄수화물 함량이 높지 않다.

GOOD AND BAD GRAZING 좋은 초지와 나쁜 초지

야생 치커리
Wild chicory/Cichorium intybus

치커리 초종은 사람의 입맛에는 좀 쓰지만, 동물들은 선호하는 초종이다. 야생 치커리는 양질의 무기물을 함유하고 있어 말들에게 있어서는 영양가치가 높다.

흰 클로버
White clover/Trifolium repens

클로버는 많은 양의 전분(녹말)을 함유하고 있다. 불행히도, 너무 많아서 제엽염을 일으킬 수 있다. 따라서 초지 내 이 목초의 비율이 높으면 말들에게 바람직하지 않다.

민들레
Dandelion/Taraxacum officinale

민들레는 풀로 뜯기에 좋다. 말들에게 맛이 좋지만, 주위의 풀이 짧을 때만 찾을 수 있다.

나쁜 식물들 BAD PLANTS

엉겅퀴 *Thistle/Carduus*

엉겅퀴는 먹기에 고통스럽고, 잎과 줄기의 가시는 입 속에 상처를 낼 수 있다. 키가 크게 자라고, 씨를 잘 퍼뜨리므로 쉽게 증식한다.

벨벳 그래스 *Velvet grass/Holcus lanatus*

말에게 해롭지는 않지만 영양가가 거의 없다. 이것은 초지 내에 있는 더 좋고 영양분이 풍부한 다른 초종들을 뒤덮어 버리기 때문에 매우 성가신 존재이다.

쐐기풀
Nettle/Urtica dioica

쐐기풀은 말 입 안쪽을 찌르므로, 말들이 스스로 먹으려 하지는 않는다. 너무나 빨리 자라고 다른 유용한 목초들을 뒤덮어 버릴 수 있기 때문에 문제가 된다.

개밀 *Couchgrass/Agropyron repens*

이 목초는 상대적으로 영양소 가치가 낮다. 씨를 퍼뜨려 확장하기 보다는 식생을 에워싸 새로운 성장을 확산함으로써 빠르게 퍼져나간다. 다른 풀들을 파괴하고 뒤덮어 버릴 수 있다.

독초 POISONOUS PLANTS

대부분의 독초는 불쾌한 맛을 가지고 있지만, 말이 어떤 풀에 일단 맛을 들이면 그것을 찾아 돌아다닌다. 심지어 몇 개월 동안 마방에서 지낸 후에도 다시 방목될 때 그 풀을 곧바로 찾아 갈 수도 있다. 어떤 독초가 있는지 매주 방목지를 점검해야만 한다. 말이 먼저 가면 관리자는 거의 독초를 못 볼 수도 있으므로 주의 깊게 관찰하는 법을 익혀야 한다. 독초들을 파내고 태우는 것이 가장 좋은 방법이다. 제초제를 사용할 수도 있지만, 살포 후 말이 다시 풀을 뜯으려면 2주 정도를 기다려야 한다.

목초지 관리 Treating pastures
목초지 내에 독초가 많으면 많을수록 말이 그것을 뜯어 먹을 가능성이 커진다. 나있는 풀이 적을 때 독초들이 자라고 있으면 말은 유혹되기 쉽다.

떡갈나무 Oak/Quercus
이 나무의 나뭇잎과 도토리는 독성을 가지고 있는데, 이는 이것들이 탄닌산을 함유하고 있기 때문일 것이다. 이것은 변비증과 신장 질환을 일으킨다.

노란등나무 잎
GOLDENCHAIN LEAVES

노란등나무/나도싸리
Goldenchain tree /Laburnum vossi
모든 부위, 특히 씨가 말에게 치명적일 수 있다. 이를 뜯어 먹은 말은 신경기능 장애를 일으키고, 혼수상태에 빠지게 된다.

꽃이 핀 노란등나무 GOLDENCHAIN TREE IN FLOWER

금방망이 Ragwort/Senecio jacobaea
바짝 마른 상태에서도 독성이 있으며, 말에게 급성 신장 기능장애를 일으킨다. 어떤 나라에서는 금방망이가 자라고 있는 땅의 주인은 처벌을 받는다.

수수 Sorghum/Sorghum vulgare
수수에 함유된 시안화물과 질산염 때문에 해로울 수 있다. 호흡 장애를 일으키고 죽을 수도 있다. 어린 풀에는 독성이 없다.

POISONOUS PLANTS 독초 95

벨라도나
Deadly nightshade / Atropa belladonna

벨라도나는 동공을 확장시키는 아트로핀을 함유하고 있다. 영향을 받은 말은 서 있지 못할 수도 있다.

벨라도나의 열매는 독성이 매우 강하다.

고사리 *Bracken / Pteridium*

고사리 같은 양치식물은 많은 양을 먹으면 점증적으로 독성이 증가하고, 건초 상태에도 독성이 유지된다. 영향을 받은 말은 다리를 벌리고 등을 구부린 상태로 서 있고, 점차 졸린 듯이 보인다.

미나리아재비
Buttercup / Ranunculus

살아있는 동안은 심하지 않은 수준의 독성을 가지며, 건초처럼 말렸을 때는 독성이 없다.

노랗게 반짝이는 꽃잎은 짐승들에게 먹지 말 것을 경고한다.

로코초 *Locoweed / Oxytropis splendens*

로코초는 풀 전체에 독성이 있다. 영향을 받은 말은 돌발적인 행동을 보여 위험해지며, 천천히 마비가 된다.

아마 *Flax / Linum usitatissium*

씨와 시든 풀이 독성을 띈다. 씨앗을 끓여서 말에게 먹이면 변비를 해소할 수 있다.

감자 *Potato / Solanum tuberosum*

절대 감자 파치를 말에게 먹여서는 안 된다. 질식을 유발할 수 있고, 햇빛에 노출되어 초록색을 띠면 산통을 유발한다.

고추나물 *St. John's wort / Hypericum*

피부의 흰 부위가 빛에 민감하게 되어 고통스럽게 일광에 의한 화상을 입게 만든다.

주목의 모든 부위에 독성이 있으며, 죽은 후에도 유지된다.

쇠뜨기
Horetail / Equisetum

습기 있고 기름진 토양에서 자란다. 중독된 말은 비틀거리다가 곧 쓰러진다.

주목 *Taxus baccata / Yew*

독성이 가장 강하여 급사를 유발할 수 있다. 말이 주목나무의 잎을 문 채로 죽을 수도 있다.

쇠뜨기 잎은 특징적인 깃털 모양을 띤다.

말 방목 TURNING OUT A HORSE

방목장에 말을 풀어놓는 것은 자유로운 채식과 운동뿐만 아니라, 다른 말들과 어울리며 사회적 활동을 할 수 있는 기회를 제공한다. 사람에 의해 훈련되는 때와 대비하여, 말은 스스로 원하는 대로 할 수 있는 시간을 간혹 갖는 것은 중요한 일이다. 방목장에서 다른 말들과 어울려서 하는 행동을 관찰하면 말의 성격에 대해 많은 것을 알 수 있다. 예를 들어, 이 말이 어느 말들과 친구사이고 같이 운동하고 근처 마방에 있고 싶어 하는지, 혹은 무시하거나 괴롭히는지를 알 수 있다.

흥분한 말 GETTING EXCITED

기뻐서 하는 점프
Jumping for joy

어떤 말은 초지에 내어 놓으면 매우 흥분한다. 그런 말들은 부상을 당하는 경우를 대비해서, 안정될 때까지 세심하게 관찰해야 한다. 말이 배가 고플 시기에 방목장에 내어 놓으면, 그 말은 뛰어다니는 대신 머리를 숙이고 풀을 뜯거나 사료를 먹을 수도 있다.

다른 말들과 만나기 MEETING OTHER HORSES

이 말은 몸은 다른 말의 발굽으로부터 멀리 한 채 머리를 앞으로 내밀고 있다.

낯선 말에게 접근하기 *Approaching strangers*

낯선 말이나 가까운 동료가 아닌 말을 만날 때, 말은 서로 머리를 쳐들고 마주본다. 양쪽 말 모두 가능한 충분히 서로를 바라보며, 상대방이 발길질하지 않을 것이라는 것을 확신할 수 있을 때까지 경계한다.

친구와 인사하기 *Greeting friends*

말이 동료를 만날 때, 두 말은 돌아서서 서로 마주보는 수고를 아끼지 않는다. 그들은 종종 육체적인 접촉 즉, 코를 비벼대기 위해 일부러 서로 가깝게 접근하여 코끝과 코끝을 서로 맞대고 있을 수도 있다.

다른 말 괴롭히기 BULLYING

뒤로 젖혀진 귀는 긴장감을 나타낸다.

따돌림 당하는 말은 무리에서 밀려난다.

우월감 표현 Displaying dominance...
무리의 크기에 상관없이 모든 동물의 무리에는 서열이 있다. 이러한 사회적 위계는 처음에는 물거나 차거나 하는 물리적 위협을 통해 확립된다. 이후에는 단지 신체 언어로 이러한 체제가 유지된다.

적대감 Hostility
종종 몇몇 말들은 유순한 말을 골라내어 아무런 이유 없이 거의 항상 괴롭힌다. 이러한 환경에서는 피해 받는 말을 그 무리에서 떼어내어 더 친근한 다른 무리에 정착할 수 있게 하는 것이 최선의 방법이다. 한 마리를 못살게 괴롭히는 것은 괴롭힘을 당하는 말이 다른 말의 우월성을 받아들이지 않는 것에서 비롯한 싸움이라고 할 수 있다.

계절별 필요 SEASONAL NEEDS

여름 Summer
더운 날씨에는 파리가 말을 짜증나게 하는데, 특히 머리에 앉으면 더욱 신경질적이 된다. 파리는 말 눈 주의의 습기를 빨아먹기를 좋아하므로, 눈 주위에 술 장식의 두건을 씌우는 것이 유용하다. 말은 머리와 술을 흔들어 파리를 쫓는 방법을 곧 배운다.

겨울 Winter
털을 깎은 말을 초지에 방목할 때는 반드시 마의를 입혀야 한다. 말이 감기에 걸리는 이유는 낮은 기온이 아닌 비와 바람이다. 대부분의 말들은 마방에 갇혀 있기보다는 마의를 잘 입혀서 바깥에 내어놓는 것을 좋아한다.

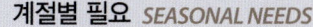

혈흔이나 상처가 있는지 살핀다.

싸운 상처 Battle scars
다른 말을 차는 것은 그 자신을 방어하거나 자기를 내세우는 자연스런 행동이다. 말들이 편자를 신고 있다면 방목장 내에서 부상이 발생할 수도 있다. 방목지를 돌아 볼 때는 말이 부상을 입었는지를 육안으로 확인하고, 특별히 어떤 말이 다른 말들과 떨어져서 있는가를 살핀다. 방목장 순찰을 할 때는 반드시 응급처치 키트를 가지고 간다.

방목시키기 TAKING A HORSE INTO A FIELD

초지에 나가는 것을 눈치챈 말은 다루기 어렵고 위험하다. 또한 방목장의 출입문이 제대로 관리되지 않는 상태라면 예측하지 못한 상황을 더욱 악화시킬 수 있다. 관리자는 말을 초지로 유도하는 동선과 발생가능한 모든 상황에 대해 숙지하고 자신감 넘치는 태도로 말을 이끌어야 한다. 방목지에 들어선 이후 말을 풀어놓는 때에도 말과 작업자의 안전을 최우선으로 고려하여 세부적인 행동의 순서를 준수한다.

하지 말아야 할 것 DON'T DO THIS!

두 마리 끌고 가기
Managing two horses

한꺼번에 두 마리를 방목지로 끌고 가려고 하는 것은 한 마리를 다루는 것보다 두 배 이상 어렵다. 말들은 중요한 순간에 반대방향으로 갈 수 있는 방법을 본능적으로 알아차리는 것처럼 보인다. 한 사람이 한 마리씩 끌고, 두 번 왕복하는 것이 훨씬 좋은 방법이다.

올바른 방목 과정 CORRECT PROCEDURE

1 말과 출입문 사이에 서면 출입문을 조작하는 과정에서, 출입문이 말에 부딪치는 것을 방지할 수 있다. 단단히 말을 붙잡고 출입문을 개방한다. 말과 사람이 동시에 쉽게 통과할 수 있을 정도로 문을 넓게 개방한다.

2 말을 방목지로 유도해 들어간다. 절대로 말이 주도적으로 유도자를 끌고 들어가도록 놔두어서는 안 된다. 말을 꽉 잡고 뒤로 돌아서서 출입문을 닫는다.

TAKING A HORSE INTO A FIELD 방목시키기 99

3 방목지 가운데로 말을 유도해서 출입문과 충분히 떨어진 곳까지 끌고 들어간다. 방목장 안에 다른 말들이 있으면, 다른 말들로부터 멀찍이 떨어진다. 말이 출입문을 향하도록 돌아선다.

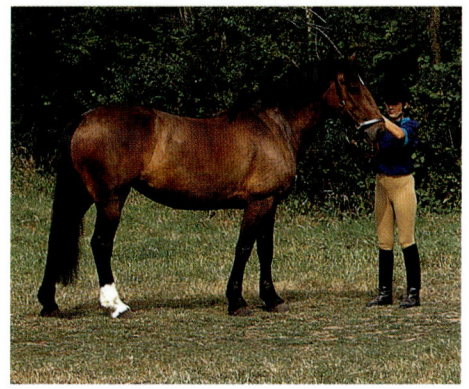

4 말을 마주보고 서서 살며시 굴레를 벗긴다. 말이 겁먹지 않도록 굴레와 리드로프를 조심스럽게 쥔다. 그런 후 말 목을 두드려주고 뒤로 물러선다. 말 목이나 둔부를 때리면 말이 흥분하여 내달릴 수 있으므로 주의한다.

5 일단 말을 풀어놓은 후에는 몸을 돌리지 말고 말에서 눈을 떼지 않은 채 출입문을 향해 차분히 뒷걸음질하여 간다. 이렇게 함으로써, 말이 그곳에 머물러 있게 하거나, 출입문을 향해 사람을 쫓아오는 대신에 방목지 안쪽으로 더 움직이게 되므로, 사람이 출입문을 열고 밖으로 나가기가 쉬워진다. 또한 말이 흥분하여 발길질을 하는 것을 볼 수 있기 때문에 그 발길질을 피할 수도 있다.

난폭한 말 다루기 DEALING WITH A DIFFICULT HORSE

어려움이 예상되는 경우에는 예방 조치를 취한다. 안전모와 장갑을 착용하고, 말에게 부츠를 신겨서 난폭하게 날뛰다가 다치는 일이 없도록 한다. 말을 충분히 통제하며 방목지 안으로 들어갈 때까지 말을 놓지 않도록 한다. 긴 조마삭용 끈으로 끌면 말이 뒷다리로 일어서거나 차려고 할 때 줄을 잡고 있는 상태로 충분히 멀리 떨어질 수 있다. 이미 방목지에 있는 말들이 다른 말이 들어갈 때 말썽을 피울 수도 있는데, 문제가 예상되는 경우 미리 들어가서 출입문에서 멀리 떨어진 곳에 사료를 뿌려두면, 말을 끌고 들어가서 풀어줄 때까지 문제가 생기는 것을 예방할 수 있다.

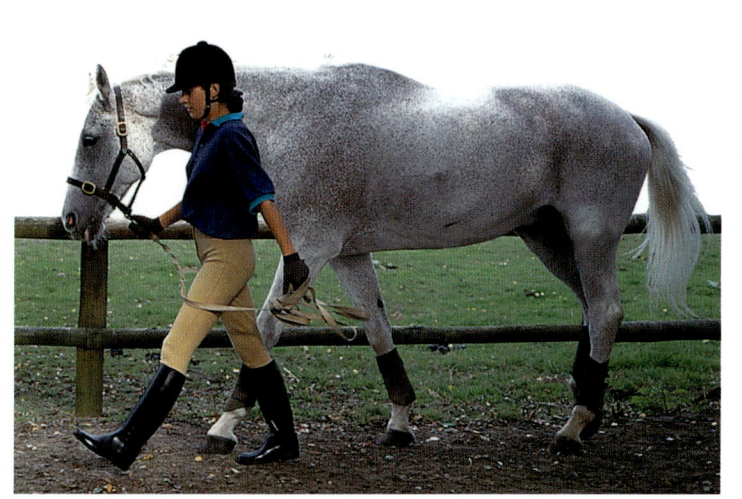

방목지에서 말 잡기 CATCHING A HORSE IN A FIELD

모든 말은 야생적 본능을 가지고 태어난다. 말의 본능은 잠재적 위험요소(사람을 포함)를 멀리하는 것이다. 방목지에서 말을 잡기 위해서는, 말의 기본적인 신중함을 우선 극복해야 한다. 말을 타고 싶은데, 방목장에서 잡을 수가 없다면 매우 실망스러울 것이다. 아픈 말의 치료가 필요할 때도 말을 잡을 수 있어야 한다. 불행히도 어떤 말들은 붙잡히는 것을 별로 유쾌하지 않은 경험으로 생각하므로, 붙잡기가 매우 어렵다. 가끔씩 사료를 주거나 이야기만 할 때도 말을 잡아 본다. 그렇게 하면 붙잡히면 어떤 즐거운 일이 생긴다는 것을 배우게 될 것이다.

기초적 방법 THE BASIC METHOD

정면보다는 약간 옆쪽에서 접근한다.

1 굴레를 등 뒤에 숨기고 말 정면의 약간 왼쪽에서 접근한다. 말이 접근하는 사람을 보고 들을 수 있도록 계속 말에게 이야기를 한다. 만약 거의 다 접근하였을 때 말이 갑자기 당신을 인지하게 되면, 말은 겁을 먹고 본능적으로 도망칠 것이다.

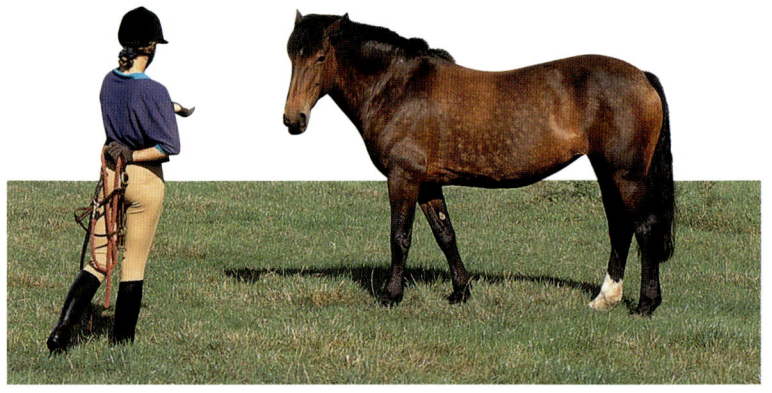

2 말은 본능적으로 호기심이 있어서 사람이 접근하면 올려다 볼 것이다. 말이 사람을 보고, 존재를 인정하면 움직이지 말고 서서 말이 사람 쪽으로 움직여 올 때까지 말의 주의를 끈다. 손을 펴서 말에게 보여주거나 먹을 것을 준다. 말이 물러나 버리면, 원을 그리며 말 주위를 걸어서 말에게 접근하기 좋은 위치(좌측 전방)로 이동한다. 그리고 다시 접근을 시작한다.

굴레를 보여주기 전에 말이 사람에게 먼저 접근할 때까지 기다린다.

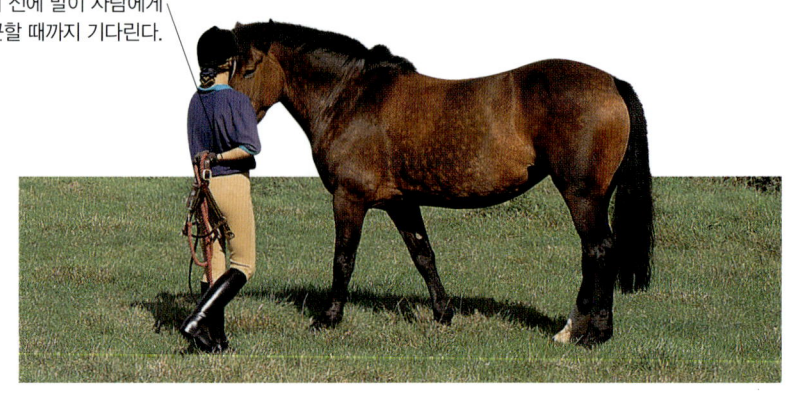

3 먼저 손을 움직여 말의 머리나 목을 두드리기보다는, 손에 쥔 사료 등을 이용하여 말이 먼저 접촉해 올 때까지 기다린다. 말의 앞머리나 갈기를 붙잡지 않는다. 말이 놀라지 않게 굴레를 천천히 말의 시야에 들어오게 한 후, 말 목 위로 로프를 걸친다면 말은 아마도 통제되고 있음을 느끼고 더 이상 물러나지 않을 것이다.

CATCHING A HORSE IN A FIELD 방목지에서 말 잡기

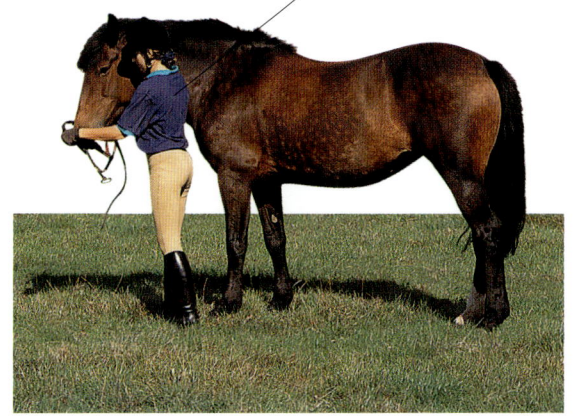

굴레를 씌우는 동안 말에 가깝게 선다.

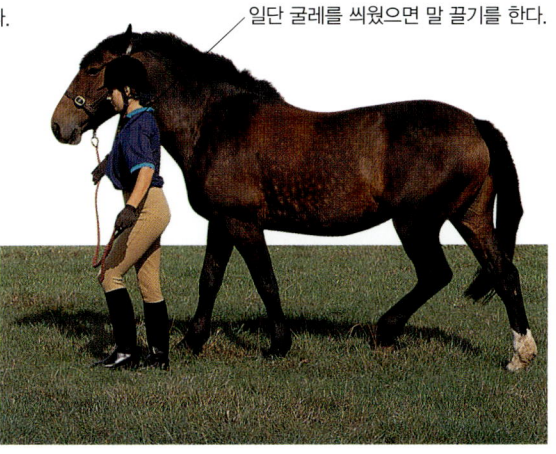

일단 굴레를 씌웠으면 말 끌기를 한다.

4 굴레 양쪽을 잡고서 부드럽게 코끈을 적당한 최종 장착 위치에 올 때까지 끌어올린다. 왼쪽 손을 흔들림 없이 유지하고, 굴레 머리끈 부분을 오른손으로 잡고 위로 끌어올리면서 말머리 너머로 넘긴다. 버클을 조이고 말 목을 가볍게 두드려주어 당신이 만족하고 있음을 말에게 보여준다.

5 아직 안심해선 안 된다. 말은 여전히 갑자기 뿌리치려고 할 수도 있다. 말이 도망친다면, 두 번째에는 잡기가 더 어려워질 것이다. 고삐를 당신 손에 감아서는 안 된다. 말이 달아나면서 고삐를 잡아당겨 가는 것이 걱정된다면, 고삐 끝 부분에 매듭을 짓고, 고삐로 인해 손에 화상을 입는 것을 예방하기 위해 반드시 장갑을 착용한다.

다루기 힘든 말 붙잡기 CATCHING A DIFFICULT HORSE

해야 할 것과 하지 말아야 할 것
Dos and don'ts

다른 사람에게 도움을 청해서 보조자와 함께 말의 양쪽에서 접근한다. 말이 겁을 먹을 수도 있으므로 말과 서로 눈을 마주치지 않는다. 갑자기 움직이거나 뒤에서 접근하여 말을 놀라게 하면 안 된다. 말이 도망치면 뒤쫓지 말고 걸어가서 다시 시작한다. 말목에 로프를 묶지 않는다. 말이 도망치는 경우에는 목에 걸린 로프 때문에 위험해질 수 있다. 오랜 실랑이 끝에 말을 잡았을 때 말에게 짜증을 내는 대신에 보상을 준다.

다른 말이 끌려가면 잡기 어려운 말도 따라가기 시작한다.

1 말이 다른 말과 풀을 뜯고 있을 때, 잡히는 것을 거부하려는 것은 그 말과 함께 있으려는 유대관계가 강하기 때문일 수 있다. 그러므로 다른 말이 더 잡기 쉽다면 그 말을 먼저 잡는다.

2 말이 따라 올 때까지 다른 말을 유도한다. 가능하다면 보조자에게 그 말을 잡도록 하되, 이것이 불가능하다면 한 마리를 묶어놓은 후에 잡기 원하는 말을 잡는다.

4장

마사 관리마

THE STABLED HORSE

말이 마방에서 생활한다는 것은 자연적인 상태와는 거리가 멀다. 야생상태에서와 같이 24시간 동안 먹고 싶은 풀을 뜯어먹을 수도 없고, 군집생활의 본능과는 반대로 다른 말들과 격리된 상태로 살아야 한다. 말을 마방에 가두어 기르는 것은 사람의 편의를 위한 것이지 말이 원하는 것이 아니므로 가능한 한 말에게 좋은 환경을 조성해주어야 한다. 사료와 물, 깔짚 외에도 말이 심리적으로 필요로 하는 것을 제공해야 한다.

마사지역 THE STABLEYARD

마사지역의 구성은 수세기에 걸쳐 다양하게 발전되어 왔다. 가장 보편적으로 사용되고 있는 것은 개별마방과 칸막이식 마방이다. 개별마방이란 말을 위한 개별적인 방을 말한다. 이 방들은 직접 바깥쪽으로 문이 나 있는 형태이거나 큰 마사 내부에 수용된 형태일 수도 있다. 칸막이식 마방은 단단한 칸막이로 구분되어 있고, 기껏해야 앞쪽을 가로지르는 마신봉이 설치된다. 칸막이식 마방은 비교적 좁고, 그 안에 말을 묶어 두기 때문에 몸을 돌릴 일이 없다. 그러므로 많은 두수의, 사역마 같은, 조용한 말들을 일시적으로 계류시키는데 유용하나, 24시간 내내 두는 목적으로는 부적합하다.

장소 및 건축 Site and buildings
이상적인 마사지역은 말, 사료, 마구 등을 위해 지붕이 있는 공간(건물)을 포함하고 있다. 이러한 공간은 사각형의 최소 두 방향에 해당하는 형태로 설치되며(ㄴ, ㄷ, ㅁ 형태), 바람이 많이 부는 쪽에 벽이 설치되어야 바람막이가 될 수 있다. 지면은 편평해야하고 만일 경사진 지형이라면 건물은 가장 낮은 곳에서 어느 정도 떨어져 있어서 배수가 용이해야 한다. 또한 방목장으로 쉽게 접근할 수 있어야 한다.

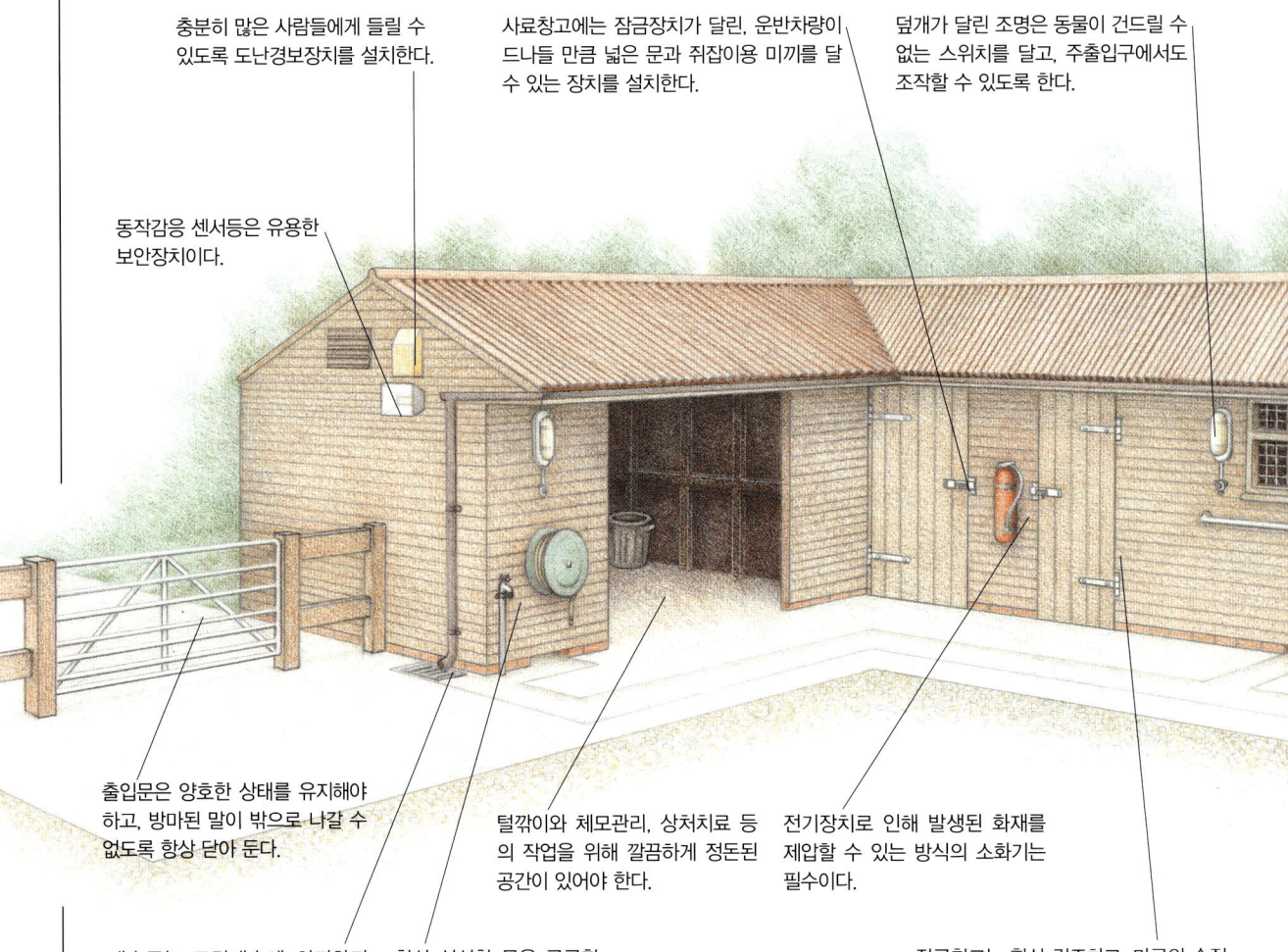

충분히 많은 사람들에게 들릴 수 있도록 도난경보장치를 설치한다.

사료창고에는 잠금장치가 달린, 운반차량이 드나들 만큼 넓은 문과 쥐잡이용 미끼를 달 수 있는 장치를 설치한다.

덮개가 달린 조명은 동물이 건드릴 수 없는 스위치를 달고, 주출입구에서도 조작할 수 있도록 한다.

동작감응 센서등은 유용한 보안장치이다.

출입문은 양호한 상태를 유지해야 하고, 방마된 말이 밖으로 나갈 수 없도록 항상 닫아 둔다.

털깎이와 체모관리, 상처치료 등의 작업을 위해 깔끔하게 정돈된 공간이 있어야 한다.

전기장치로 인해 발생된 화재를 제압할 수 있는 방식의 소화기는 필수이다.

배수구는 표면배수에 의지하지 않고, 마사에서 충분히 멀리 물을 빼낼 수 있도록 설치한다.

항상 신선한 물을 공급할 수 있는 수도관과 호스를 설치한다.

장구창고는 항상 건조하고, 마구의 손질을 위해 충분히 커야하며, 잠금장치가 필수적이다.

THE STABLEYARD 마사지역

미국식 마사
American barn

이 형태의 마사는 가운데 복도가 있고 마방이 서로 마주보고 있는 형태로서 마사 전체가 한 지붕으로 덮여있다. 말과 작업자 모두에게 편리하며, 특히 매우 덥거나 추운 기후에서 효율적이다. 말들은 서로 보고 얘기하고 무슨 일이 벌어지는지 알 수 있기 때문에 말들에게 긍정적인 자극을 제공한다. 단점은 밀폐된 공간을 공유함으로써 환기상 문제가 되며, 특히 호흡기 질환이 발생될 경우 매우 빠르게 전파된다는 점이다.

갈퀴와 빗자루를 사용한 후 즉시 안전하게 보관할 수 있는 장소가 필요한데, 가급적이면 지붕은 있되 다른 용도로는 활용도가 적은 공간이 적당하다.

마분장은, 냄새와 파리의 불편함과 화재 위험을 피하기 위해 마사에서 바람이 불어가는 방향으로 충분히 멀리 떨어지도록 설치한다.

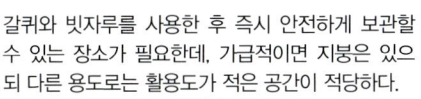

건강 및 안전 *Health and safety*

마사지역은 매우 청결하게 유지되어야 하는데, 이는 단지 보기 좋게 하기 위해서만이 아니라, 말의 건강과 안전을 위해서도 중요한 것이다. 부패하기 시작한 분변, 오염된 깔짚 등은 말의 건강을 위협할 뿐만 아니라 바닥을 미끄럽게 하여 위험하다. 화재 등의 응급상황에서의 대처요령 및 순서에 관한 리스트를 눈에 잘 띄는 장소에 비치해야 한다. 또한 필요한 때에 쉽게 찾을 수 있는 장소에 수의사의 전화번호도 적어 놓아야 한다.

마사 건물 주위의 지면은 콘크리트를 포설해서 진창이 되지 않도록 한다.

마사 THE STABLES

말을 마방에 넣어두면 말 스스로 가고 싶은 장소를 찾아가거나, 먹거나 마시고 싶은 것을 선택할 자유가 제한된다. 그러므로 관리자는 말 일상생활의 모든 면을 주의 깊게 보살펴 주어야 한다. 또한 마방 내에 위험한 물체가 부착되어 있거나 환기가 불량하여 말이 호흡기 질환에 감염될 우려가 있도록 방치하는 것은 적절하지 않다. 마방 내 생활이 비록 비자연적인 것이긴 하지만, 관리자는 말이 야외 생활을 하면서 느낄 수 있는 그런 행복감을 느낄 수 있도록 노력해야 한다. 말이 하루 종일 마방 내에만 생활해야 하는 환경에서는, 매우 지루함을 느끼게 되므로 말이 주변에서 벌어지는 상황을 볼 수 있도록 해주어야 한다.

마방의 크기 The size of the stall
마방의 크기는 최소 3.6m x 3.6m에 높이가 2.7m는 되어야 한다. 한쪽 벽의 길이는 적어도 말 길이의 1.5배는 되어야 한다.

창문 Window
창문은 환기시설이자 광원이다. 대부분의 경우는 유리창까지 달 필요는 없고, 단지 창살만 있어도 족하다. 만일 투명창을 설치하고 싶다면 깨질 위험이 있는 유리보다 투명 아크릴을 끼우는 것이 바람직하다.

마방 내 부착물 INTERNAL FIXTURES

고리 Tie rings
고리는 단단히 부착되어야 하며, 건초망 고리는 말 귀 높이에, 말고삐 묶는 고리는 그 아래쪽에 설치한다.

물 양동이 Water bucket
물 양동이는 가능한 한 벽에 달아주는 것이 좋다. 왜냐하면 바닥에 놓아둘 경우 발에 채여서 물이 엎질러지거나 깔짚이 잔뜩 적셔질 수 있기 때문이다.

말 밥통 Manger
말 밥통은 말이 자연스럽게 서 있는 자세에서 코의 높이에 고정해야 한다. 밥통의 구석은 둥글게 만들어 사료가 그 구석에 끼이지 않도록 해야 한다. 윗부분에 가로대를 설치하면 사료가 흩어지는 것을 막을 수 있다.

바닥은 표면이 단단하고, 방습 및 미끄러짐 방지 처리가 되어야 하며, 배수를 위해 외측으로 약간 경사져 있어야 한다.

THE STABLES 마사

환기구 *Air vent*
마방 내 지붕 가까이 또는 지붕에 환기구를 설치해서 문을 통해 유입되는 신선한 공기에 의해 마방 내 공기가 배출될 수 있도록 해야 한다. 환기구는 외풍이 발생하는 위치에 설치해서는 안 된다.

처마와 배수관 *Overhang and drainage*
마사 지붕은 지붕에 떨어진 빗물을 모아 효율적으로 배출시켜줄 수 있는 배수홈통이 필요하다. 만일 그렇지 않으면 마사지역 마당이 진창이 되서 말과 사람이 불편하게 된다. 지붕에는 처마가 있어서 빗물이 열려진 문을 통해 마방 내로 뿌려지는 것을 막아 말이나 깔짚을 보호할 수 있어야 한다.

- 지붕의 소재는 비나 우박이 내릴 때 시끄러운 소리가 나지 않아야 하고, 햇빛에 의해 너무 뜨거워지지 않는 것이 좋다.
- 마방 출입문은 적어도 폭 1.2m, 높이 2m는 되어야 한다.
- 말이 마방 안에서 걸어서 돌거나 누울 수 있어야 한다.
- 마방문의 아랫부분의 높이는 최소 1.2m가 되어야 한다.

마방문 고리 *Hook on door*
위쪽 마방문은 항상 열어놓아야 하는데 이것을 고정시켜 놓지 않으면 바람에 휘둘리다 말 머리를 때리기 쉽다. 그러므로 고리를 만들어 벽 쪽에 고정시켜야 한다.

잠금 장치 *Horse-proof bolt*
아래쪽 마방문에는 상단과 하단에 잠금 장치를 장착해야 하는데, 상단 잠금장치에는 안전장치가 되어있어야 한다. 말이 이 볼트를 풀어 문을 여는 법을 배울 수가 있기 때문이다.

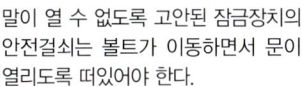

말이 열 수 없도록 고안된 잠금장치의 안전걸쇠는 볼트가 이동하면서 문이 열리도록 떠있어야 한다.

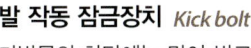
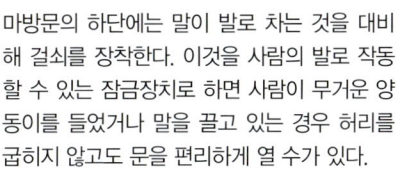

발 작동 잠금장치 *Kick bolt*
마방문의 하단에는 말이 발로 차는 것을 대비해 걸쇠를 장착한다. 이것을 사람의 발로 작동할 수 있는 잠금장치로 하면 사람이 무거운 양동이를 들었거나 말을 끌고 있는 경우 허리를 굽히지 않고도 문을 편리하게 열 수가 있다.

개체식별 IDENTIFICATION

말의 개체를 확인하는 이유는 크게 두 가지이다. 가장 오래된 이유는 소유권을 나타내기 위함이다. 수백 년 동안 시뻘겋게 달궈진 인두로 낙인을 찍는 방법이 사용되었지만, 이것은 말에게 상당한 고통을 수반한다. 도난의 우려가 있는 말의 소유권을 입증하기 위한 필요는 여전히 남아있지만, 오늘날 다른 방식으로 개체를 식별할 수 있는 방법이 고안되었다. 대회는 말들의 능력을 서로 비교하기 위한 것이고, 그 결과가 신뢰를 얻으려면, 참가하는 말의 신원을 절대적으로 확신할 수 있어야 한다. 전염병을 통제하기 위해서도 관련기관은 특정한 말을 구별해 낼 수 있어야 한다.

개체식별 서류 IDENTIFICAITON DOCUMENTS

말 개체식별의 기본은 여전히, 마체의 흰점과 가마를 자세하게 그린 그림이다. 정확한 개체식별 카드는 변하지 않는다는 장점이 있다. 예를 들어, 가마는 절대로 위치가 달라지지 않고, 발굽의 색도 변하지 않는다. 그러나 개체식별카드는 점차 마이크로칩 코드와 연계되어 함께 사용되는 추세가 되고 있다. 2009년부터 유럽연합에서 태어난 모든 망아지에는 마이크로칩이 삽입되었다. 패스포트(개체식별 포함)와 마이크로칩 번호는 국가별 데이터베이스에 입력된다. 정부기관은 인간의 식재료 유통체계에, 유해한 약물치료를 받은 말이 유입되지 않도록 하기 위해 개체를 확인할 필요가 있다.

낙인 BRANDING

낙인은 원래 말의 소유권을 나타내기 위한 것이었고, 이를 위해 뜨겁게 달궈진 쇠가 사용되었다. 요즘 낙인은 말 개체를 식별하기 위해 흔히 사용된다. 소락낙인은 체모소실에 의한 문양을 만들어내는데, 특히 체모가 조밀하게 난 경우 식별이 어렵다. 액화질소를 사용하는 동결낙인은 안장 부분에 적용된다. 이것은 소락낙인에 비해 덜 고통스럽고 영구적으로 흰털이 자라도록 한다. 어떤 경우는 낙인을 찍는 쇠의 일부가 제대로 접촉이 되지 않아 정확한 표시를 할 수 없는 경우도 있다. 도난 당한 말에 찍힌 낙인을 바꾸는 것도 가능하다. 발굽낙인은 발굽을 태워 소유자 번호를 찍는다. 고통은 전혀 없지만 발굽이 자라면 삭제되거나 닳아 없어지기 때문에 다시 낙인을 찍어야 한다.

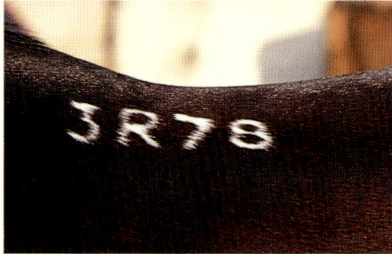

동결낙인 A FREEZE BRAND

발굽낙인 HOOF BRANDING

IDENTIFICATION 개체식별

마이크로칩 ID *MICROCHIP ID*

마이크로칩 삽입
Inserting the microchip

마이크로칩은 약물투여용 주사바늘 같은 삽입관을 통해 피하에 삽입된다. 마이크로칩 삽입 위치에 대한 보편적인 규칙은 없지만, 대개 목 부위에 삽입한다.

마이크로칩 *The microchip*

가장 세련된 개체식별방법은 말의 피부 아래에 삽입된 작은 마이크로칩을 활용하는 것이다. 각각의 칩은 고유번호가 심어져 있고 등록기관은 칩의 고유번호와 이미 기록되어 있는 말의 특징을 연결한다.

스캐닝 *Scanning*

특수한 스캐너로 칩을 인식하고 고유 식별번호를 표출한다. 마이크로칩은 고장이 날 수도 있고 피부조직 내에서 이동할 수 있기 때문에 예상한 부위에서 감응하지 않을 수 있다. 이론적으로는 삽입되어 있는 칩을 외과적으로 추출하고 새로운 칩을 삽입할 수 있지만, 체내의 칩을 찾는 것은 매우 어려운 일이다.

경고 신호 *WARNING SIGNS*

도난에 대한 억제책으로 말에 마이크로칩이 삽입되어 있다는 것을 잠재적인 도둑이 알도록 하는 것이 중요하다. 마이크로칩은 육안으로 볼 수 없으므로, 사람들이 특정한 말에 마이크로칩이 삽입되었다는 것을 알기도 전에 말이 도난될 수 있다. 마사의 출입구를 지날 때마다 경고음이 발생한다면 잠재적인 도둑은 범죄를 저지르지 못할 것이다.

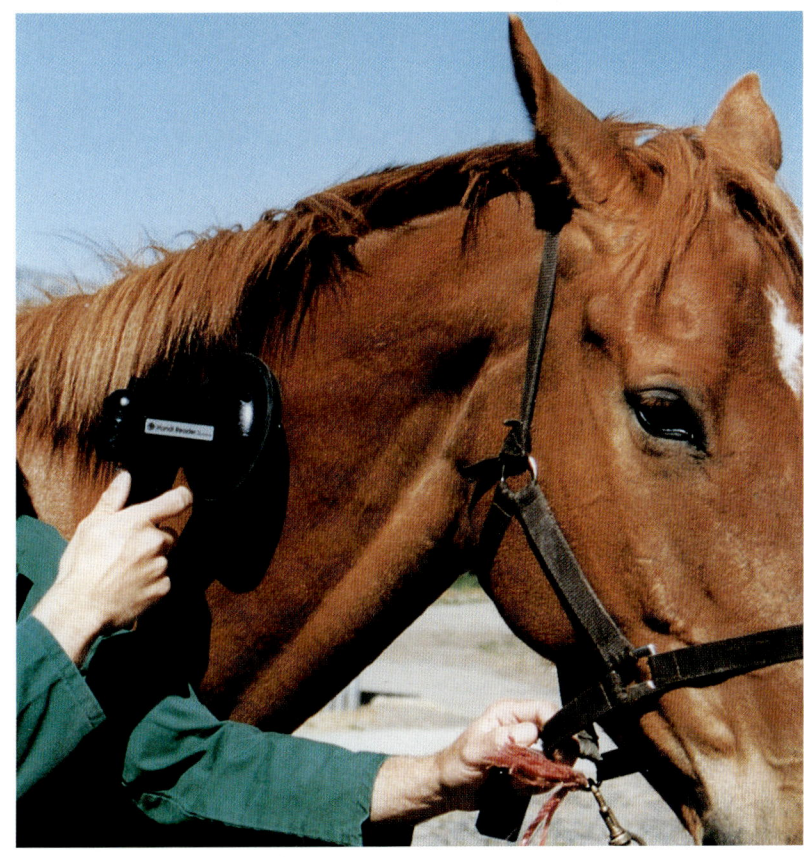

◀◀ **마사** *The stable*
마사는 말을 위한 인공적인 환경이다. 마사를 가능한 한 말에게 안전하고 건강한 삶을 위한 장소로 만드는 것은 사람에 달려있다. 마사의 위쪽 문은 통풍을 위해 항상 열려 있다.

◀ **튼튼한 신발** *Sturdy footwear*
말은 덩치 크고 체중이 무거운 동물인데, 발걸음에 항상 신경 쓰지는 않는다. 말에 밟히지 않으려면 말 옆에 있을 때는 항상 튼튼한 부츠나 안전화를 착용해야 한다.

▼ **마사 공간** *The stableyard*
옆 마사의 말들을 볼 수 있도록 하면 말에게 약간의 사회적 행동을 할 수 있는 기회를 주는 것이며, 본성적으로 군집 동물인 말의 심리적인 건강에 기여하는 중요한 요인이다.

깔짚 재료 BEDDING MATERIALS

청결하고 따뜻한 깔짚은 마방에서 관리되는 모든 말들에게 필수적이다. 깔짚은 일차적으로 안락감과 보온성을 제공하며, 말이 장시간 딱딱한 마방 바닥을 딛고 서 있는 동안 발굽에 가해지는 충격을 막아주고, 말이 배뇨와 배변을 잘 하도록 한다. 깔짚 소재를 선택할 때 가장 중요한 점은 말이 안락함을 느낄 수 있는 재질이어야 한다. 비용이 싸고, 말을 청결히 할 수 있고, 다루기 쉬우며, 처리가 용이한 것 등의 기타 고려사항은 이차적인 문제이다.

안락감 COMFORT

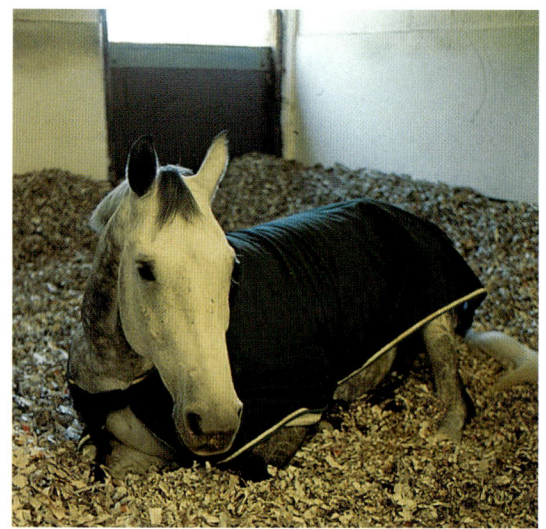

침대 *A bed to lie on*
말은 서서 잠을 잘 수 있지만 가끔 누워있기를 좋아한다. 적절하고 깨끗한 깔짚이 없으면 말이 누울 때 관절을 다칠 수 있다. 즉 비절 외상성 점액낭염이나 주종을 일으킬 수 있다 (41쪽 참조). 젖은 깔짚은 차갑게 느껴지고 말 피부에 화상을 일으킬 수 있다.

짚 STRAW

장단점
Advantages and disadvantages

전통적으로 말의 깔짚으로 사용해 온 짚은 온대기후지역 전체에서 구할 수 있으며, 비용도 저렴하다. 그러나 흔히 곰팡이 포자 범벅인 경우가 많아 호흡기 질환의 원인이 된다 (155쪽 참조). 보리짚이 가장 널리 활용된다. 줄기가 길기만 하다면 밀짚도 좋다. 귀리짚은 많이 사용되지 않는데 거칠고 찌르는 느낌이 있다.

귀리짚은 흡수성이 좋다.

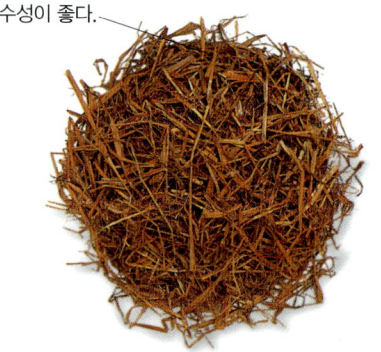

귀리짚 OAT STRAW

보리짚은 다른 종류의 짚보다 누렇다.

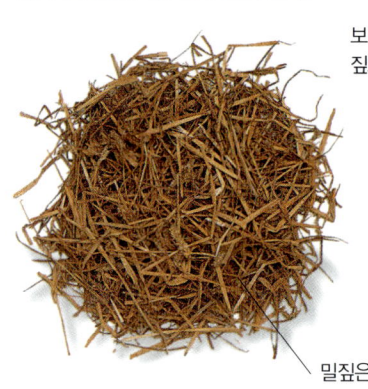

밀짚 WHEAT STRAW

밀짚은 배수성이 가장 좋다.

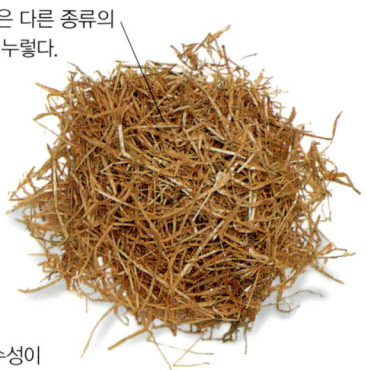

보리짚 BARLEY STRAW

먼지가 많은 깔짚 *Dusty bedding*
짚을 사용하는 마사에서 관찰되는 먼지는 입자가 크기 때문에 말의 폐로 흡입될 가능성은 적지만, 많은 양의 먼지에는 눈으로는 잘 보이지 않지만 곰팡이 포자가 있을 수 있다. 짚에는 대개 곰팡이가 섞여 있는데, 깔짚을 교체하지 않고 계속 짚을 추가하는 경우 곰팡이가 번식할 수 있다.

BEDDING MATERIALS 깔짚 재료 113

기타 깔짚 재료 OTHER BEDDING MATERIALS

대팻밥 *Shavings*
나무 대팻밥도 깔짚으로 많이 활용된다. 적절한 도구만 사용한다면 마방을 치우기가 용이하다(*114쪽 참조*). 청결하고 잘 건조된 대팻밥은 호흡기 질환이 있는 말의 깔짚으로 아주 좋다. 큰 단점이 있다면, 썩는데 오래 걸리기 때문에 폐기가 쉽지 않다는 것이다.

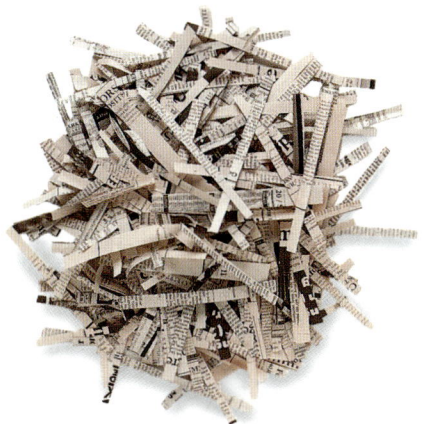

신문지 *Newspaper*
잘게 자른 신문지는 구입비가 저렴하다. 처음에는 소독된 짚과 같아서 짚에 알레르기가 있는 말에게 유용하다. 단점이 있다면 오줌에 젖으면 쉽게 뭉개지며 곰팡이가 빠르게 번식한다는 것이다. 폐기하는 것도 문제이다.

대마 *Hemp*
대마는 비교적 최근에 등장한 깔짚 재료로서 다른 것들만큼 구하기가 쉽지 않다. 이것은 마약 성분이 없는 대마 줄기의 심에서 얻어진다. 대팻밥보다는 쉽게 썩지만, 수분을 많이 흡수해서 젖어도 신문지보다는 쉽게 못 쓰게 되지는 않는다. 대팻밥과 유사하게 다루면 된다(*116쪽 참조*).

합성 바닥재는 바닥에서 밀리거나 주름 잡히지 않도록 접지면이 필요하다.

모래 *Sand*
모래는 아랍종의 말이나 사막지역에서 기원한 말들에게는 자연적인 바닥소재였던 것으로 생각된다. 모래는 바닥을 건조하게 유지하고 말의 체형에 따라 편하게 바닥이 잘 형성된다. 느낌이 서늘하기 때문에 더운 기후의 지역에 유용하다. 무기질이기 때문에 호흡기질환의 원인이 되지도 않는다. 단지 조심할 것은, 모래 위에 있는 사료를 먹으면서 모래가 혼입되어 산통의 원인이 되기 때문에 모래 바닥 위에 사료를 주지 말아야 한다.

고무 바닥재 *Ruber flooring*
작은 구멍이 있는 고무 깔판은 물이 잘 빠져 건조한 바닥을 유지한다. 그러나 말에게는 안락감을 주지 않으며, 마분이 표면 위에 그대로 방치되기 때문에 마체를 쉽게 더럽힌다. 그러므로 이런 재질은 말이 눕지 않는 트레일러나 수송차량의 바닥 깔판으로 유용하다.

마방 청소 MUCKING OUT

젖은 깔짚, 분변, 오줌 냄새 등은 말에게 불쾌감을 주기 때문에 가능한 한 빨리 치워주어야 한다. 마방 청소는 기본적으로 하루에 한 번 이상은 해주어야 하며, 말이 하루 종일 마방 내에 있는 경우 쾌적함을 제공하기 위해서는 하루에 세 번은 마분을 치우고, 깔짚을 고르게 해주어야 한다. 만일 깔짚을 젖은 채로 오래 방치해 두면 감염의 우려가 있으며, 특히 발굽질환이 잘 발생한다. 제차가 썩는 제차부란(139쪽 참조)은 특히 위험하다. 깔짚이 더러우면 필연적으로 말도 더러워지고 그렇게 되면 말을 손질하는 데 더 많은 시간과 노력이 소요된다. 기존의 깔짚 위에 새로운 깔짚을 추가로 깔아주는 식을 반복하여 오랜만에 한 번씩 마방을 치우는 방식은 지양해야 한다. 그런 경우 상당한 악취와 곰팡이 포자가 증가해 결국 말의 건강에 영향을 미치기 때문이다.

마방 청소 도구 TOOLS

예전에는 포크, 삽, 빗자루 그리고 손수레 등이 마방청소를 위한 도구의 전부였지만, 짚 이외의 소재의 깔짚을 치운다거나 시간과 노력을 절약하기 위해 기타 도구를 사용하기도 한다. 대팻밥 포크는 대팻밥을 깔짚으로 사용하는 경우에 필수적이다. 이는 마분과 습기에 젖은 대팻밥 뭉치를 떠올릴 때 깨끗한 대팻밥은 좁은 틈으로 떨어지게 한다. 바닥에 모아진 분변들은 마분삽을 이용하면 손수레나 광주리에 옮겨 담을 수 있다.

포크 FORK · 삽 SHOVEL · 빗자루 BROOM · 손수레 WHEELBARROW · 대팻밥 포크 SHAVINGS FORK · 마분받이 HOD · 작은 갈퀴 SMALL RAKE · 광주리 SKIP

오염된 깔짚과 마분 치우기 DEALING WITH DIRTY BEDDING AND DROPPINGS

1 일단 눈에 보이는 마분을 포크를 이용해 제거한다. 깔짚에 덮여 눈에 잘 띄지 않는 것을 찾아낸다. 마분을 들어낼 때는 밑에 있는 깔짚도 일부분 같이 들어낸다.

2 깨끗한 짚은 가능한 한 그대로 두고, 들어낸 마분은 광주리에 담는다. 그림과 같은 플라스틱 제품을 이용해도 좋다.

MUCKING OUT 마방 청소 115

3 깨끗한 깔짚과 더러운 깔짚을 분리한다. 깨끗한 깔짚은 벽쪽으로 몰아 쌓고 더러운 것은 바닥에 남겨둔다.

4 더러운 깔짚을 손수레에 싣는다. 이때 더러운 깔짚이 깨끗한 깔짚쪽으로 밀려가지 않도록 주의한다.

대부분의 말들은 마방 내 특정한 위치에 배변한다.

5 남은 깨끗한 깔짚을 포크로 들어 공중이나 벽으로 던져 벽을 따라 쌓아둔다. 이렇게 하면 깔짚이 부풀려지고 그 속에 숨어 있던 마분을 찾을 수 있다. 매일 두 개의 다른 벽에 쌓아서 번갈아가며 활용하도록 한다 (116쪽 참조).

안락감을 높이기 위해 깔짚을 위로 던져 엉킨 것이 흩어지도록 한다.

6 바닥에 남아있는 먼지, 마분, 더러운 깔짚 등을 쌓아서 더미를 만들어 쉽게 치울 수 있도록 한다. 바닥은 가능한 한 청결하게 하고 깨끗한 깔짚은 마방 벽을 따라 쌓여있는 채로 둔다.

7 삽을 이용하여 바닥에 모아둔 오염물을 손수레에 옮겨 담는다.

깔짚 깔기 PUTTING DOWN THE BEDDING

1 깔짚을 새로 깔기 전에 치워진 마방 바닥을 얼마동안 그대로 두어 건조시킨다. 기존의 깔짚은, 마방 벽을 따라 둥글게 둑을 쌓을 수 있을 만한 양을 남기고 바닥으로 뿌린다. 치워낸 깔짚을 대신하여 신선한 새 깔짚을 뿌려준다. 말이 깔짚을 먹는 경향이 있으면 기존의 깔짚과 새 깔짚을 섞어서 깐다.

— 포크로 깔짚을 흩뜨리기 위해 던져 올리고나서 바닥에 편다.

2 기존에 쓰던 깨끗한 깔짚으로 벽 주위에 촘촘하게 둑을 만든다. 이것은 말이 벽 근처에서 누워서 구를 때 등이 모서리에 끼어서 일어나지 못하게 되는 상황을 예방하기 위한 것이다. 뒤쪽으로 움직이며 포크로 짚을 벽 쪽으로 밀고 윗부분을 고르게 한다.

3 깔짚을 잘 흔들어 섞으면 깔짚이 두껍게 보일 수 있다. 그러나 말에 의해 곧 납작해질 것이다. 깔짚이 충분히 두껍게 깔렸는지를 시험해 보려면, 깔짚 속으로 포크를 떨어뜨려 본다. 바닥에 부딪치는 소리가 나면 깔짚을 더 깔아주어야 한다.

대팻밥 치우기 MUCKING OUT SHAVINGS

1 만약 깔짚으로 대팻밥을 사용하면, 마분이 깔짚 표면에 머물러 있어서 마분을 찾기가 그렇게 어렵지 않을 것이다. 갈퀴와 마분삽을 이용하여 마분을 모으는 것은 어렵지 않다.

마분을 담기 위해 마분삽을 기울인다.

갈퀴로 마분 덩어리를 마분받이에 굴려넣는다.

2 대팻밥 포크를 사용하여 마분과 젖은 대팻밥을 걸러 낸다. 짚의 경우와는 달리, 벽 둘레로 높은 둑은 필요하지 않다. 대팻밥은 말이 누워도 그렇게 많이 움직이지 않는다.

MUCKING OUT 마방 청소

말이 있는 상태에서 마방 청소하기 MUCKING OUT WITH THE HORSE

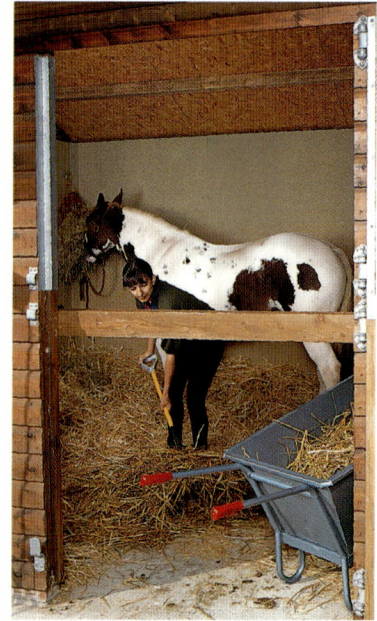

마신봉 설치 Using a barrier across the door
마방을 청소하는 동안 말을 내보낼 수 없으면, 출입구를 가로질러 나무막대를 고정시킨다. 이렇게 하면 말의 탈출을 막고, 사람이 재빠르게 몸을 숙여 마방으로 들어가거나 빠져나갈 수 있다.

가급적 말로부터 멀리 떨어져서 작업한다.

말 움직이기 Moving the horse
말에게 상처를 입히지 않도록 청소도구는 끝이 말에서 먼 쪽 방향으로 향하여 사용한다. 말발굽 주위에서 작업을 하지 않는다. 말을 한쪽으로 옮겨놓고 마방의 나머지 반쪽 부분을 청소한다.

마분 더미 THE MANURE PILE

삼면이 막힌 공간에 더미를 만들어 쌓아서 깔끔하게 유지한다.

마분 처리를 위해 운반차량이 접근 가능한 지역에 마분과 더럽혀진 깔짚을 깔끔하게 보관한다. 만들기 쉽고 비가 통과하여 잘 썩도록 하기 위해 층이 지게 쌓는다. 하나의 층을 만들고 그것을 아래로 밟아서 압축한다. 손수레로 작업할 수 있게 첫 번째 층 위에 두꺼운 판자를 깔고 두 번째 층 만드는 작업을 시작한다. 편리한 시점에 세 번째 층 만드는 작업을 시작한다. 진행하는 방향에 따라 퇴적물을 아래로 짓밟아서 하나하나 층을 완성한다.

5장

사료와 식수
FOOD AND WATER

사육되는 말은 야생상태의 말에 비해 다양한 사료를 섭취할 수 있다. 그러나 말은 여전히 풀을 뜯는 동물이라는 것을 잊지 말아야 한다. 무엇을 주사료로 먹든 간에 하루 종일 목초나 건초가 제공되어야 한다. 사양관리는 말의 건강, 행동, 그리고 능력에 영향을 미칠 수 있다. 기본적인 사양관리 원칙을 따르되, 그 기준에 너무 집착할 필요는 없다. 말에 따라 각자의 개별성이 있기 때문에 관리자는 자신이 관리하는 각각의 말에게 적합한 최선의 방식을 깨달아야 한다.

사료 급여 HOW TO FEED A HORSE

말은 선천적으로 풀을 뜯는 동물이다. 앞니로 풀을 자르고 어금니로 그것을 씹으며 침을 낸다. 잘 씹힌 풀은 침과 섞여 식도를 통해 위에 도달한다. 위는 용량이 적어 소량의 사료만을 보유할 수 있다. 이것은 일시에 충분한 양의 목초나 건초를 섭취할 수가 없기 때문에 강도 높은 운동을 하며 소모한 에너지를 보충하기 어렵다는 것을 의미한다. 소량의 농후사료를 섭취함으로써 이런 문제는 해결될 수 있다. 농후사료는 같은 양의 목초나 건초보다 많은 에너지를 낼 수가 있다.

급여방법 METHODS OF FEEDING

땅 위에 사료를 주는 방법 Loose on the ground

사료를 땅 위에 주면 말은 자연적인 방식 즉, 풀을 뜯는 것과 유사한 방법으로 먹을 수 있다는 장점이 있으나, 낭비의 소지가 크다. 사료는 흙과 섞이고 얇게 퍼져 말이 한 알, 한 알 주워 먹기가 힘들어진다. 또한 땅에 떨어진 사료를 주워 먹으면서 토사나 모래를 함께 섭취하게 되어 산통을 유발할 수도 있다.

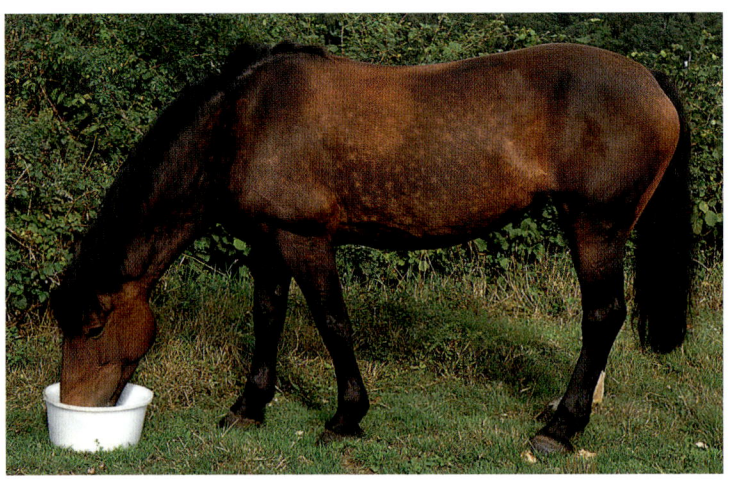

땅 위의 밥통에 넣어 주는 방법
In a bucket on the ground

밥통에 사료를 담아 급여하면 흩어지거나 흙과 섞이지 않기 때문에 말이 채식하기가 수월하다. 밥통은 한 마리에 하나씩 배정을 해주고 지면에 편평하게 놓는다. 말의 발이 걸리지 않도록 손잡이가 없는 밥통을 사용하는 것이 좋다. 야외에서 사료를 줄 때는, 서로 뺏어 먹으려고 다투지 않도록 밥통 간격을 넓게 배치해야 한다. 호흡기에 문제가 있는 말은 항상 머리를 낮춰 사료를 섭취하도록 해야 한다. 이렇게 하면 점액성 삼출물이 폐 쪽으로 넘어가지 않고 외부로 배출된다.

밥통을 매달아 주기
In a manger

밥통을 매달아 주면 말이 밥통을 발로 차거나 해서 사료를 엎지르는 것을 방지할 수 있게 된다. 또한 말이 마방에 갇힌 무료함을 달래기 위해 밥통을 뒤집는 버릇이 생기는 것을 예방한다. 또한 마방 바닥의 면적을 넓게 쓸 수 있기도 하다.

사양관리 규칙 RULES FOR FEEDING

급여 규칙	이유
사료의 교체는 점진적으로 한다.	소화기가 적응할 기회를 주어야 한다. 주로 새 건초다발을 헐었을 때와 새로운 상품의 사료가 들어왔을 때, 목초 등을 포함해 사료의 형태가 변화되었을 때에는 기존 사료와 섞어서 급여한다.
말의 운동량을 미리 예측하여 사료 양을 늘리지 말아야 한다.	향후 증가될 운동량에 대비해서 미리 사료의 양을 증가시키지 말고 체중이 감소한 경우에 농후사료 급여량을 늘린다. 운동량에 비해 사료량이 많으면 질소뇨증이나 임파관염이 발생할 수 있다(153쪽 참조). 운동량을 줄이는 경우에는, 미리 사료량을 줄인다.
양질의 사료를 먹어야 한다.	청결성이 농후사료 질의 판단 척도가 된다. 사료가 윤기가 없고 먼지가 있으면 영양가도 떨어진다. 건초는 더욱 복잡하다. 좋아 보이고 영양가가 높은 건초는 곰팡이도 많아 건강에 해로운 경우도 있다.
하루 중 대부분은 조사료를 먹을 수 있도록 한다.	말의 소화기관은 지속적으로 조사료를 섭취하도록 생겨 있다. 위는 한꺼번에 다량의 사료를 섭취하기 힘들도록 되어있다.
사료급여량 판단은 부피로 하지 말고 무게로 한다.	같은 부피라도 무게의 차이가 있다. 한 그릇의 사료라도 무게가 각각 다르며(126쪽 참조), 사료의 형태와 포장단위에 따라 같은 무게라도 부피가 각기 다르기 때문이다.
사료급여 직후에 운동시키거나, 운동 직후에 사료를 급여하지 않는다.	운동 중에는 근육의 혈류량이 증가하며 소화기에는 혈류량이 감소하므로 소화장애가 일어난다. 또한 말이 놀라거나 불안한 경우는 사료를 충분히 씹지 않고 넘겨 산통의 원인이 된다.
농후사료는 소량씩 하루 중 정해진 시간에 급여한다.	소량씩의 사료는 말 소화기관의 부담을 줄이고, 산통발생의 위험성도 감소시킨다. 작업자가 편리한 시간이 아닌, 일정한 간격을 두고 규칙적으로 급여한다.
깨끗한 식수를 항상 마실 수 있도록 하고, 사료섭취 직후에 다량의 물을 섭취하지 않도록 한다	건초와 농후사료는 목초보다는 건조하므로, 위장에서 물과 잘 섞여야 하나, 물에 씻기듯 위장을 통과하게 해서는 안 된다.

말 체중 점검 CHECKING A HORSE'S WEIGHT

팔꿈치 바로 뒤의, 복대가 지나는 자리의 둘레를 측정한다.

말 체중 어림하기
How to find out the weight of a horse

말 체중은 사양관리나 운동량의 판단 자료로 활용하지만, 사료급여량을 결정하는 직접적인 요소로 사용하지는 않는다. 체중계를 이용하여 체중을 측정하는 것이 바람직하나, 줄자로 말의 가슴둘레와 체장(앞가슴 끝에서부터 엉덩이 끝까지의 길이)을 측정해 다음과 같은 공식으로 계산해도 체중을 어림할 수 있다.

체중(kg) = 가슴둘레^2 (cm) × 체장(cm) ÷ 12,000

◀◀ **밥통에 담아주기** *Bucket feed*
초지에 방목 중인 말에게도 보조사료(Supplementary feed)를 사료통에 담아 줄 필요가 있다. 통에 사료를 담아 주어야만 잡혀주는 말들도 있다.

◀ **눈이 쌓였을 때** *Coping with snow*
말들은 눈에 잘 대처하긴 하지만, 발굽 아래에 얼음 뭉치가 생기는 것에 대해서는 관리자가 잘 관찰해야 한다. 목초가 눈에 덮여 있을 때는 건초를 급여할 필요가 있다.

Drinking water **물 마시기** ▶
방목된 말은 강과 연못을 식수원으로 사용해야 한다면, 그 물이 상류에서 오염되지 않고 깨끗한 상태인지를 확인하는 것이 필요하다.

▼ **풀 뜯는 말들** *Horses grazing in a field*
초지의 크기는 일정한 개체수가 얼마나 오랫동안 안전하게 방목될 수 있는지를 결정한다. 크기에 비해 너무 많은 말이, 또는 너무 오랫동안 풀을 뜯었던 초지는 회복하는데 더 오랜 시간이 필요하다.

영양 관리 NUTRITIONAL NEEDS

모든 말들은 키와 체형 등을 결정짓는 각자의 고유한 유전적인 신체구조를 가지고 있다. 또한, 사료를 얼마나 잘 소화시킬 수 있는지, 소화된 영양소를 얼마나 효율적으로 흡수할 수 있는지를 결정짓는 각각의 대사체계를 가지고 있다. 각각의 말은 조사료를 소화시키기 위한 맹장 내 고유의 세균총을 보유하고 있다. 그러므로 같은 양의 사료를 섭취하더라도 말에 따라 다른 효과를 발현한다. 사료급여기준을 제시하기는 하지만 실제 사료급여는 어떤 기준에만 의존할 것이 아니라, 각 말이 요구하는 것에 따라야 한다. 말이 마방 내에 체류하는가, 방목하는가 또는 털을 깎았는가 여부에 따라 또는 날씨에 따라 사료의 요구량은 달라진다. 만일 영양이 결핍되면 일단 체중이 감소된다. 말 주인이 바뀐 경우는 종전의 주인에게 어느 정도의 사료량을 급여했었는지, 어떻게 사양관리를 시작해야 하는지 자문을 구해야 한다.

균형 잡힌 식단의 구성요소 PARTS OF A BALANCED DIET

영양소	역할	공급원
단백질	신체의 구성성분. 근육의 대부분이 단백질이고, 건과 인대도 단백질을 다량 함유	여름에는 목초, 겨울에는 건초로 공급됨. 펠릿의 원료 중 콩에 함유
탄수화물	에너지원. 운동 중 즉각적인 사용이 가능하도록 근육 내에 글리코겐 형태로 저장	일상적인 필요량은 목초와 건초에도 충분히 들어있으나, 운동을 위해서는 귀리와 같은 알곡사료가 주요한 공급원
지방	쉽게 이용될 수 있는 탄수화물로 분해될 수 있는 중요한 에너지원	많은 배합사료들이 식물성 기름을 함유하고 있으며, 말 에너지 요구량의 최대 15%까지 식물성 지방으로 공급할 수 있음
수분	마체의 대부분은 물로 구성. 체내를 순환하며 각종 물질을 이동	봄철의 목초는 많은 수분을 함유하고 있으나, 별도로 음수는 필수. 깨끗하고 신선한 물을 마시게 해야 함
미네랄	뼈 구성에 필수적인 요소이며, 기타 대부분의 신체조직들도 미네랄이 필요함	알팔파에 다량 함유. 풀을 뜯는 과정에서 섭취되는 흙을 통해서 공급. 염분은 블록으로 공급할 수 있음

조사료와 농후사료의 비율 BULK/CONCENTRATE RATIO

사료량과 운동량
Food and work

비록 강한 운동을 하고 있는 말이라 할지라도 조사료 위주로 먹여야 한다. 그러나 목초나 건초만으로는 많은 운동량에 충분한 에너지를 공급하는데 한계가 있다. 게다가 말의 소화기관이 다량의 조사료를 소화할 수 없기 때문에 농후사료로 부족분을 공급해주어야 한다. 그러나 개체별로 필요한 만큼만 급여해야 한다. 어떤 말들은 그들이 운동을 하고 있다하더라도 별도로 농후사료 급여가 필요치 않은 경우도 있다.

운동량 Work

유지(훈련하지 않음)
농후사료는 공급하지 않고, 정상 체중을 유지할 정도의 조사료만을 공급

가벼운 운동
약간의 속보와 한 시간 이내의 평보운동을 하는 말. 15% 정도 농후사료 급여

중등도 운동
약간의 장애물, 구보, 속보 운동을 하는 말. 30% 정도 농후사료 급여

심한 운동
습보 또는 경주 포함 하루 2시간 정도의 운동을 하는 말 45% 정도의 농후사료 급여

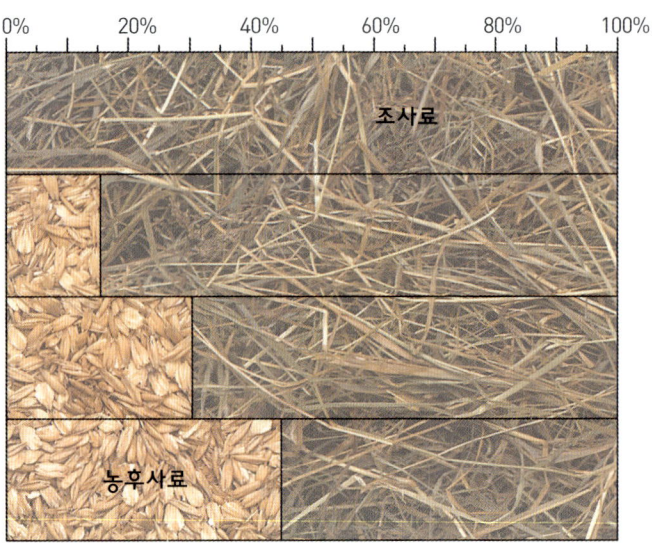

NUTRITIONAL NEEDS 영양 관리

특수한 경우의 사료 급여 SPECIAL NEEDS

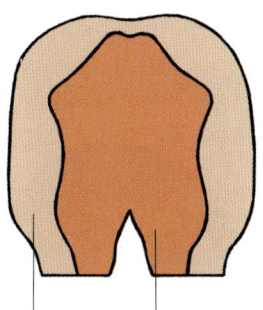

비만인 말
An obese horse

매우 마른 말
A very thin horse

극단적인 마체 상태
EXTREMES OF CONDITION

과체중 또는 저체중
Over- or underweight

말이 과체중 또는 저체중이라고 사료의 양을 갑자기 변화시키면 안 된다. 특히 살찐 조랑말의 사료량을 갑자기 줄이면 소화기관이 잘 적응하지 못한다. 적정체중의 기준은, 갈비뼈의 끝부분이 어디쯤인지는 알 수 있으나 개별 갈비뼈의 모양은 관찰되지 않는 수준이다.

늙은 말 OLD HORSES

늙은 말들은, 치아가 빠져있거나 길기 때문에 건초는 잘 씹지 못할 수 있으므로, 잘게 썬 짚 또는 펠릿사료를 급여하는 것이 좋다. 또한 늙은 말은 에너지 공급을 위한 탄수화물보다는 노쇠로 파괴되는 근육을 보강하는데 요구되는 단백질을 필요로 한다. 운동을 할 때는 자주 규칙적으로 사료를 공급하여 필요한 에너지량을 유지시켜야 한다.

겨울철 사양관리 Feeding in winter

마사에서 관리하는 말에게는, 겨울철에 여름철보다 더 많은 사료를 급여할 필요가 없다. 우기 또는 바람이 부는 날에는 체온 유지를 위해 보다 많은 에너지가 필요하므로 농후사료를 급여해야 한다. 목초에 엽산이 소량 함유된 경우는 엽산 첨가 사료도 급여해야 한다.

급여량 계획하기 PLANNING A DIET

에너지의 공급 Providing energy

다양한 재료를 주기 위해 섞을 때, 먼저 말이 어떤 운동을 할 것인지, 즉 얼마만큼의 에너지가 필요할 것인지를 판단해야 한다. 그래야 재료가 무엇이든, 그만큼의 에너지를 낼 수 있는, 하루에 모두 섭취할 수 있을 정도로 농축된 양을 공급할 수 있다. 말 영양학에 있어서 사료의 에너지양은 대개 파운드(lb) 당 메가칼로리(Mcal)로 표현된다.

사료의 영영가
ENERGY VALUE OF FEEDS

- 귀리(Oats) : 1.5Mcal/lb
- 옥수수(Corn) : 1.7Mcal/lb
- 보리(Barley) : 1.6Mcal/lb
- 사탕무 펄프(Beet pulp) : 1.3Mcal/lb
- 밀기울(Bran) : 1.2Mcal/lb
- 배합사료(Premixed food) : 포장에 적힌 영양정보 확인

운동량에 따른 에너지 요구량 ENERGY NEEDS FOR VARIOUS TYPES OF WORK

운동	500kg의 승용마	300kg의 가정용 포니
추가 평보 1시간	일상급여량 외에 1.2Mcal 추가 필요 사료: 사탕무 펄프 0.4kg 또는 옥수수 0.3kg 또는 옥수수 0.15kg과 사탕무 펄프 0.2kg	일상급여량 외에 0.7Mcal 추가 필요 사료: 사탕무 펄프 0.25kg 또는 밀기울 0.27kg 또는 귀리 0.1kg과 사탕무 펄프 0.12kg
추가 속보 30분	일상급여량 외에 2.4Mcal 추가 필요 사료: 귀리 0.75kg 또는 사탕무 펄프 0.5kg과 옥수수 0.25kg 또는 귀리 0.52kg과 밀기울 0.27kg	일상급여량 외에 1.4Mcal 추가 필요 사료: 귀리 0.45kg 또는 사탕무 펄프 0.5kg 또는 귀리 0.22kg과 밀기울 0.27kg
추가 습보 10분	일상급여량 외에 2Mcal 추가 필요 사료: 옥수수 0.5kg 또는 귀리 0.6kg 또는 귀리 0.2kg, 사탕무 펄프 0.25kg과 밀기울 0.24kg	일상급여량 외에 1.2Mcal 추가 필요 사료: 보리 0.33kg 또는 옥수수 0.31kg 또는 보리 0.13kg과 사탕무 펄프 0.24kg

농후사료 CONCENTRATED FEEDS

시중에는 다양한 농후사료가 나와 있다. 혼합만 되어 있는 것도 있고, 펠릿 형태로 처리된 것도 있고, 몇 가지 곡물들도 있다. 미리 혼합된 사료는, 사용자가 배합하는 것보다 영양가 측면에서 균형이 잘 맞는다. 농후사료는 말에게는 사료로서 부자연스러운 것이지만, 에너지와 다양성을 제공한다. 사료마다 무게가 다르므로 "몇 주걱"식으로 대충 급여량을 추측해서 급여하지 말아야 한다. 많은 경우 단위 무게 당 부피가 다를 수도 있다. 여기에서 제시하는 사료들은 같은 무게(595g)를 기준으로 한 것이다.

각종 농후사료들 DIFFERENT FEEDS

밀기울 Bran
밀기울은 영양원으로서보다는 포만감을 주는 것이 주목적이다. 많은 인이 포함되어 있는 반면, 칼슘은 불충분하므로 성장기의 말에게는 좋은 사료가 못된다.

펠릿 Pellets

승용마와 경주마 등 말에 따라 원료구성을 달리하는 펠릿들이 나오고 있다.

으깬 옥수수 Flaked corn
옥수수는 중요한 사료인데, 종종 사료회사들은, 기력이 넘치는 말들이 너무 나대지 않도록 영양가를 낮춰 에너지를 적게 내도록 가공하기도 한다.

배합곡물사료 Coarse mix
펠릿보다는 더 먹음직해 보인다. 그러나 보다 좋은 점은 먹는 데 더 오랜 시간이 걸리기 때문에 소화시키는데 유리하다는 것이다. 등급이 다양하다.

아마인 Linseed
삶지 않은 아마인은 독성이 있다. 씨가 갈라질 때까지 수 시간을 삶아야 독성이 제거된다. 아마인을 섭취하면 배변이 원활해지고 피모에서 광택이 난다.

보리 Barley

보리는 간혹 저평가되는 경향이 있다. 그러나 보리는 매우 많은 에너지를 함유하고 있다. 급여량을 조금만 조정해도 영양 측면에서 큰 결과를 초래할 수 있기 때문에, 보리를 급여할 때는 신중해야 한다.

알팔파 펠릿 Alfalfa pellets

알팔파 펠릿은 건조된 상태라 하더라도 목초의 풍부한 비타민과 미네랄을 함유하고 있다. 특히 중요한 것은 풍부하게 함유되어 있는 칼슘과 섬유소이다.

귀리 Oats

귀리가 말 사료로 많이 사용되는 이유는, 에너지 함유량이 적기 때문에 급여량을 잘못 조절해도 영양적인 측면에서 큰 문제가 되지 않기 때문이다. 귀리는 말에게 있어서 자연적인 사료는 아니다.

CONCENTRATED FEEDS 농후사료 127

사탕무 펄프 *Sugar beet pulp*
사탕무는 에너지와 단백질이 다량 함유되어 있는 좋은 사료이다. 펄프는 건조된 상태이기 때문에 급여하기 전에는 반드시 물에 불려주어야 한다.

595g의 사탕무 펄프는 물에 불리고 나면 2.6kg이 된다.

사탕무 큐브 *Sugar beet cubes*
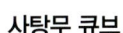

사탕무 펄프처럼, 수분이나 타액과 접촉하면 빠르게 부피가 팽창하기 때문에 식도폐색이나 산통의 원인이 될 수 있다. 그러므로 반드시 급여하기 전에 충분히 물에 불려주어야 한다. 절대로 다른 일반적인 큐브사료와 같은 것으로 생각해서는 안 된다.

불린 사탕무 *Soaked sugar beet*
건조된 사탕무는 다량의 찬물에 약 12시간 동안 담가서 불린다. 충분히 불린 후에도 흡수되지 않은 여분의 물이 남을 정도로 많은 양의 물이 필요하다.

사료 첨가제 SUPPLEMENTS

뿌리와 과일 *Roots and fruit*
당근과 사과는 말의 기호성 사료로 매우 좋은 것들이다. 당근은 다량을 먹일 수도 있는데 영양소는 그다지 많지 않다. 깍뚝썰기를 하면 목구멍에 걸려 호흡을 막을 수도 있으므로, 길이 방향으로 자른다.

간유 *Cod-liver oil*
비타민이 다량 함유되어 있다. 피모의 상태를 좋게하기 위해 사료와 섞어서 급여한다.

당밀 *Molasses*
기호성 높은 보조제로서 건조하거나 먼지가 많은 사료에 유용하다. 약물과 섞어 먹이거나 말의 입을 통해 직접 넣을 수도 있다.

옥수수기름 *Corn Oil*
풍부한 에너지원이며, 에너지 필요량에 맞는 충분한 사료를 먹을 수 없는, 시합에 나가는 말의 식단에 첨가할 수 있다.

사료의 보관 STORING FOOD

사료는 곤충이나 쥐 또는 말이 함부로 먹지 못하도록 철제 또는 플라스틱 통에 넣어 보관해야 한다. 말에게는 항상 양질의 사료를 급여해야 하므로, 오래 저장하면 변질되므로 한꺼번에 2~3주 이상 먹일 양을 구매하지 않는 것이 좋다. 습기가 많고 더운 계절에는 더욱 그렇다. 새로 구입한 사료를 통에 넣기 전에 반드시 전에 넣었던 사료를 모두 비워서 새 사료가 변질된 사료와 섞이지 않도록 한다.

소금 *Salt*
염분을 급여하는 가장 좋은 방법은 마방에 소금 블록을 넣어주는 것이다. 말이 염분이 필요하다고 느낄 때 언제든지 핥아서 공급받을 수 있기 때문이다.

조사료의 원료 SOURCES OF ROUGHAGE

말 사료 중 섬유질이 많고 부피가 큰 사료를 조사료라고 한다. 초지의 목초같이 신선한 것도 있지만 건초나 목초 형태로 저장이 가능하다. 사람의 소화기와 달리 말의 소화기는 수백만 년 동안 진화해 온, 매우 긴 결장을 가지고 있어 식물성 섬유소로부터 영양소를 얻어 낼 수 있다. 조사료의 주성분인 셀룰로오스는 결장에 살고 있는 박테리아에 의해 분해됨으로써 소화된다. 이렇게 섬유소가 분해되어 수용성탄수화물, 지방산, 아미노산 등이 나오면 이를 말이 흡수하여 에너지로 이용하는 것이다. 만일 말이 결장을 적절히 채울 수 있을 만큼의 조사료를 충분히 섭취하지 못하면 산통이 발생할 수 있다.

자연상태 사료 *Natural food*

목초는 말의 천연적인 조사료이다. 말은 입으로 한 움큼씩 목초를 뜯어먹어야 하기 때문에 먹는 속도가 자연스레 느려진다. 목초는 계절에 따라 조성과 영양가가 변한다. 초여름 꽃이 피기 직전에 가장 영양가가 높다. 봄에는 목초에 물기가 너무 많고, 겨울철에는 건초처럼 말라있다.

건초 HAY

양질의 건초 *Good hay*

건초는 목초를 건조시킨 것이다. 다양한 풀이 자라는 목초지에서 채취한 여러 종류의 풀이 혼합된 것과, 특정 풀만을 파종하여 거둔 것도 있다. 좋은 건초는, 만지면 바삭바삭하고 달콤한 냄새가 나며, 색상은 녹갈색을 띤다.

나쁜 건초의 위험성
DANGERS OF BAD HAY

말에게 양질의 사료를 급여하는 것은 매우 중요하다. 어떤 건초는 영양가가 거의 없을 수도 있고, 호흡기계 질병을 유발하는 곰팡이 포자가 많이 함유되어 있다. 독초가 포함된 건초를 급여해서는 안 된다. 건조된 상태라도 말의 폐사 원인이 될 수도 있다.

품질 나쁜 건초 *Poor-quality hay*

줄기가 많고 잎이 적으면 품질이 낮은 것이라 볼 수 있다. 또한 색상도 연두색 색소가 빠져 황갈색으로 변질되는 경우도 있다. 건초를 만드는 과정에서 수확 및 보관상태가 좋지 않으면, 흰 곰팡이가 보일 수도 있다.

이 저품질 건초는 갈색을 띠고 있고 푸석푸석해 보인다.
좋은 건초는 탄력과 광택을 보인다.

SOURCES OF ROUGHAGE 조사료의 원료 129

기타 섬유소성 사료 OTHER FIBROUS FOODS

진공포장 목초 *Vacuum-packed grass*
이렇게 포장된 목초는 건초보다 축축하고 부드럽다. 말들은 대개 이렇게 저장된 목초를 좋아하며, 영양가도 두 배는 된다. 채취 직후에 진공 포장되는데, 포장상태에서 저온 발효가 일어난다.

알팔파 *Alfalfa*
알팔파는 양질의 미네랄 공급원으로서, 잘게 썰거나 말린 건초 형태로 급여한다. 이 파리가 다른 목초에 비해 커서, 많은 영양소를 함유하고 있다. 그러므로 보통 다른 건초의 급여량보다 적게 급여해야 한다.

저장목초 *Silage*
저장목초는 수분이 있고 시큼한 냄새가 나는 것으로서, 목초를 압착시킨 후 고온 발효시켜 저장된 것이다. 이것은 폴리에틸렌 포장 꾸러미에 포장된다. 이때 잘못 저장되면 말보툴리누스 식중독의 원인이 된다.

여물 *Chaff*
밀짚을 잘게 썰어 여물을 만든다. 여물은 결장에서 박테리아에 의해 소화되기 쉽고, 건초만큼 장 폐색을 유발하지는 않으며, 농후사료와 섞어 먹일 수도 있다. 영양가는 적지만 사료량을 늘리기 위해 첨가된다.

말린 목초 DRIED GRASS

현대의 기술은 목초에 영양이 가장 많은 시기에 수확을 할 수 있도록 해준다. 수확한 풀은 즉시 건조되어, 같은 부피 기준으로 건초의 몇 배에 달하는 양이 한 번에 압축 포장된다. 항상 새로운 포장을 뜯을 때마다 조금씩 적응시켜야 한다. 이는 장내 박테리아가 새 풀에 적응할 수 있도록 시간을 주는 것이며, 산통의 위험을 줄이는 방법이다.

여물과 당밀 *Chaff and molasses*
이 두 가지 사료를 섞어 공급하면 대부분의 말들이 맛있게 먹는다. 당밀은 여물들 간에 접착 역할을 하며 영양가도 다소 높아지고 여물 속의 먼지도 줄여준다. 이 사료들은 미리 혼합된 상태로 판매되어 시간을 절약하는 면도 있으나 비싼 것이 흠이다. 따로 구입하여 직접 섞어 먹이는 것이면 비용을 아낄 수 있다.

건초 급식 FEEDING HAY

말이 채식하는 가장 자연스런 자세는 땅으로부터 풀을 뜯는 것이다. 그러므로 건초도 땅 위에 던져줄 수도 있으나, 그렇게 하면 짓밟아 뭉개지거나 흙이 묻어 낭비된다. 건초를 용이하게 급여하는 방법은 건초망이나 건초시렁을 이용하는 것이다. 하루에 급여할 건초의 양을 대략 4등분 한 후, 아침 일찍 첫 분량을 주고, 자기 직전 마지막을 주되 나머지는 시간을 배분하여 급여한다. 건초 다발을 처음 공급받으면 이것을 기존의 분량과 분리하여 보관한다. 새로 입하된 건초는 며칠에 걸쳐 기존의 건초와 섞어 급여하고, 점차 양을 증가시켜 나가는 것이 바람직하다. 그래야 말의 소화기관이 새 건초에 적응할 여유를 갖게 된다.

건초망 무게달기 Weighing a haynet

스프링 저울을 이용해 건초망의 중량을 달아야 건초 급여량을 일정하게 유지할 수 있다. 포장에서 막 꺼낸 건초로 채운 건초망이 느슨해진 건초를 담은 건초망보다 무거울 것이다.

건초망 담기와 무게 달기 FILLING AND WEIGHING A HAYNET

건초망에 건초 담기 Filling a haynet

건초망은 합성끈으로 만든 것이 썩지도 않고 내구성이 있어 좋다. 자루형 망의 입구를 열고 건초를 담는다. 말이 먹기 쉽도록 하기 위해서는 자루를 흔들어 사료가 느슨해지도록 해야 한다.

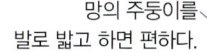
망의 주둥이를 발로 밟고 하면 편하다.

무게 어림하기 Estimating weight

건초 덩어리는 비슷한 크기의 덩어리로 쉽게 나누어진다. 그러므로 건초가 얼마나 사용되었는지 판단하기 용이하다. 건초더미는 입고분마다 무게가 다르기 때문에, 새로운 입고분의 포장 한 개의 무게를 측정해두면 유용하다.

호흡기 질환의 예방 PREVENTING RESPIRATORY PROBLEMS

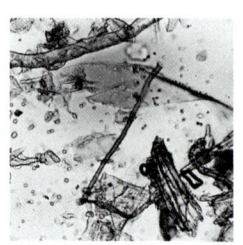
좋은 건초 GOOD HAY

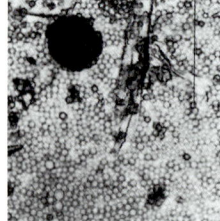
나쁜 건초 BAD HAY

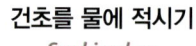
곰팡이 포자 Fungal spore

곰팡이 포자 Fungal spores

건초에는 미세한 곰팡이 포자들이 붙어 있다. 눈에 보이는 먼지 입자가 아닌, 사진과 같은 포자는 호흡기 질병의 원인이 된다. 현미경 확대 사진은 질 낮은 건초에 얼마나 많은 곰팡이 포자가 붙을 수 있는지 잘 보여 준다.

건초를 물에 적시기 Soaking hay

건초에 혼입된 먼지나 곰팡이 포자들을 씻어내기 위해 물에 담근다. 또한 물에 젖으면 포자가 건초에 달라붙어 말의 호흡기로 유입되지 않는다. 건초를 흐르는 물에 약 2시간 정도 담가둔다. 그보다 오래 담가두면 영양소도 함께 빠져나갈 수 있다. 찬물보다는 따뜻한 물이 효과적이다.

FEEDING HAY 건초 급식 131

건초망 매달기 TYING A HAYNET

1 건초망 입구의 줄을 당겨 오므린 후, 줄을 벽면의 고리, 나무 또는 다른 적당한 장소에 건다. 마방 내에 달든 마사 외부에 달아주든 간에 건초망을 땅에서 충분히 멀게 위쪽에 매단다. 줄을 거는 고리의 위치는 말의 눈보다 약간 높아야 한다.

줄 끝이 망 아래쪽을 통과하도록 꿴다.

2 줄을 당겨 건초망이 더 올라가도록 하고 줄을 망의 아래쪽을 통과하도록 꿴다. 이렇게 하면 줄을 묶을 때 건초망이 조여지게 된다. 망이 다 비워지면 망이 아래로 조금 늘어지는데, 이때 발굽이 걸려 사고가 발생할 수 있으므로 충분히 높이 걸려 있어야 한다.

남은 줄끝을 망 안으로 밀어 넣어서 늘어지지 않도록 한다.

매듭이 뒤쪽을 향하도록 돌린다.

3 가능한 한 높이 매달아 둔다. 줄은 스스로 풀리지 않도록 단단히 묶되, 신속하게 풀 수 있는 매듭으로 묶는다(*50쪽 참조*). 매듭을 질 때 줄 고리가 너무 작지 않도록 해야 한다.

4 마지막으로 망태기를 돌려 줄을 묶은 매듭을 말이 못 보도록 감추어 둔다.

적절한 건초망 높이
The right height

건초망의 적당한 높이는 말이 자연스럽게 서 있을 때 말의 눈높이다. 높이가 너무 낮으면 발굽이 걸릴 수 있고, 너무 높으면 망태기로부터 먼지나 풀씨들이 떨어져 말 눈으로 들어가기 때문이다.

건초 시렁 *Hayracks*

고정식 건초시렁 설치는 비교적 비용이 많이 든다. 건초를 시렁에 담기가 용이하고 건초꾸러미가 땅에 닿을 염려가 없다. 단점이 있다면 말들의 눈높이에 따라 시렁의 높이를 적절하게 조절하기가 어렵다는 것이다.

6장

말의 질병과 망아지 분만

HORSE PROBLEMS & FOALING

말을 관리하는 사람이라면 누구나 말이 건강할 때와 마찬가지로 말이 병들었을 때에도 돌보는 방법을 알아야 한다. 질병의 증상을 좀 더 명확히 인식하는 법을 알고 있다면 질병을 어떻게 치료해야 할지와 언제 수의사에게 도움을 요청해야 할지를 판단하기에 좋다. 또한 망아지 분만과정 및 분만 후 위기상황에 잘 대처할 수 있다.

만일 질병의 양상이 불분명하다고 생각된다면 수의사를 부르는 것이 좋다. 유감스러운 일이 생기는 것보다는 안전한 것이 낫기 때문이다.

자주 발생하는 말의 질병 POSSIBLE DISORDERS

말에게 일반적으로 발생하는 많은 질병들은 사람이 관리하는 것과 관계가 있다. 사람들이 고의적으로 질병을 유발시키는 것은 아니지만, 사람들의 잘못된 관리습관이 문제를 악화시킬 수 있다. 말의 질병은 사람들이 말에게 요구하는 일들 때문에 대부분 발생한다. 마장마술에서와 같이 말이 반복적으로 수행해야 하는 동작은 자연 상태의 말에게는 불필요한 것이다. 어떤 질병은 마사에서 관리 중에 발생되는데, 예를 들면 만성 폐쇄성 폐질환은 곰팡이 핀 건초나 깔짚 등으로 인해 발생한다. 또 어떤 질병들은 말의 이동을 통해 전염되기도 한다. 인플루엔자 같은 질병은 야생상태의 말에서는 어떤 한 무리 내에서의 발병으로 한정되지만, 승마대회에 참여하는 말들의 경우에는 국제적으로 빠르게 전파될 수도 있다.

경고 증상 Warning signs
염증은 대부분 말 질병의 주요 증상의 하나로, 말 관리자는 열감, 통증, 부종 등 염증의 전형적인 증상을 찾아내려는 노력을 해야 한다. 정상적인 행동을 보이다가 갑자기 이상한 행동을 하는 것 또한 경계해야 하는 증상이다. 질병들의 증상을 알려고 하기보다는 건강한 말에서 나타나는 증상(30쪽 참조)이 사라지는 것에 관심을 기울여야 한다.

내부기생충증 INTERNAL PARASITES
(150–51쪽 참조)
- 말 원충 *Strongylus: bloodworm*
- 트리코네마 *Cyathostomes: small redworm*
- 회충 *Ascaris: large roundworm*
- 나두촌충 *Anoplocephala: tapeworm*
- 폐충 *Dictyocaulus: lungworm*
- 요충 *Oxyuris: pinworm*
- 말파리유충 *Gasterophilus: bots*

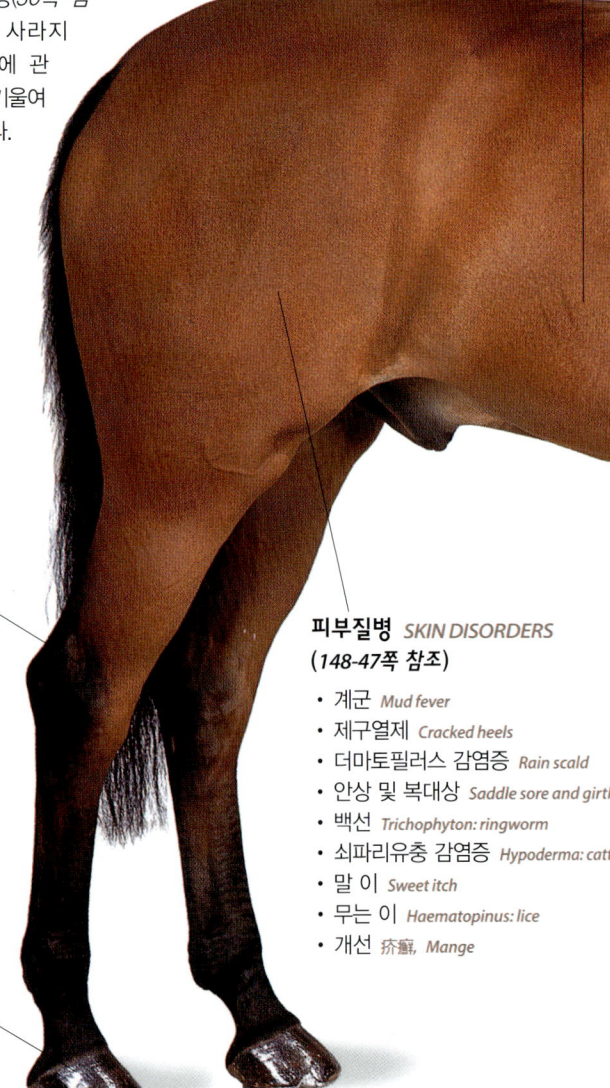

관절 질병 JOINT DISORDERS
(see pp. 140–41)
- 관절 종창 *Puffy joint*
- 환골류와 계골류 *Ringbone and sidebone*
- 구건연종 *Windgall*
- 비절연종(특발성건초염) *Thoroughpin*
- 비절내종 *Spavin*
- 비절후종 *Curb*
- 비절단종 또는 주종 *Capped hock or elbow*
- 슬개골 상방고정 *Patellar fixation*
- 졸자골염 *Sesamoiditis*
- 골연골증 *Osteochondrosis: OCD*

발굽 질병 FOOT DISORDERS
(138–39쪽 참조)
- 제저 타박상 *Bruised sole*
- 제저 티눈 *Corn*
- 제엽염 *Laminitis*
- 의동 *Seedy toe*
- 주상골 증후군 *Navicular disease*
- 제골염 *Pedal ostitis*
- 제저농양 *Abscess in the foot*
- 열제 *Sand crack*
- 제차부란 *Thrush*

피부질병 SKIN DISORDERS
(148–47쪽 참조)
- 계군 *Mud fever*
- 제구열제 *Cracked heels*
- 더마토필러스 감염증 *Rain scald*
- 안상 및 복대상 *Saddle sore and girth gall*
- 백선 *Trichophyton: ringworm*
- 쇠파리유충 감염증 *Hypoderma: cattle grubs*
- 말 이 *Sweet itch*
- 무는 이 *Haematopinus: lice*
- 개선 疥癬, *Mange*

POSSIBLE DISORDERS   자주 발생하는 말의 질병   135

소화기 질병 *DIGESTIVE DISORDERS*
(148–49쪽 참조)
- 산통 *Colic*
- 식도폐색 *Choking*
- 설사 *Diarrhea*
- 중독증 *Poisoning*

눈, 코, 입 질병
EYE, NOSE, AND MOUTH DISORDERS
(144–45쪽 참조)
- 백내장 *Cataract*
- 결막염 *Conjunctivitis*
- 부비동염 *sinusitis*
- 비출혈 *Nosebleed*
- 후낭질병 *Guttural pouch problems*
- 치아질병 *Dental problems*
- 재갈받이 문제점 *Bit problems*

호흡기 질병 *RESPIRATORY DISORDERS*
(154–55쪽 참조)
- 허피스 바이러스 감염증 *Rhinopneumonitis*
- 말 인플루엔자 *Equine influenza*
- 선역 *Strangles*
- 폐렴 *Pneumonia*
- 폐충 *Dictyocaulus: lungworm*
- 후두마비 또는 후두편마비 천명증
  Laryngeal paralysis or hemiplegia: roaring
- 만성 폐쇄성 폐질환
  Chronic obstructive pulmonary disease: COPD

순환기 질병 *CIRCULATORY DISORDERS*
(152–53쪽 참조)
- 빈혈 *Anemia*
- 심장 질병 *Heart problems*
- 탈수 *Dehydration*
- 임파관염 *Lymphangitis*
- 마비성근색소뇨증 *Azoturia*
- 말 바이러스성 동맥염 *Equine viral arteritis: EVA*
- 아프리카 마역 *African horse sickness: AHS*

다리 질병 *LEG DISORDERS*
(142–43쪽 참조)
- 건염 *Sprainde tendon*
- 건초염 *Bowed tendon*
- 무릎 열상 *Broken knee*
- 교돌 *Brushing*
- 추돌 *Overreach*
- 제2, 4중수골 골막염 *Splint*
- 골절 *Fracture*
- 제3중수골 골막염 *Sore shin*

수의사를 불러야 하는 경우
WHEN TO CALL THE VET

아래의 원칙을 숙지하여 수의사를 불러야 할지를 결정한다.

- 통증의 원인 규명이나 치료를 하지 않은 상태에서는 아무리 미약한 통증이라도 말을 24시간 이상 방치하지 않는다.
- 수의사를 부른다는 것은 결코 실패를 인정하는 것을 의미하지 않는다. 수의사는 같은 팀의 일원이며 응급치료를 믿고 맡길 수 있는 조력자이다.
- 경제적인 측면보다는 항상 말의 건강 측면에서 결정해야 한다.

파행 진단 DIAGNOSING LAMENESS

말이 파행을 하면, 걸어갈 때 각각의 다리에 균등하게 체중을 싣지 않는다. 파행은 간단히 치료될 수도 있다. 예를 들면 발굽바닥에서 돌조각을 제거만 해도 치료되는 수가 있다. 또한 말이 못을 밟아서 파행이 발생할 수도 있다. 어떤 경우에는 관절 연골이 닳거나 찢어져서 발생하기도 한다. 통증이 있을 수도 있고 없을 수도 있지만, 수의사의 지시 없이는 파행하는 말을 운동시켜서는 안 된다. 말이 심하게 파행을 한다면 즉시 수의사를 불러야 하고, 파행 정도가 미약한 경우에는 24~36시간 정도 마방에서 쉬게 한 후 다시 검사하여 그때까지도 파행을 하면 수의사를 불러야 한다.

파행 증상 SIGNS OF LAMENESS

비정상적인 행동
Unusual behavior

말이 서 있는 자세를 관찰하면 문제점을 찾아낼 수 있다. 파행하는 말은 아픈 다리를 지면에서 빨리 떼거나 착지하고 쉴 때도 불편하기 때문에 체중을 덜 지탱한다. 또는 평소와는 다른 모습으로 다리를 쉬고 있다.

앞다리를 땅에서 떼어 들고 있는 것은 경고 증상이다. 발에 통증이 있을 가능성이 많다.

파행의 원인 찾기 FINDING THE CAUSE OF LAMENESS

발굽검사기(훕테스터)를 사용하여 발굽 특정 부위에 압박을 하였을 때 통증을 느끼는지 검사한다.

수의사 검사
Veterinary examination

수의사는 파행의 원인과 통증 부위를 정확하게 찾기 위해 국소마취제를 다리의 신경에 주사하여 통증을 억제한 후 파행검사를 하기도 하고, 발굽 바닥을 깎거나 편자를 제거한 후 검사한다.

부은 다리 A "big" leg
말이 파행 증상을 보이지 않는다 하더라도 결코 부은 다리를 간과해서는 안 된다. 부은 다리는 다리에 문제가 있음을 의미한다. 정확한 진단이 나올 때까지는 냉각치료(161쪽 참조)를 하는 것이 좋다.

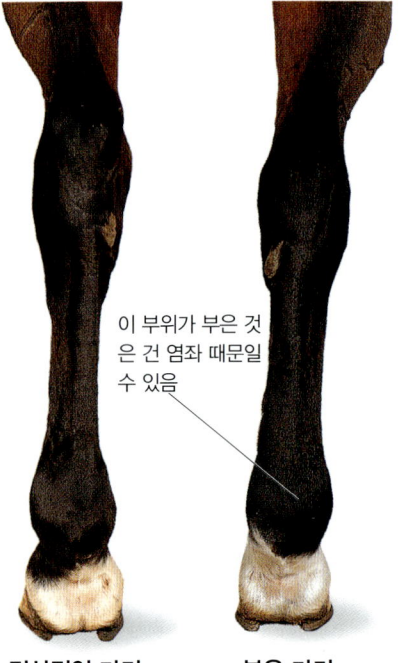

이 부위가 부은 것은 건 염좌 때문일 수 있음

정상적인 다리
Normal leg

부은 다리
Swollen leg

파행하는 다리 찾기 IDENTIFYING THE LAME LEG

수의 검사를 위한 속보
Trotting for the vet

파행은 말이 속보를 할 때 가장 쉽게 나타난다. 왜냐하면 속보 할 때 각각의 다리에 체중이 균등하게 부담되기 때문이다. 견고한 평지에서 말을 속보로 걷게 하면 정상적인 발자국 소리인지 파행하는 발자국 소리인지를 구분할 수 있다. 건강한 말의 발자국 소리는 일정한 반면, 파행하는 말의 발자국 소리는 좀 더 크고 간격이 빠르다. 속보로 똑바로 걸어가고 걸어오는 끌기운동을 하는 동안 수의사는 말의 전면과 후면에서 파행검사를 한다.

30~45cm 정도로 고삐를 여유 있게 잡아 말이 걸을 때 머리의 움직임을 자유롭게 한다.

건강한 다리가 착지할 때 말 머리가 내려간다.

건강한 말 *Sound horse*

파행하는 말 *Lame horse*

건강한 다리 *Good leg*

아픈 다리 *Lame leg*

앞다리의 파행 Lameness in a foreleg

건강한 말이 속보를 할 때는 머리 높이가 대략적으로 일정한 수준을 유지한다. 그러나 한 쪽 앞다리가 저는 말을 속보 시키면 건강한 다리가 착지할 때는 머리가 내려가고 아픈 다리가 착지할 때는 머리가 올라가는 것처럼 보인다.

파행하는 다리 *Lame leg*

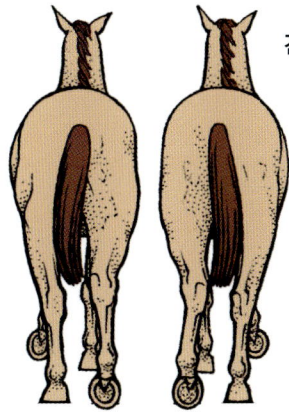
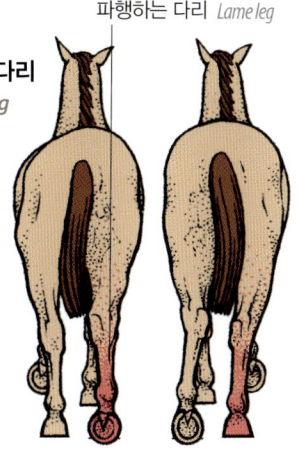

건강한 뒷다리 Sound hind legs

건강한 말에게 속보를 시키면 뒤에서 볼 때 좌우 엉덩이가 일정한 높이를 유지한다. 건강한 앞다리에서와 마찬가지로, 발굽을 지면에서 들어올리는 높이가 좌우 같으며, 이는 착지할 때 양쪽 발굽에 균등하게 체중이 실린다는 것을 의미한다. 발굽들은 지면에 똑바르게 착지한다.

파행하는 뒷다리 Lameness in a hind leg

뒷다리 파행을 하는 말은 속보를 시키고 뒤에서 보면, 말이 뛰는 동안 양쪽 엉덩이의 움직임이 균일하지 않다. 건강한 다리가 착지할 때는 그쪽의 엉덩이가 내려가 낮아진다. 왜냐하면 건강한 다리에 부가적으로 체중을 더 싣기 때문이다. 엉덩이의 움직임은 앞다리 파행에 의한 영향은 덜 받는다.

발굽 질병 FOOT DISORDERS

발굽 질병이 말 파행 원인의 90%를 차지한다. 발굽 질병은 주기적으로 편자를 교체하지 않거나, 과식을 시키는 등 관리 소홀에 기인하는 경우가 대부분이다. 발굽 질병은 동시에 두 개 이상의 발굽에서 발생하는 경우가 많은데, 그 이유는 같은 스트레스 또는 관리 소홀 하에 발굽들이 동시에 노출되기 때문이다. 만일 어느 한 쪽 발굽에 티눈이 생겼다면 다른 발굽에도 티눈이 생기기 쉽다. 파행을 보이는 발굽의 특별한 치료법은 없으나, 파행하는 발굽이 있으면 조만간에 다른 발굽에도 파행이 발생할 수 있다는 점을 주목해야 한다. 그러므로 처음부터 모든 발굽을 잘 점검하고 질병의 정도를 파악한 후 전체적으로 치료하는 것이 바람직하다.

발굽 깎기 Paring the foot
발굽의 제저 부위를 관찰하기 위해 수의사가 부서지거나 변색된 각질을 칼로 제거하고 있다.

발굽 질병 FOOT DISORDERS

증상	원인	치료	예방
제저 좌상 Bruised sole 백선을 둘러싼 제벽층이 변색이 되어 있을 수 있다. 제저를 압박하면 민감하게 반응하며 돌이 많은 지면에서는 파행이 더 심해진다.	딱딱한 물체를 밟았거나 견고한 지면에서 반복적으로 운동한 경우에 발생한다.	염증이 사라질 때까지 휴양한다. 발굽 바닥에 패드를 대어 보호한다.	제저가 얇거나 평평한 경우에는 제저를 보호하기 위해 패드를 부착한다.
티눈 Corn 일반적으로 앞다리에 발생하며 제저좌상이 원인 간헐적으로 파행을 보이며 운동을 시키면 악화된다. 제저지각부를 깎아보면 변색된 표층이 보이며 혈액이 존재하여 분홍색으로 보이기도 한다.	편자가 발굽에 잘 맞지 않게 장착되었거나, 교체할 시기가 훨씬 지나도록 방치하였을 때 발생한다.	변색된 제저 부위를 도려내고 특수편자를 장착하여 착지 충격을 줄여준다.	장제사에게 정기적으로 발굽 손질을 하도록 한다.
제엽염 Laminitis 감각제엽층의 염증으로 두 개 이상의 발굽에 동시에 발병하는 것이 일반적임 말은 제첨부에 체중을 덜 싣기 위해 뒤로 기대어 제종부에 체중을 싣고 서 있다. 급성의 경우에는 걷지 않으려고 하며 발굽에 열감이 있다. *제엽염에 걸린 말이 뒤로 기대어 제종부에 체중을 싣고 서 있다.*	농후사료를 과식했거나, 감각제엽층의 미세한 혈관을 수축하는 독성물질들이 혈관에 유입된 경우 발생한다. 심한 경우에는 제엽층이 괴사되어 제3지골이 제벽에서 분리되어 제저부쪽으로 내려오기도 한다.	수의사를 불러 원인치료를 해야 한다. 말을 충분히 쉬게 한다. 가벼운 증상인 경우는 평보운동을 시킨다. 진통제 또는 진정제를 사용해 통증과 혈압을 낮춰준다. 발굽은 삭제를 해 균형을 맞춰주고 특수편자를 장착한다.	사료급여와 발굽관리에 신경을 써야 한다. 특히 조랑말은 제엽층에 감수성이 높으므로 더욱 세심한 배려가 필요하다.

발굽 질병 FOOT DISORDERS

증상	원인	치료	예방
의동 Seedy toe 발굽의 감염 발굽 감염 부위를 두드리면 아프고, 액상이라기보다는 건조하거나 물렁한 화농이 제첨부부터 백선을 따라 분포한다.	거칠어진 제벽 각질과 길게 자란 제첨부의 발굽에서 잘 발생한다. 걸을 때 발굽 끝에 충격을 받으면서 백선 부위가 벌어지면 병원균이 침투하기 때문이다.	감염된 모든 각질은 반드시 제거해야 한다.	발굽 바닥에 감염원이 될 수 있는 진흙이나 더러운 오물들을 깨끗이 제거한다.
주상골 질병 Navicular disease 주상골과 이를 덮고 있는 심지굴건, 발굽 뒤쪽의 주변조직에서 발생하는 질병으로, 보통은 양쪽 앞다리에서 잘 발생함 초기에는 간헐적인 파행 증상을 보인다. 속보를 시켜도 어슬렁거리고, 넘어지려고 할 때도 있다. 방사선검사로 확진할 수 있다. 주상골염의 방사선 사진	주상골 주변 구조물이 마모되거나 찢어지면서 발병될 수 있으며, 잘못된 장제가 원인일 수도 있다. 이 부위에 혈류공급이 원활하지 않을 경우에 더 악화될 수 있다.	치료적 장제가 필수적이며 혈관을 확장시켜주는 약물을 투여하여 혈액순환을 촉진시킨다. 경우에 따라서는 수술이 필요하다. 난원형 편자 (EGG BAR SHOE)가 발굽 뒤꿈치를 지지한다.	올바른 장제를 통해 주상골 부위 조직의 마모와 찢어짐을 예방한다.
제골염 Pedal ostitis 주상골을 포함한 질병 주상골 질병과 유사하다.	독립된 질병이라기보다는 주상골 질병으로 진행되는 과정의 한 단계라고 할 수 있다.	주상골 질병 참조	주상골 질병 참조
발굽농양 Abscess in the foot 심한 파행 증상-발굽농양이 있는 말은 땅에 발 딛기를 하지 않으려고 한다.	발굽의 제저에 상처가 발생하여 안쪽으로 병원균이 침투하여 발생한다. 농양이 형성되면 배출되지 않기 때문에 외부에서 압력을 가하면 통증이 심해진다.	수의사는 농양이 쉽게 배출될 수 있도록 충분한 크기로 배출구를 만든다. 항생제를 투여하고, 배농에 도움이 되도록 발굽바닥에 습포제를 도포한다.	발굽을 주기적으로 점검한다.
열제 Sand crack 제벽의 갈라짐 일반적으로는 수직으로 짧게 갈라지지만, 방치하면 더 길게 갈라진다. 만일 열제가 제관부까지 도달하면 정상적인 발굽으로 성장할 수 없다. 열제가 감각조직까지 도달하면 파행을 한다. 제관부까지 갈라진 열제	건조한 각질은 착지 충격을 완충하지 못한다. 매우 건조한 상태의 각질은 열제가 쉽게 발생한다.	가능한 한 조기에 열제가 확장되는 것을 막아야 한다. 열제의 위쪽 끝부분에 갈라진 열제의 깊이 만큼 수평으로 홈을 파주면 더 확장되는 것을 막아준다. 심한 경우에는 각질의 일부를 잘라내고 아크릴 인조 각질을 부착하여 열제가 더 벌어지는 것을 막아준다.	바이오틴과 메치오닌이 함유된 보조사료를 급여하면 양질의 각질이 생성된다.
제차부란 Trush 제차의 감염 제차 부위에 각질이 검게 변색되고 썩은 냄새가 심하며 습기가 축축하다. 심해지면 파행을 한다.	더럽고 배수가 불량한 마방이나, 진흙탕에 오래 방치되어 서 있는 말에서 발생한다.	감염된 모든 각질을 반드시 제거하고 남은 제차 부위에 항생제를 분무하거나 포르말린 희석액을 도포한다.	마방을 깨끗이 청소하여 청결한 깔짚 상태를 유지한다. 정기적으로 발굽을 점검한다.

관절 질병 JOINT DISORDERS

관절을 이루는 중요한 세 가지 요소는 연골, 골, 활액(관절운동을 원활하게 하는 윤활유 역할과 연골에 영양분을 공급하는 역할) 등을 들 수 있다. 관절에 영향을 미치는 질병들은 유사성이 있다. 이들 질병은 최근까지 관절염이라고 통칭해왔으나, 이제는 퇴행성관절염 또는 DJD라고 분류한다. 퇴행성관절질병의 결과로 신생골이 형성되고 관절 주변의 골밀도가 감소한다. 이런 변화는 방사선 검사로 쉽게 관찰된다. 관절연골의 손상은 연골 아래의 골이 노출되며 심한 통증을 느끼게 한다. 염증이 진행되면 불량 활액이 다량 만들어지고 그 결과로 관절이 부어오른다.

관절 질병 JOINT DISORDERS

증상	원인	치료	예방
관절 부종 Puffy joint 관절이 부어있으나 파행을 보이지도 않고 통증도 없다.	지속적인 연골의 마모와 찢어짐으로 이를 보상하기 위해 활액이 증가되어 발생한다.	대부분의 경우 별도의 치료가 필요하지는 않으나, 장기적인 휴식을 시켜야 한다.	정기적으로 적당한 운동을 시킨다. 너무 가벼운 운동이나 격렬한 운동은 삼간다.
환골류 및 지골류 Ringbone and sidebone 관절질병, 보통 늙은 말에서 발생 파행을 보이며 방사선검사를 하면 지골 주변에 다량의 신생골이 관찰된다.	관절의 반복적인 충격으로 연골의 마모 및 찢어짐 등이 원인이다. 예) 견고한 노면상에서 장시간 노역	뚜렷한 치료방법은 없으며, 진통제를 투여하면 파행이 사라진다. 신생골이 관절 내에서 발생한 것이 아니면(비관절성 환골류) 시간이 지나면 호전될 수 있다.	어린 말에게 장시간 무리한 운동을 시키지 않는다.
구건연종 Wind puff 과다한 활액의 생성 구절 뒤쪽 바로 윗부분이 볼록하게 부어있고 만지면 말랑말랑하다. 쉬고나면 더 부어있는데 파행은 하지 않는다. 구건연종	구절의 마모 및 열상에 기인한다.	치료가 필요치는 않음	훌륭한 체형의 어깨와 발목을 가진 말에서도 발생하기는 하지만, 가능한 한 바른 체형의 말이 질병 발생을 예방하는데 도움이 된다.
비절연종 Thoroughpin 과도한 활액 생산 비절 끝 바로 윗부분의 뼈와 건 사이에 말랑말랑한 종창이 발생한다. 비절연종	비절에 무리를 주어 접질리거나 비틀림 충격으로 발생한다.	치료가 필요치는 않음	훌륭한 비절 지세가 질병 발생을 줄일 수는 있지만 특별한 예방책은 없다. 무리한 운동을 자제해야한다.

관절 질병 JOINT DISORDERS

증상	원인	치료	예방
비절내종 Spavin 뼈가 커짐 어느 한 쪽의 뒷다리에서 파행을 보이거나, 간혹 양측에서 모두 파행을 나타내기도 한다. 경우에 따라서는 비절 내측 아래쪽에서 딱딱한 뼈가 자란 것이 보인다.	퇴행성관절염의 한 유형으로 비절 내에 작은 뼈 부스러기들이 원인이다.	필요시 진통제를 사용하면서 운동을 실시하면 통증 없는 골간융합이 될 수 있다. 치료 장제를 하면 파행을 감소시킬 수 있다.	훌륭한 비절 지세가 질병 발생을 줄일 수는 있지만 특별한 예방책은 없다. 무리한 운동을 자제해야 한다.
비절후종 Curb 척측인대의 염증으로 비후 뒤쪽에서 볼 때 딱딱하게 부어있으며, 파행이 있기도 하고 없기도 하다.	비절의 과도한 굴신작용으로 뼈들을 연결하는 인대가 당겨져 염증이 생긴 것이다.	치료가 필요치는 않음	깔짚을 충분하게 깔아준다. 비절부츠를 신긴다. 특히 운송 중에는 여행용 부츠를 신긴다.(197쪽 참조)
비절단종, 주종 Capped hock or elbow 관절의 종창 비절 끝 또는 주두돌기에 차갑고 통증이 없는 종창이 발생한 것이다. 최근 발생한 외상에 기인한 것은 따뜻한 열감이 있고 말랑말랑한 느낌이 든다. 파행은 있기도 하고 없기도 하다.	뒷발차기 등으로 인해 발생하기도 하나, 종종 부족한 깔짚으로 말이 누울 때 돌출한 관절 부위에 마찰과 외상이 원인으로 발생한다.	주상골 질병 참조	주상골 질병 참조
슬개골상방고정 Patellar fixation 슬관절 고착 현상 뒷다리가 뒤로 뻗은 채로 단단히 경직되어 다리를 구부릴 수가 없다. 이런 증상은 운동중에 종종 발생하며, 슬관절 부위에 외상이 발생한 후에 발생하기도 한다.	슬관절이 고정된 채로 걷지 못하게 되는 것은 슬관절 인대 중 어느 한 인대가 짧아졌기 때문이다. 이는 불균형적인 사양관리와 관계가 있다.	말이 안정된 상태라면 슬관절을 부드럽게 마사지하여 고정된 상태를 이완시킬 수 있다. 수술로 짧아진 인대를 잘라내어 재발병을 예방할 수는 있다.	없음
종자골염 Sesamoiditis 종자골 질병 구절 뒤쪽에 통증을 나타내는 부종이 있다.	일반적으로 구절 내 관절의 마모와 상처로 발생하지만, 종자골 위아래에 부착된 인대의 당김으로 발생하기도 한다.	소염제를 투여하며 장기적인 휴양을 시킨다.	정기적으로 삭제를 하여 발굽의 형태가 제첨은 길고, 제구는 짧은 형태가 되지 않도록 한다.
골연골증 Osteochondrosis(OCD) 어린 말의 골성 질병 마방에서 밤새 서 있던 말에서 갑자기 파행을 보인다. 골연골증은 슬관절, 비절, 구절 등 여러 관절에서 발생하며 활액의 증가로 관절낭이 종창된다.	관절연골이 부서져 파행한다. 6~12개월령 말에서 연골이 취약하다. 무리한 운동이나 훈련으로 취약한 연골이 부서지면서 파행이 시작된다.	관절경 수술로 관절 내에 부서진 연골과 뼛조각을 제거한다.	없음

비절단종

뒷다리가 경직된 모습

다리 질병 LEG DISORDERS

말이 운동할 때는 다리의 뼈와 건, 인대에 많은 물리적 스트레스가 가해진다. 예를 들면 습보로 전력질주 할 때 모든 체중과 운동가속도가 한 다리에 집중되기 때문에 스트레스를 가중시킨다. 다리에 발생한 질병은 오랜 치유기간이 필요하다. 왜냐하면 말이 아픈 다리를 전혀 딛지 않고 오래 서 있을 수 없으므로, 질병에 걸린 다리를 완전하게 휴식할 수 없기 때문이다.

레이저 치료 Laser treatment
수의사는 다리 상처 부위에 레이저 치료를 하기도 한다. 레이저 치료는 빛에너지를 이용해 말의 자연적 항염증작용기전을 자극한다.

다리 질병 LEG DISORDERS

증상	원인	치료	예방
급성건염 Sprained tendon 관골의 뒤쪽 긴 굴건에 발생하는 건염좌 건이 비후되고, 건을 둘러싼 건초는 부어오르고, 열감이 있다. 말은 심한 통증을 보이고 아픈 다리에는 체중을 싣지 않는다. 건 섬유가 끊어진 곳은 검은색으로 나타나고, 치유되면서 정상 밀도로 회복됨 건염좌 초음파 사진	빠른 속도의 운동 또는 과도한 탄력으로 감은 붕대가 원인이다.	발병 즉시 건에 냉찜질을 한다. 마사로부터 먼 곳에서 발생되었다면 운송수단을 불러야 한다. 아픈 다리와 건강한 다리 모두에 지지붕대를 감는다. 외상 초기에는 마방에서 충분히 쉬도록 한다. 부종이 완화되면(10~14일 경과) 하루 두 번씩 10~15분 정도 평보운동을 시킨다. 심한 경우에는 재기승까지 6~12개월이 걸릴 수 있다. 레이저치료나 초음파치료로 염증을 완화하며 소염제를 투여한다.	말이 건강하지 않거나 피곤한 상태에서는 힘든 운동을 시키지 말아야 한다. 굴건이 부어오르면 이를 간과해서는 안 된다. 제첨부가 길고, 제종부가 낮은 굽은 굴건이 더 당겨지게 되므로 정기적인 삭제를 해야 한다.
만성건염 Bowed tendon 영구적으로 종대된 건 굴건이 단단한 상태로 부어오른 것인데, 파행은 하지 않는다.	건염이 발생되어 오래 방치된 결과이다.	뚜렷한 치료방법은 없으며, 치료하기에 너무 늦었음. 만성건염으로 활처럼 튀어나온 건은 정상적인 건보다 탄력성이 약하므로 운동 시 주의가 필요하다.	건 염좌 참조
완관절 열창 Broken knee 완관절의 외상 완관절 전면부의 개방성 창상을 의미한다.	운동을 하다가 견고한 지면에 말이 무릎을 꿇으며 발생한다.	상처 부위를 깨끗이 닦아내고 포대를 한다. 피부 결손 부위가 너무 큰 경우에는 치유가 오래 걸리고 흉터도 남게 된다.	견고한 지면상에서 운동할 때는 주의해야 한다. 운동 시 무릎보호 부츠를 사용한다.(179쪽 참조)

다리 질병 LEG DISORDERS

증상	원인	치료	예방
하부추돌 Overreach *자해* 앞다리 제구 또는 발목 뒤쪽에 수평으로 찢어지거나 둔상이 발생하며, 심한 경우에는 굴건이 절단되기도 한다.	운동 중에 뒷다리 발굽이 앞다리를 차면서 발생하는 것인데, 보행동작의 부조화, 불균형적인 체형, 장제 오류 등이 원인이다.	상처는 깨끗이 닦고 포대를 한다. 심한 상처는 봉합한다. 상처가 치유되기 전에는 운동을 하지 말아야 한다. 감염되면 치유가 늦어지므로 감염 예방을 하고 항생제를 투여한다.	원인을 찾아 제거한다. 운동 전에 추돌방지 부츠를 착용한다. (*196쪽 참조*)
상부추돌 Strike *자해* 하부추돌과 비슷한 원인으로 발생하여 좀 더 다리 위쪽에 외상을 입는 것으로 건이 잘리는 경우도 있다.	하부추돌 참조	하부추돌 참조	하부추돌의 경우와 같으며, 건 보호 부츠를 착용한다. (*196쪽 참조*)
제관손상 Step *자해* 제관부의 상처	자기 자신의 발로 옆에 있는 발굽 제관 부위를 밟거나, 다른 말에게 밟힌 경우에 발생한다.	하부추돌 참조	운송 중에 다리를 보호하도록 부츠를 착용한다. (*197쪽 참조*)
하부교돌 Brushing *자해* 구절 내측이나 제관 내측 부위에 발생하는 상처	반대측 발굽이 보행 시 스치면서 발생한다.	하부추돌 참조	하부추돌의 경우와 같으며, 교돌방지 부츠를 착용한다. (*196쪽 참조*)
상부교돌 Speedicut *자해* 완관절이나 비절 내측에 발생한 상처	반대측 발굽의 제첨부에 채여서 발생한다.	수의사의 조언을 참조한다. 수의사 조언 없이 기승하는 것은 위험하다.	수의사의 조언에 따른다.
관골류 Splint 관골면에 형성된 신생골 명확한 원인 없이 파행을 보이는 경우, 간혹 관골 내측에 딱딱하게 튀어나온 것을 볼 수 있으며, 조기에는 통증을 수반한다. *관골류*	운동중 관골에 가해지는 반복적인 스트레스가 원인이다. 신생골의 성장은 관골의 벽면을 강화시킨다.	냉습포, 소염제 처치가 염증을 완화시킨다. 대부분의 관골류는 휴식과 함께 시간이 경과되면 치유된다. 딱딱한 골류가 남아 있어도 큰 문제는 없다.	없음
골절 Fracture 뼈가 부러진 것 극심한 통증을 보이며, 아픈 다리를 움직이지 못한다. *골절된 다리*	상당한 힘이 원인이며, 습보 중에는 다리에 걸리는 부중이 크기 때문에 다른 특별한 원인 없이도 골절이 발생할 수 있다.	비절, 완관절 및 그 이하 부위 골절은 치료가 가능하다. 그러나 그 이상의 부위의 골절이거나 뼈가 밖으로 튀어나온 경우에는 안락사가 추천된다.	없음

눈, 코, 입 질병 EYE, NOSE & MOUTH DISORDERS

야생상태의 말에게는 감각기관에 질병이 발생하면 심각한 약점이 된다. 가축화된 말은 사람이 손상된 감각기를 보호해 줄 수 있으므로 그렇게까지 심각한 문제는 아니다. 예를 들면, 사람이 사육하는 경우, 말은 좋은 사료와 나쁜 사료를 구분할 필요가 없고, 사료를 찾아다니지 않아도 된다.

말은 눈꺼풀의 근육이 다른 동물에 비해 훨씬 강력하다는 것은 흥미로운 일이다. 말은 눈꺼풀을 아주 빠른 속도로 닫을 수 있기 때문에 수목이 우거진 곳에서도 달리면서 나뭇가지에 의한 상해로부터 안구를 보호할 수 있다. 그러므로 말의 눈에 연고제나 안약을 넣기는 쉬운 일이 아니다.

눈 검사 *Inspecting an eye*
수의사는 검안경으로 안구 내부를 관찰할 필요가 있다. 검안경에는 돋보기가 내장되어 있고, 안구 내부에 빛을 비추는 기능도 있다.

눈, 코, 입 질병 EYE, NOSE, MOUTH DISORDERS

증상	원인	치료	예방
백내장 *Cataract* 눈의 수정체 퇴행성 변화 백내장의 초기 증상으로 어느 한 쪽에서 접근하는 사람이나 위험 물체를 식별하지 못한다. 특정한 조명에서 눈에 구름이 낀 것 같거나, 흰색으로 보이기도 한다. *수정체를 통해 빛을 통과시키지 못하고 오히려 빛을 반사하는 백내장*	대부분의 백내장은 나이를 먹으면서 발생한다. 어떤 경우에는 유전적인 원인으로 망아지에서 발생하기도 한다.	수술을 통해 눈에서 수정체를 제거한다. 이런 시술을 통해 자세히 볼 수 있는 시력은 상실하지만, 어느 정도 시야는 확보된다. 기타 다른 치료법은 도움이 되지 않는다.	없음
결막염 *Conjunctivitis* 결막의 염증 안구를 둘러싼 점막이 붉게 변하며 부어오른다. 대부분 눈에서 분비물이 나오는데, 처음에는 수양성(물과 비슷한 형태)이나 점차 농성(고름과 비슷한 형태)으로 변화된다. *감염된 결막*	미세한 깔짚 조각이나 샴푸 등 자극성이 있는 이물질이 눈으로 들어갔거나 병원균 감염이 결막염을 유발한다.	눈에 있는 이물질을 제거한다. 각막에 손상이 있지 않은 한, 스테로이드 안연고로 염증을 완화시킬 수 있다. 항생제를 투여하여 염증을 치료한다.	없음

눈, 코, 입 질병 EYE, NOSE, MOUTH DISORDERS

증상	원인	치료	예방
부비강염 *Sinusitis* 부비동의 염증 부비동으로부터 비강으로 농이 배출되고, 그 콧구멍에서 콧물이 나온다. 부비동을 손가락으로 두드리면 둔탁한 소리가 들린다. *말의 두개골 왼쪽 부비동에 질병이 있는 경우의 콧물 사진*	어금니의 치근이 부비동 속까지 이르기 때문에 치근에 의한 농양이 가장 일반적인 원인이다.	부비동에 축적되는 모든 농은 반드시 배액시켜야 한다. 부비동 속까지 침투한 이빨을 뽑아주면 배액이 촉진되기도 한다.	정기적으로 이빨 검사를 해, 치근에 농양 발생을 예방한다.
비출혈 *Nosebleed* 호흡기의 어느 곳에서든지 이상이 있는 경우, 출혈이 될 수 있으며, 콧구멍을 통해 출혈이 발생한다. *좌측 콧구멍에서 출혈*	무리한 운동을 하는 동안 폐에서 출혈된 것이 비공을 통해 배출된다. 콧속에 종양이 있는 경우은 콧구멍에서 많은 양의 혈액이 배출된다.	출혈량이 많지 않은 경우는 말이 진정되도록 안정시키면 지혈된다. 지혈 후 원인을 찾아 치료한다.	신선한 공기를 마시고, 무리한 운동을 하지 않는 것이 폐출혈을 감소시킬 수 있다.
후낭질병 *Guttural pouch problems* 내이로부터 목구멍 뒤쪽에 이르는 통로에 개구한 커다란 주머니의 질병 귀 바로 밑 피부 아래에 부종이 있고, 턱 뒤까지 이른다. 주머니 속에는 피 또는 농이 있고 목구멍을 통해 배출된다.	후낭 속에서 감염이 발생한다. 후낭을 통과하여 뇌에 이르는 큰 동맥이 파열될 수 있다.	치명적일 수도 있는 출혈을 막기 위해서는 수술이 필요하다.	없음
치아질병 *Dental problems* 말의 능력이 저하될 수 있으며, 재갈의 압박을 싫어할 수 있다. 채식 중에 씹지 않은 사료를 떨어뜨리거나 채식을 중단하기도 한다.	농양으로 인해 치통이 발생한다. 상악의 어금니 외측과 하악의 어금니 내측이 날카로워져 이것이 뺨과 혀에 상처를 내기도 한다.	날카롭게 변한 이빨을 갈아주어야 하며, 이빨을 뽑으려면 수의사를 불러야 한다. 어금니 앞에 난 작은 낭치가 재갈받이를 안 좋게 하면 뽑아야 한다.	적어도 1년에 한 번은 이빨 검사를 한다.
재갈받이 문제점 *Bit problems* 기승 시 말이 어느 한 방향으로는 가지 않으려 하고, 그 방향으로 가라는 고삐 지시에 머리를 들어 거부를 하기도 한다. 어금니 바로 앞 잇몸에 상처가 있거나 궤양이 있기 때문이다.	어떤 말은 입이 매우 예민하기도 하지만, 대부분의 이런 문제점은 재갈이 제대로 맞지 않아서 발생한다.	일정 기간 동안 기승을 중지하고, 재갈이 말 입에 잘 맞는지 점검한다. 가능하면 말 입에 자극이 심하지 않은 재갈을 사용한다.	매번 기승할 때마다 재갈을 주의 깊게 점검하도록 한다.

피부 질병 SKIN DISORDERS

피부 질병은 장기간 관리소홀이 원인인 경우가 많기 때문에 발병 시점을 판단하기는 쉽지 않다. 많은 피부병들은 유색 털의 피부에서보다 흰색 털의 피부에서 잘 발병된다. 어떤 말은 매우 두꺼운 피모를 가지고 있으며 겨울철에는 특히 더 두터워 진다. 이런 현상은 질병을 감추고 감염균이 증식하는 데 좋은 환경이 되기 때문에 말을 손질할 때는 말의 피모를 주의 깊게 살펴야 한다. 말마다 각각의 손질도구를 사용해야 질병이 다른 말에게 전파되지 않는다는 것은 아무리 강조해도 지나치지 않다. 담요와 마의도 마찬가지로 따로 사용해야 한다. 털을 깎을 때는 삭모기 날이 살균되어 있는지 확인하고 사용해야 한다. 피부 질병이 있는 주변의 털은 삭모하는 것이 좋다. 털을 깎고 보면 환부의 상태를 알 수 있고, 어떻게 효과적으로 치료해야 할지를 판단할 수 있다.

피부 질병 SKIN DISORDERS

증상	원인	치료	예방
계군 진흙열:Mud fever 피부에 가피(딱지)가 형성되고 매우 민감해진다. 보통 다리 발목과 구절에 잘 발생하는데 복부까지 번지기도 한다. 다리가 부어오르는 경우도 있다. 발목 뒤에 가피가 형성된 모습(치료 후)	습기가 많은 환경에서 피부가 물러지거나, 건조한 환경에서 피부가 갈라지는데, 그때 더마토필로스 콩골렌시스(Dermatophilus congolensis)가 침투하여 감염증을 유발한다. 가피는 아래에 있는 세균을 보호한다.	가피를 제거함으로써 감염부를 공기에 노출시킨다. 일반적으로 피모가 가피를 안정화시키는 역할을 하므로 감염부 전체를 반드시 삭모한다. 소독 샴푸는 가피를 연화하고 항생제 크림은 감염균을 살상한다. 항생제 주사도 필요하다.	발목과 구절 부위를 청결하고 건조한 상태로 유지한다. 만일 진흙을 닦아내야 한다면 그 부위를 완전히 건조시켜야 한다. 감염된 세균을 소독한 후, 바셀린(Petroleum jelly)을 발라 피부 습기를 유지시킨다.
제구열 Cracked heels 계군의 한 유형 발목 뒤에서 삼출물이 흘러나오는 상처로서 가피가 점차 커진다. 흰색 털의 발목에서 잘 발생한다.	계군 참조	계군 참조	계군 참조
더마토필러스 감염증 Rain scald 계군과 유사한 감염증 전신에 작은 가피가 형성되고 털이 뭉쳐진다. 비가 오거나 축축한 환경에서 잘 발생한다. 가피 형성 모습(치료 후)	더마토필러스 감염에 의하며, 젖은 피모를 따라 급격하게 번져 나간다.	삭모가 가능하지는 않더라도 계군과 치료방법은 마찬가지이다.	방목장에 비를 피할 수 있도록 피난처를 만든다.
안상, 복대상 Saddle sore, girth gall 기갑 피부가 벗겨진 상처 안장을 얹거나 복대끈을 조이는 부위의 피부에서 염증이 발생하고 피부가 벗겨진다.	마구가 바르게 장착되어 있지 않았거나, 안장 또는 복대끈 밑에 이물질이 있어 피부를 문지르면서 발생한다.	원인을 제거하고, 피부상처가 나을 때까지는 기승하지 않는다.	안장 및 복대 채울 부위가 깨끗한지 확인하고 적절하게 장착한다.

피부 질병 SIKIN DISORDERS

증상	원인	치료	예방
백선 *Ringworm* 진균(곰팡이)감염증 신체 어디서나 전형적으로 둥근 탈모부위가 생기거나 각질이 형성되며 피모가 덥수룩하게 보인다. *눈 주변에 백선 각질이 형성된 모습*	곰팡이가 모근을 악화시키면서 피모가 떨어져 나간다. 감염증은 손질도구와 마구를 통해 전염되거나 마방 또는 목재 표면을 통해서도 전염된다. 소가 중간숙주인 경우도 있다.	피모가 다시 자라나기까지 일정기간 전에 써야 하기는 하지만 곰팡이를 없애는 특별한 항진균제가 있다. 시일이 경과함에 따라 말은 감염증에 대하여 면역성을 가진다.	곰팡이 포자는 여러 날 동안 살 수 있다. 마구나 손질도구를 사용하기 전에 질병부위 표면을 항진균제로 치료해야 한다. 감염된 소가 있으면 말을 격리시켜야 한다.
쇠파리 유충 감염증 *Hypoderma* 겨울철에 말 등의 척추 근처에서 둥글게 부어올랐다가 봄이 되면 중심부에 구멍이 생긴다.	쇠파리가 말 다리에 알을 낳는 것이 원인이다. 쇠파리 유충은 피부를 뚫고 들어가 말 등으로 올라가 성장하기 때문에 해당 부위가 부어오르게 된다. 어떤 유충은 상당기간 그 자리에 머무르기도 하지만, 봄이 오면 성충 파리로 변해 밖으로 나온다.	이버멕틴(Ivermectin)을 사용하면 쇠파리 유충을 죽일 수는 있지만 딱딱한 혹덩어리는 외과적으로 절제해내야 한다.	없음
곤충 기인성 알러지 *Sweet itch* 여름철에 말갈기와 꼬리털이 빠지거나 피부가 벗겨지고 삼출물이 흘러나온다. *곤충 기인성 알러지로 인해 짧고 부스러진 피모*	곤충에게 물린 자리가 곤충타액으로 인해 알러지 반응을 보여 갈기와 꼬리를 문지른다.	알러지에 대한 치료방법은 없으며, 벤질 벤조에이트(Benzyl benzoate) 로션을 이용하면 가려운 피부가 진정된다. 칼라민(Calamine) 로션도 진정효과가 있다.	곤충이 활동하는 시기인 저녁 및 아침시간에는 말을 마방 내에 있게 한다. 말의 피부와 마방을 파리퇴치제로 닦는다.
말 이 *Lice* 겨울철에 상당히 넓은 부위의 피모가 빠져 벌거숭이가 된다. *문질러서 피모가 떨어져 나간 모습*	말 이가 물거나 피부를 자극하여 말 스스로 문질러 피모가 빠진다. *말 이: 물거나 피 빨기 좋도록 발달된 모습*	이버멕틴(Ivermectin)을 반복적으로 투여한다.	증상을 보이던 보이지 않던 간에 말 이에 노출된 말은 반드시 치료한다.
개선 *Mange* 작은 진드기로 인한 염증 일반적으로 아래쪽 다리에 질병이 많이 발생하며, 매우 자극성이 강하다. 말은 발을 구르거나 다리 아래 부위를 문지르려고 한다.	진드기가 무는 것이 원인이며, 몇 몇 개선 진드기가 있다.	벤젠 헥사클로라이드(Benzene hexachloride, BHC) 샴푸가 효과적이다.	말 이 참조

소화기 질병 DIGESTIVE DISORDERS

말의 소화기는 선천적으로 취약한 점이 몇 가지가 있다(29쪽 참조). 이는 말이 소화기 질병이 발생할 확률이 높다는 것을 의미하며, 그 중 가장 큰 문제는 바로 산통이다. 산통에는 장폐색, 장경련, 변위 등 세 종류가 있다. 장폐색은 장관 내 어느 부위에서 내용물이 흘러가지 못하고 정체된 것이다. 폐색이 일어난 곳 하부의 장관내용물은 남아있기 때문에 장폐색 초기에는 배변이 가능하다. 통증은 심하지 않으나 지속적으로 불편함을 느끼기 때문에 아픈 쪽을 바닥에 대고 누워 움직이지 않으려고 한다. 장폐색은 처음 먹어보는 섬유질 사료를 먹었을 때 종종 발생하며, 조충의 감염과 관련되어 발생하기도 한다. 경련산은 질병명칭에 함축되어 있듯이 통증이 오락가락한다. 통증은 일반적으로 과도한 장 운동과 관계가 있으며, 일시적으로 어떤 변화로 인해 말에게 혼란을 주었을 때 발생한다. 물리적 변위는 장이 꼬여 발생하는 경우가 많다. 소화기의 어느 특정부위가 완전히 변위되면 그 결과 장관의 압박에 의해 질병 부위로 가는 혈류가 막히게 된다. 장의 일부분 앞쪽으로 꼬이는 현상은 비교적 흔치 않다. 통증이 매우 극심하여 말이 쇼크 상태에 빠질 수 있다. 수술이 유일한 해결방법일 수 있다. 말이 좌우로 구르는 것은 장 변위 증상인데, 구른다고 해서 장이 변위되는 것은 아니다.

소화기 질병 DIGESTIVE DISORDERS

증상	원인	치료	예방
산통 - 복통 Colic 산통 발병 초기에 산통임을 인지하는 것이 중요하다. 산통에 걸린 말은 먹는 것을 중단하고, 자신의 옆구리를 자주 돌아본다. 복부가 팽창하기도 한다. 그 후 말은 앞다리로 땅바닥을 긁거나 뒷다리로 자신의 옆구리를 차기도 한다. 통증이 더 심해지면 말은 바닥에 눕는다. 급성통증인 경우에는 말이 좌우로 구르기를 반복하면서 누구에게도 관심을 보이지 않는다. 맥박은 분당 60~80회로 상승한다.	산통의 원인은 매우 다양하다. 소화관 여러 곳에서 산통이 발생하지만 증상은 유사하게 나타난다.	즉각 수의사에게 연락하고, 말은 마방 내에 있게 한다. 말이 구르기 시작하면 가능한 한 깔짚을 두껍게 깔아준다. 따뜻한 밀기울 죽을 먹여본다. 말을 끌고 지속적으로 원운동을 하는 것은 바람직하지 않다. 이는 산통 회복에 아무런 영향을 미치지 않는다. 오히려 말을 일찍 지치게 할 뿐이다. 다만 부적당한 곳에서 말이 구르는 것을 방지하기 위해서는 일시적으로 필요한 조치이다. 말에게 물약을 먹이려고 해서는 안 된다. 통증이 심해 삼킬 수도 없거니와 잘못하면 약물이 폐로 넘어갈 수 있기 때문이다.	일정한 양의 사료를 정기적으로 급여한다. 적절한 사양체계(124쪽 참조)를 따르고 사료를 바꿀 때는 7~10일 이상의 기간을 두고 점진적으로 바꾸어 나가야 한다. 광범위 구충제 투여 프로그램(150쪽 참조)을 적용하고, 정기적으로 말 이빨을 점검하여 문제를 해결해 줘야 한다.

말이 앞다리로 바닥을 긁어대는 모습 - 전형적인 산통 증상

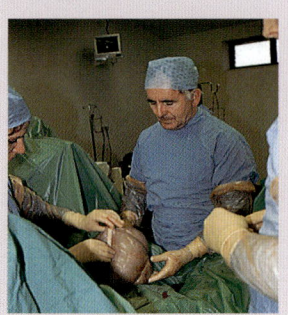

산통 증상 완화를 위한 수술

소화기 질병 DIGESTIVE DISORDERS

증상	원인	치료	예방
식도폐색 Choking 식도에 음식물이 걸린 상태 말이 몹시 불안해하며, 다량의 거품 섞인 타액이 콧구멍과 입으로 흘러나온다. 말은 먹거나 마실 수가 없으며, 왼쪽 목에 볼록 튀어나온 것이 보인다. *식도폐색으로 인해 타액이 코와 입으로 흘러나오는 모습*	큰 사과 덩어리나 당근과 같은 것이 식도 폐색의 일반적인 원인이다. 물에 적시지 않은 사탕무도 목에 걸릴 수 있는데, 이는 물과 만나면 부피가 빨리 증가하기 때문이다. 분비된 타액은 폐쇄부 이하로 넘어갈 수 없으므로 밖으로 넘쳐 흘러나오게 된다.	부풀어 오른 부위를 부드럽게 마사지하여 정체된 물질이 넘어갈 수 있도록 도와준다. 수의사는 말의 기관으로 넘어갈 수도 있는 타액을 제거하기 위해 위관을 사용할 수도 있다.	사료를 적절한 크기로 잘라 급여한다.(127쪽 참조)
설사 Diarrhea 묽은 변을 배출하는 것을 말하며, 소똥 정도부터 갈색물까지 다양한 형태로 나온다. 설사가 한두 시간 이상 계속되면 말이 탈수가 된다. 만일 설사가 수일 간 계속되면 체중감소가 진행된다. *설사로 인해 체중감소가 진행된 말*	다양한 원인이 있다. 살모넬라와 같은 세균감염, 중증의 기생충감염, 봄철의 청초 등이 설사의 원인이 될 수 있다. 질병에 의해 장벽이 손상되면 장으로부터 수분흡수가 중단되어 설사를 하게 된다. 스트레스나 과도한 흥분 또한 설사의 원인이 될 수도 있다.	반드시 원인을 찾아내고, 그에따라 적절히 치료해야 한다. 특수 전해질(염분 등) 첨가제를 사용하며 탈수를 방지한다. 코데인(Codeine)이 설사를 멈추는데 효과적일 수 있다.	정기적으로 기생충 구충제를 먹이고, 심한 스트레스를 받지 않도록 한다.
중독 Poisoning 많은 독성물질들이 경증의 변비로 시작되어 설사증으로 발전하는 원인이 된다. 심한 중독증의 경우 말이 극도로 위험한 상황에 처할 수도 있다.	말이 독성식물(94쪽 참조)을 먹었거나 청초에 함유된 많은 독성화합물을 섭취했을 경우에 발생한다. 독성물질은 폐기된 건전지의 납으로부터 옥수수 종자처리 수화제에 이르기까지 다양하다.	섭취된 독성물질을 소화기에서 빨리 배출시키기 위해서는 말에게 밀기울죽이나 파라핀액을 먹인다. 해독제가 거의 없으므로 독을 치료한다기보다는 증상완화 목적으로 치료한다.	정기적으로 방목장을 점검하고, 독성식물과 내버려진 잡동사니들을 제거한다. 화학약품을 마사 근처에 두지 않도록 한다.

내부 기생충 INTERNAL PARASITES

기생충과 말의 기본적인 관계는 기생하는 성충이 말의 소화관 내에서 통과하는 장내용물을 주변환경으로 살아간다는 것이다. 기생충은 흘러가는 사료와 물에 의해 말의 몸 밖으로 휩쓸려나가지 않기 위해 장벽에 붙어 있다. 말을 죽게 하는 것은 기생충이 원하는 것이 아니다. 왜냐하면 말이 죽으면 기생충 자신도 죽게 될 것이기 때문이다. 따라서 야생에서 말이 돌아다니는 광범위한 지역의 기생충들 중에는 말에게 치명적인 기생충은 거의 없다. 오히려 말이 지속적으로 풀을 뜯는 제한된 좁은 지역, 예를 들면 방목장 같은 곳에서 가축화된 말이 삼키게 되는 어떤 기생충들은 말에게 대단히 치명적일 수가 있다.

기생충의 성장 DEVELOPMENT OF THE WORM

방목장의 기생충 Worms of pasture

충란이나 유충이 붙어있는 목초는 시한폭탄 같아서 말이 그 목초를 뜯어먹으면 기생충이 말 몸속에서 터지게 된다. 기생충 충란을 죽이는 약품은 없으며, 완전히 건조되거나, 극한의 온도에서 시간이 경과되어야만 죽는데, 2~3년 정도 소요된다. 충란이 부화되면 유충은 목초의 줄기 끝부분까지 올라간다. 우듬지 치기(풀베기)는 이런 유충을 제거할 수 있다. 방목장을 나누어 번갈아 방목하면 방목 기간 차이로 인해 유충이 죽을 수 있는 시간을 버는 것이다. 유충이 말 몸속에서 성장하는 과정에서 성충보다 더 큰 피해를 입힌다. 그러므로 기생충으로 인한 질병이 발현되었을 때만 구충제를 먹일 것이 아니고, 정기적으로 구충을 해야 한다.

기생충의 생활주기
Life-cycle of the worm

유충은 말 체내에서 수차례 탈피를 한다. 성충이 될 때까지 껍데기를 벗으면서 점차 성장한다.

말이 풀과 함께 유충을 먹는다.

말 분변이 해체되고, 부화된 유충은 풀의 줄기를 타고 올라간다.

성충은 충란을 낳고, 충란은 말의 분변을 통해 체외로 배출된다.

기생충 구충 프로그램
Worming programmes

적용 가능 기생충 범위가 현저히 넓고, 치료 효과가 좋은 구충제는 목시덱틴(Moxidectin), 이버멕틴(Ivermectin), 피란텔(Pyrantel), 벤지미다졸(Benzimidazoles) 등 네 가지가 있다. 한 가지 구충제로 모든 기생충을 구충한다는 것은 불가능하다. 구충 표적 기생충을 정하고 한 가지 구충제를 선정하여 연중 반복 투여한다.

매년 또는 2년마다 구충제 유형을 바꾸어 사용한다. 복용시킬 때마다 구충제를 바꾸면 구충제에 대해 기생충이 내성을 갖기가 쉽게 되므로 구충제를 자주 교체해서는 안 된다. 기생충들에게는 구충제에 대한 어느 정도의 내성이 생기기 때문에 장내에 남아 있는 유충의 양에 대응하고, 장내 기생충을 모두 죽이기 위한 것이라기보다는 면역성을 자극하는 새로운 구충 전략이 필요하다. 기생충 감염 정도는 분변에 섞인 기생충 알의 개수를 검사하여 판단한다. 수의사는 분변 충난검사를 하여 분변 1g에 포함된 충난이 200~400개 정도 되면 구충제를 투여한다.

기생충은 얼마나 말에게 해를 입히는가 HOW WORMS AFFECT THE HORSE

당신 말에게 기생충이 있는가?
Does your horse have worms?

말을 눈으로만 보고 그 말에 기생충이 있다고 말하기는 곤란하다. 대부분의 기생충은 말의 컨디션을 나쁘게 하지만, 말 체중을 감소시키는 요인은 그 외에도 많다. 다수의 성충이나 유충은 체중감소, 빈혈, 전반적인 컨디션저하 등을 유발한다. 기생충은 산통과 연관성이 있기도 하다(148쪽 참조). 반복적으로 산통 증상을 보이는 말이나, 특별히 다른 원인이 진단되지 않는 산통 증상을 가진 말은 반드시 기생충 구충을 해야 한다. 어떤 기생충이 얼마나 감염되었는지를 확인하기 위해서는 몇 가지 검사를 한다. 말 분변에서 충란검사를 하면 말원충, 회충, 모선충, 요충 등이 자주 검출된다.

말에게 질병을 일으키는 주요 기생충 THE MAIN WORMS THAT AFFECT HORSES

기생충	구충 방법
마원충 *Strongylus-Large red worm* 유충은 장관에 혈류를 공급하는 혈관에서 수개월을 지낸다. 유충이 혈류를 막아 매우 위험해질 수도 있으며 장관 내로 출현했을 때에는 설사를 유발하기도 한다. 성충이 아닌 유충상태로 존재하기 때문에 충란검사 시 나타나지 않는다.	이버멕틴을 이용하여 성충은 물론 혈관 내 유충까지 박멸한다.
모선충 *Trichonema-Small red worm* 유충이 장내에 갑자기 대량으로 출현하기 전에는 장벽에 형성된 주머니 속에서 동절기 휴면상태로 존재할 수 있다. 이 유충은 심한 체중감소와 설사를 유발할 수 있다.	펜벤다졸(Fenbendazole)을 다량 반복 투여하면 휴면상태의 유충을 잡을 수도 있다. 가장 우수한 구제방법은 유충의 대량증가를 막는 것이다.
회충 *Ascaris-Whiteworm* 유충이 성장기에 폐를 지나가므로 어린 말에서 기침이나 콧물을 유발한다. 생후 1년 이상의 말은 회충에 대한 면역성이 형성되는 것으로 추정된다.	6주령의 망아지부터 이버멕틴, 피란텔 또는 벤지미다졸 등의 구충제를 투여한다.
대조충 *Anoplocephala-Tapeworm* 소장과 맹장의 연결부에 주로 서식하는 납작한 모양의 기생충으로 맹장의 입구를 폐색시켜 산통증상을 유발한다. 대조충은 자신들의 생활주기를 완성시키기 위해 중간숙주(진드기)를 필요로 한다.	1~2년마다 초가을에 피란텔 두 배 용량을 투여한다.
폐충 *Dictyocaulus-Lungworm* 이름에서 추정할 수 있듯이 폐에 기생하며, 말에게 기침을 유발시킨다. 미성숙 유충이 기관으로 올라와 목에서 식도로 삼켜진다. 당나귀에서는 생활주기가 완성되지만, 말에서는 유충이 폐에 도달할 때 생활주기가 중단되는 것이 일반적이다.	말과 당나귀가 같이 풀을 뜯는 초지에서 방목되었다면 감염 가능성이 높으므로 이버멕틴을 먹인다.
말 요충 *Oxyuris-Pinworm* 성충은 직장 내에서 기생한다. 충란으로부터 유충이 되어 항문에서 땅에 떨어진다.	요즘 개발된 대부분의 구충제에 효과가 있다.
말파리 *Gastrophilus-Bot* 엄격하게 말하면 기생충이라고 할 수 없다. 말파리는 말 피모에 산란하며, 산란된 알을 말이 핥아서 위 속으로 들어가게 된다. 유충은 위 속에서 자라고 분변을 통해 배출되어 파리로 성장한다.	겨울에 이버멕틴을 먹인다.

순환기 질병 CIRCULATORY DISORDERS

말의 혈액상태는 건강상태를 판단하는 훌륭한 지표가 된다. 수의사는 혈액시료를 채취하여 적혈구, 백혈구 그리고 혈장을 검사한다. 적혈구 수와 적혈구에 함유된 헤모글로빈의 양에 따라 말의 빈혈 여부를 판단한다. 백혈구는 감염증에 영향을 받는다. 세균 감염은 호중구라는 백혈구의 수를 증가시킨다. 혈장은 내부 장기의 세포로부터 이탈된 물질들을 함유하고 있다. 이들 물질은 기본적으로 혈장 내에서 항시 낮은 수준으로 유지되지만, 장기에 질병이 발생하면 관련 물질이 증가한다. 예를 들면 간질환이 있는 경우 감마 글루타밀트랜스퍼라제(Gamma-glutamyltransferase)라는 물질의 수치가 높아진다. 현대 과학기술의 영향으로 수의사들은 20여 가지 혈액 검사를 한다.

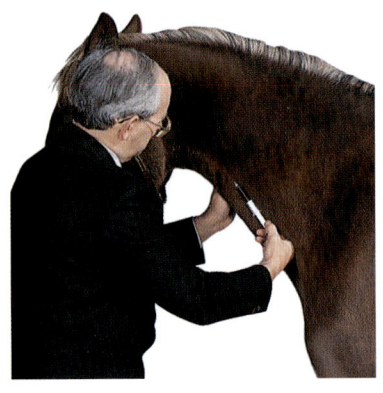

채혈 Taking blood
수의사가 적혈구와 백혈구를 검사하기 위해 채혈을 하고 있다. 채혈은 말이 충분히 휴식한 후 안정 상태에서 실시해야 한다.

순환기 질병 CIRCULATORY DISORDERS

증상	원인	치료	예방
빈혈 *Anemia* 혈액의 적혈구 감소 또는 적혈구 내 헤모글로빈 감소 말이 둔감하고 활기가 없다. 눈과 입의 점막이 창백해진다. 증상이 나타나기 전에 이미 빈혈은 심한 상태가 된다.	엽산(Folic acid) 결핍은 적혈구 생산을 감소시킨다. 만성적인 내출혈이나 주혈흡충에 의한 감염증이 심한 경우에 빈혈이 발생한다. 상식과는 달리 철분이나 비타민B12 결핍에 의한 빈혈은 거의 발생하지 않는다.	엽산이 함유된 사료첨가제를 투여할 필요가 있다. 기타 다른 원인에 의한 것은 원인에 따라 치료한다. 마체 내에서 적혈구가 교체되려면 최소 한 달은 소요되므로 회복하기까지는 어느정도 시간이 필요하다.	정기적으로 구충해야 한다. 엽산을 함유하고 있는 신선한 풀을 충분히 섭취하도록 한다.
심장질병 *Heart problems* 심한 경우에는 다리와 하복부에 부종이 생긴다. 심장에서 잡음이 들리거나 비정상적인 심박동을 한다고 해서 말이 갑작스레 허탈 상태에 빠지는 것은 아니다.	원인은 거의 알려져 있지 않다. 심전도를 이용해서 말의 심박동 리듬이 왜 변화되었는지 알 수 있고, 초음파검사를 하면 심장형태와 혈류의 비정상 상태를 확인할 수 있다.	효과적인 치료법은 거의 없다.	없음

순환기 질병 CIRCULATORY DISORDERS

증상	원인	치료	예방
탈수 Dehydration 체내 수분 부족 말이 허약해지고 활기를 잃는다. 말은 허탈해지거나 멍해 보이기도 한다. 목의 피부를 손으로 잡아당겼다 놓으면, 정상 상태에서는 즉각 원상회복되는데, 탈수의 경우에는 주름이 잡힌 상태로 한 동안 남아 있다.	물을 마시지 않았거나 설사 등으로 다량의 수분을 손실한 경우에 탈수가 발생한다. 말이 땀을 많이 흘려 전해질이 손실되면 탈수가 된다.	전해질 첨가제를 즉시 급여한다. 심한 경우에는 혈관주사를 통해 직접 투여한다.	말이 항상 깨끗한 물을 마실 수 있도록 해야 한다. 장거리 기승을 하는 동안에는 말이 물을 마시도록 해야 한다.
임파관염 Lymphangitis 임파관의 손상 어느 한 쪽 또는 양쪽 뒷다리가 조직액이 정체되어 부어오른다. 심하게 부은 경우에는 피부가 갈라지며 조직액이 흘러나온다. 임파관염으로 부은 뒷다리	사료량과 운동 간의 불균형으로 인해 발생한다. 짐마차 말이 휴식을 취하고 난 다음 날에 주로 발생하여 월요병이라고도 한다.	서혜부에 온습포를 해주면 조직액 순환에 도움이 된다. 이뇨제를 투여하면 조직액을 어느 정도 감소시킬 수 있다.	쉬는 날에는 사료 급여량을 줄인다.
근색소뇨증 질소뇨증: Azoturia 젖산수치의 증가로 인한 근육 손상 말이 갑자기 경직되어 움직이지 않으려고 한다. 진한 갈색의 뇨를 배설하거나, 등과 엉덩이 근육이 딱딱하게 경직되고 통증을 보인다.	쉬는 날에 너무 많은 농후사료를 먹이면 다음 운동할 때 근육에 젖산 농도가 급격히 증가한다. 이때 형성된 젖산이 효과적으로 제거되지 못하고 근육 손상을 유발한다.	말에게 더 이상의 운동을 시켜서는 안된다. 수의사에게 연락하고 등에 담요를 덮어 근육을 보온하면 혈액순환에 도움이 된다.	과식하고 운동하면 젖산이 더 많이 생성되므로, 말이 운동하는 양에 비해 많은 양의 사료를 급여하지 않는다.(121쪽 참조)
말 바이러스성 동맥염 Equine viral arteritis: EVA 작은 동맥들이 손상되는 전염성 질환 감기증상과 유사하다.	바이러스	특별한 치료법이 없다.	예방접종을 한다.
아프리카 마역 African horse sickness : AHS 몸에 광범위한 부종이 형성된다. 부종이 기도를 압박하여 숨쉬는 것을 방해하기 때문에 치명적이다.	작은 곤충에 의해 매개되는 바이러스가 원인체이다. 겨울에도 곤충이 살아남을 수 있을 정도로 따뜻한 지방에서 발생한다.	특별한 치료법이 없다. 다른 말에게 전염되는 것을 막기 위해 이 병에 걸린 말은 안락사시킨다.	예방접종을 한다.

호흡기 질병 RESPIRATORY DISORDERS

호흡기 질병의 주 증상 중 하나가 기침이다. 기침은 기도에 점액이 생긴 것을 배출시키기 위한 방어기전이다. 수의사는 기침 자체를 제거하려고 하기보다는 원인을 제거하는데 관심을 가져야 한다. 때때로 어떤 말이든 기침은 한다. 그러나 말이 3~4회 이상 연속적으로 기침을 하면 증상에 관심을 기울여야 한다. 기침은 미세한 물방울과 함께 세균을 공기 중으로 뿜어내어 감염을 전파한다. 모든 기침이 다 전염성을 가진 것은 아니지만, 그렇다고 기침하는 말이 다른 말에게 위험하지 않다고 볼 수는 없다.

폐음 청진 Listening to the lungs
수의사가 폐로 공기가 드나들 때 나는 소리를 청진기를 통해 듣고 있다. 이런 방법으로 폐의 이상을 감지할 수 있다.

호흡기 질병 RESPIRATORY DISORDERS

증상	원인	치료	예방
헤르페스 바이러스 감염증 *Herpes virus infection* 콧물을 흘리고 기침을 한다. 간혹 심한 경우, 헤르페스 바이러스는 유산이나 마비증상의 원인이 될 수 있다.	바이러스	기관지 확장제를 쓰고 점액이 체류되지 않도록 한다.	백신 접종
말 인플루엔자 *Equine influenza* 기침을 하며, 지속적으로 눈물과 콧물을 흘린다. 고열이 발생할 수도 있다. 인플루엔자를 극복한 후 만성적인 폐쇄성 폐질환이나 심장 질환이 생길 수 있다. *콧물이 흐르는 모습*	두 가지 바이러스 종류 중 한 가지	효과적인 치료법은 없다. 기관지 확장제를 쓰고 2차 감염균을 죽일 수 있는 약물을 투여하는 것이 일반적이다.	백신 접종
선역 *Strangles* *전염성 인후두 감염증* 턱밑과 인후두 주위에 커다란 농양이 생기며, 고열이 발생한다. 시간이 경과하면 농양이 터져 냄새가 고약한 농이 배출된다. 만일 안쪽으로 터지면 화농성 콧물을 흘린다. *농양이 생겨 목이 부은 모습*	세균 감염	농양이 터지고 난 후 항생제를 투여한다.	백신 접종을 한다. 과거에 감염되었던 말이나 감염 말과 접촉했던 말은 다른 말과 섞어 놓기 전에 검사를 하는 것이 권장된다.

호흡기 질병 RESPIRATORY DISORDERS

증상	원인	치료	예방
폐렴 Pneumonia 폐의 감염증 말이 숨쉬기 힘들어 하고 호흡수가 증가한다(45쪽 참조). 기침을 할 수도 있다.	바이러스 또는 세균이 폐조직에 손상을 주는 것이 원인이다. 특히 망아지는 심한 유형의 폐렴으로 고생할 수 있다.	세균성 폐렴은 항생제에 반응을 하지만 바이러스성인 경우에는 전혀 반응하지 않는다. 폐에서 점액을 제거하고 기도를 확장하는데 도움이 되는 약물을 사용한다.	마방 환기가 잘 이루어지는지 확인한다. (107쪽 참조)
폐충 Dictyocaulus-Lungworm 151쪽 참조 여름철에 말이 초지에 나간 후 지속적인 기침을 한다.	151쪽 참조	151쪽 참조	151쪽 참조
후두마비 또는 천명증 Laryngeal paralysis or hemiplegia 성대마비 말은 대부분의 시간동안 전혀 아픈 증상을 보이지 않는다. 말이 강한 운동을 할 때 숨을 들이키며 천명음을 내고, 운동능력도 감소한다.	일반적으로 이 질병에 걸린 말은 태어날 때부터 이런 상태였던 경우가 많다. 후두의 어느 한 쪽(일반적으로 왼쪽)이 전체 또는 부분적으로 마비되어 기관 내로 흡입하는 공기의 양을 줄인다. 연골 Cartilage 마비상태 Paralysed vocal cord 기관 Trachea 후두개 Epiglottis 비정상적인 후두	만일 운동능력에 영향이 있다면, 기도를 막고 있는 성대를 영구적으로 끌어당기는 수술이 필요하다. 교정된 성대 Corrected vocal cord 수술 후 후두	없음
만성 폐쇄성 폐질환 COPD 폐 세기관지의 협착 말이 폐의 공기를 완전히 비우기 위해서 의도적인 노력성 호흡을 한다. 기침을 하고 콧물이 나기도 하며, 운동능력은 감소한다. 폐에서 공기를 배출하기 위해 근육의 수축이 더 요구되기 때문에 슬관절 부위부터 복벽을 따라 형성된 근육선(heave line)이 관찰된다.	건초와 밀짚 등의 곰팡이 포자에 대한 알레르기가 원인이다. 간혹 꽃가루와 같은 다른 입자에 의해서도 질병이 발병할 수 있다.	말을 마방에서 밖으로 내보내거나 건초, 밀짚 등과 접촉하지 않도록 한다. 협착된 기도를 열어주는 약물과 연무기를 아래 사진과 같이 장착한다. 연무기를 통해 호흡하는 모습	곰팡이 포자가 없는 대체 깔짚(113쪽 참조)을 사용하고, 건초보다는 진공포장 목초(129쪽 참조)를 급식한다.
아프리카 마역 African horse sickness : AHS 몸에 광범위한 부종이 형성된다. 부종이 기도를 압박하여 숨쉬는 것을 방해하기 때문에 치명적이다.	작은 곤충에 의해 매개되는 바이러스가 원인체이다. 겨울에도 곤충이 살아남을 수 있을 정도로 따뜻한 지방에서 발생한다.	특별한 치료법이 없다. 다른 말에게 전염되는 것을 막기 위해 이 병에 걸린 말은 안락사시킨다.	예방 접종을 한다.

◀◀ **건강한 채식** *Healthy diet*
각각의 말은 개별적인 것이며 그렇기 때문에 사양관리 역시 개별적으로 요구된다. 하지만 일반적으로 자연상태에서의 채식은 말의 건강과 웰빙을 위해 필수적인 영양소를 공급한다.

◀ **말 응급처치** *First aid for horses*
모든 마사 또는 마방에서는 말 응급처치 키트를 보유하고 있어야 한다. 응급상황에 적절히 대처할 수 있는 붕대와 상처 치료에 필요한 약품과 물품 등의 상태를 정기적으로 점검해야 한다.

▼ **수의 전문가** *The expertise of a vet*
수의사와 양호한 업무적 관계를 형성하도록 노력하고, 말 건강의 문제점이 스스로 해결되길 바라지 말고, 항상 수의사에게 조언을 구하는 자세가 필요하다.

158 말의 질병과 망아지 분만 HORSE PROBLEMS & FOALING

수의사를 불러야 할 때 WHEN TO CALL THE VET

수의사를 불러야 할지를 판단할 때는 상식을 바탕으로 한다. 말의 습성과 과거의 질병 병력, 존재하던 혹의 유무 등을 알고 있어야 한다. 만일 말이 심각한 질병상태인지 아닌지 판단에 확신이 서지 않는다면 수의사를 불러야 한다. 말의 건강에 대해 불분명한 상태에서 24시간 이상 방치해서는 안 된다.

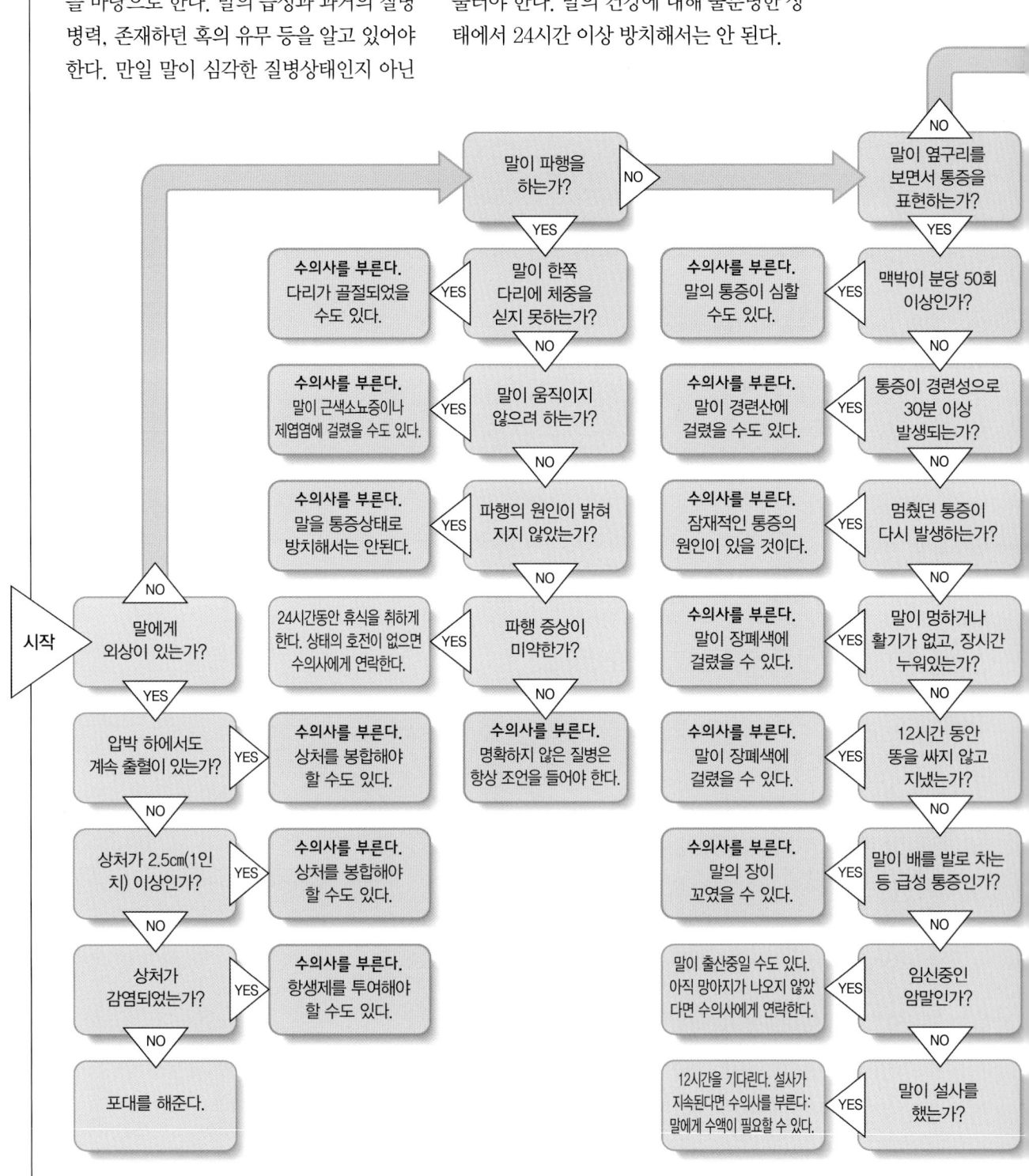

WHEN TO CALL THE VET 수의사를 불러야 할 때

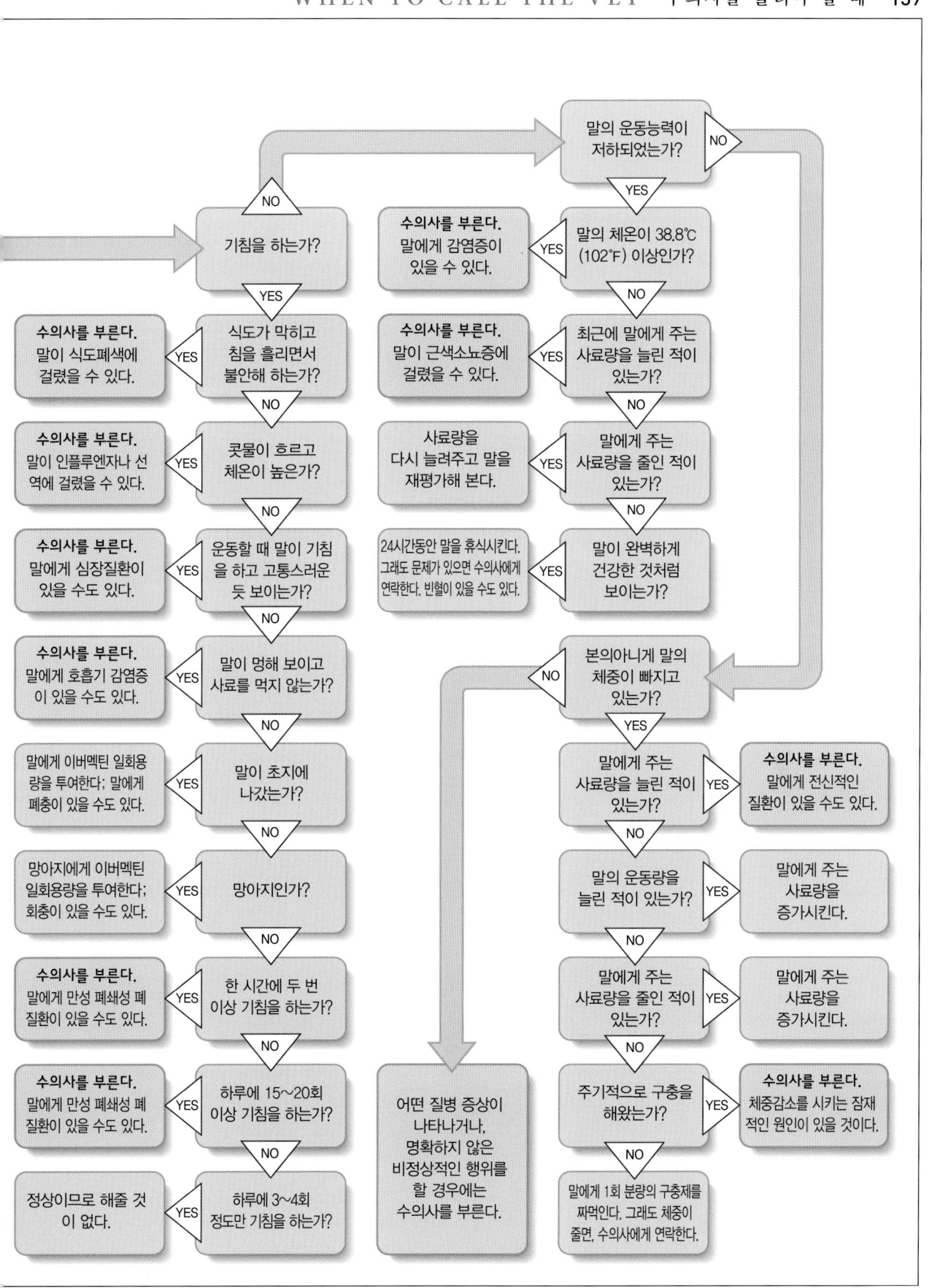

응급처치 장비 FIRST-AID EQUIPMENT

말은 언제, 어디서 부상을 당할지 모른다. 그러므로 마사 내에는 항시 응급처치 장비를 비치하고 있어야 한다. 대회 참가를 위해 말을 운송하는 경우에는 견인차량이나 트레일러에 한 세트의 응급처치 장비를 갖추어야 하고, 장거리 기승을 나갈 때도 간단한 응급처치 키트라도 소지해야 한다. 마사에서의 응급처치 장비는 누구나 쉽게 찾을 수 있게, 마구 보관창고 같은 곳에, 건조하고 청결하게 보관해야 한다. 또한 응급처치 키트는 어린아이들의 손이 닿지 않는 곳에 두어야 한다. 모든 응급처치 키트는 정기적으로 점검해야 하고, 필요하면 붕대나 기타 처치 용품들이 새로운 것으로 보충되어 있어야 한다.

외승 가방 Saddle bag
말을 타고 외승을 나간다면, 외승 가방 속에 작은 응급처치 키트라도 소지해야 한다. 미리 준비된 키트를 구입할 수도 있고, 아니면 외상처치에 필요한 소독약제, 거즈, 붕대 등을 포함해 응급처치 키트를 구성할 수도 있다. 가방 공간이 크질 않기 때문에 더 많은 용품을 준비할 여유는 없을 것이다.

소독제 ANTISEPTICS

액상 소독제 Liquids
가장 보편적인 소독제는 클로르헥시딘이다. 농축된 액상 소독제는 사용 전에 반드시 생리식염수 또는 깨끗한 물에 희석해서 사용해야 한다. 이것은 마사 구비용으로도 좋지만, 외승용 키트에는 미리 희석된 것을 준비해두어야 한다.

에어로졸 스프레이 Aerosol sprays
스프레이형 소독제가 작은 상처 부위 감염 예방을 위해 직접 처치하기에는 액상용보다 편리하다. 뿌릴 때의 소음이 말을 놀라게 할 수도 있으므로 신속, 정확하게 사용할 필요가 있다.

붕대 BANDAGES

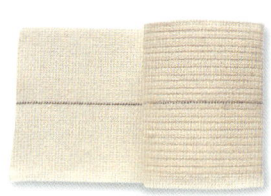

통기성 신축 접착 붕대 Ventilated elastic adhesive bandage
피부에 직접 사용하면 안 되고 거즈나 솜 패드 등을 고정하는데 유용하다. 붕대를 따뜻하게 하면 차가운 것보다 잘 접착한다.

크레프 붕대 Crepe bandage
붕대 자체에 탄력성은 있지만 감아 논 시간이 경과하면 탄력성이 떨어진다. 붕대 끝을 찢어 다리에 돌려 묶거나, 윗부분에 안전핀으로 고정한다.

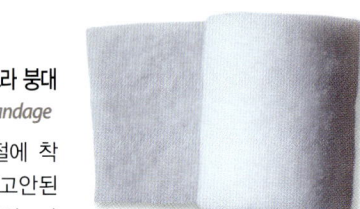

지퍼식 라이크라 붕대 Zip-up lycra bandage
앞무릎과 비절에 착용하기 쉽게 고안된 것이 지퍼식 라이크라 붕대이다. 이것은 특정 관절 부위에 맞게 디자인되어 있고 크기도 다양하다.

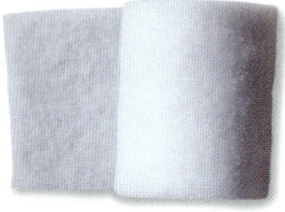

패딩 붕대 Padded bandage
다른 붕대를 감을 때 먼저 감아 다리에 압박을 줄여 편하게 한다. 적어도 3~6회는 감아야 완충효과를 줄 수 있다.

자체 접착성 붕대 Self-adhesive bandage
붕대끼리 접착하는 성질이 있어 다리의 모양대로 붕대 감기가 쉽다. 다리가 붓거나 부기가 빠지거나 할 경우에는 늘어나거나 수축하지 못하기 때문에 새것으로 다시 감아주어야 한다.

FIRST-AID EQUIPMENT 응급처치 장비

드레싱 용품 DRESSING ITEMS

가위 *Scissors*
모든 응급처치 키트에는 털 자르기와 다듬기, 붕대 자르기 등에 사용할 가위가 필요하다. 가위는 끝이 둥글며 날이 잘 들어야 한다. 무딘 가위는 교체해야 한다.

솜 패드 *Sheet cotton*
이것은 거즈 층 사이에 탈지면을 넣어 만든 것인데, 일반 탈지면처럼 면섬유가 흘러나오지 않는다. 다리 둘레를 감쌀 수 있지만, 다듬지 않으면 다리에 맞게 형태가 잡히지 않는다.

다용도 드레싱 *All-purpose dressing*
마른 습포제 드레싱은 사용하기 전에 따뜻한 물에 담궈 둔다. 48시간 이상 습포제를 방치하면 상처 가장자리 부분의 피부가 괴사하므로 주의한다. 플라스틱 층은 바깥쪽을 향하게 한다.

거즈 *Gauze*
포화된 거즈 드레싱은 붕대가 상처 부위에 유착되는 것을 예방하는데 유용하다. 이 드레싱은 석유젤리나 항생제 겔을 함유하고 있다.

구멍 뚫린 플라스틱 필름 *Perforated plastic film*
플라스틱 필름은 상처 부위에 유착되지 않는다. 플라스틱 필름에 있는 구멍들은 상처 부위에서 나오는 삼출물을 통과할 수 있게 한다.

친수성 폴리우레탄 *Hydrophilic polyurethane*
이 드레싱은 상처 치유를 촉진하고 패딩 효과를 제공한다. 특수한 거품형 구조는 상처 부위의 삼출물을 빨아들인다. 자체 무게의 10배까지 흡수할 수 있다.

냉각 처치 COLD TREATMENTS

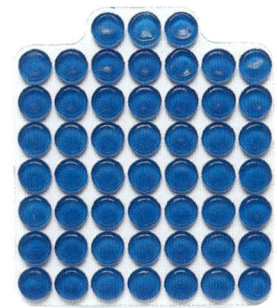

동결 팩 *Freeze pack*
특별히 고안된 동결 팩이 판매되는데, 냉동기에 보관해두었다가 필요할 때 꺼내 쓴다. 이 팩 속의 액체 기포들이 팩의 유연함을 제공하기 때문에 냉동기에서 바로 꺼내도 팩이 말 다리에 잘 맞게 성형된다.

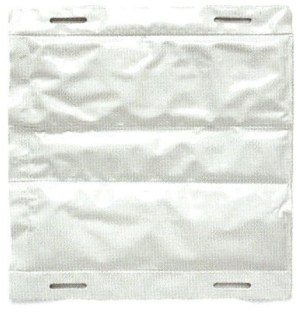

냉찜질 팩 *Cold pack*
고체로 동결되지 않는 겔이 이런 팩 안에 들어있다. 이 팩을 냉동실에 보관했다가 꺼내도 상당 시간 동안 차가운 상태가 유지된다. 다소 무게감이 있는 이 팩을 환부에 부착하기 위해 가죽 끈으로 고정한다.

호싱 부츠 *Hosing boot*
이 부츠는 말의 중수부에 지속적으로 찬물을 공급할 수 있게 해준다. 여기에는 유연한 호스파이프가 부착되어 있는데, 일반적인 건 보호 부츠처럼 말 다리에 고정한다(196쪽 참조). 사용 후 보관 전에 완전히 건조시켜야 한다.

응급 처치 FIRST AID

응급처치로 수의사의 진료를 대신할 수는 없다. 응급처치란 글자 그대로 말에게 외상이나 어떤 문제가 발생했을 때 최우선적으로 신속히 조치해야 할 사항이다. 당신이 노력한 결과에 따라 수의사를 부를 필요가 있는지 없는지도 달려있다. 수의사의 왕진을 요청해야 할 상황은 158쪽에 잘 정리되어 있다. 응급처치의 기본은 침착하게 대처하는 것이다. 당황해서 급하게 서두르지 말아야 한다. 서두르다 보면 상처에 붙인 거즈가 흘러내리고 붕대도 잘 감아지지 않아 결국 응급처치를 망치게 된다. 아픈 말을 도우려고 응급처치를 하는 것이지만, 말은 그런 사실을 모르고 흥분하며 잘 협조하지 않는 것이 보통이다. 말에게 확신을 심어주는 노력이 필요하다.

스프레이 뿌리기 USING A SPRAY

목 주위에 작은 상처는 항생제 스프레이를 살짝 뿌려준다.

항생제 스프레이
Antibiotics spray
스프레이 캔을 바르게 세워들고 피부로부터 30~48cm 정도 떨어져 짧게 분사한다. 어떤 말은 스프레이가 분사되는 소리에 깜짝 놀란다. 그런 경우를 대비해 공중에 뿌리면서 말의 반응을 살핀다. 말은 곧 그 소리에 적응한다. 그래도 예민한 말은 솜으로 귀를 막고 스프레이로 치료한다.

외상 소독 CLEANING A WOUND

시기와 방법
When and How to do it

외상을 더 악화시키지 않고 깨끗하게 소독하여 치유에 도움을 줄 자신이 없으면 아예 손을 대지 않는다. 먼저 자신의 손을 깨끗이 닦고 치료에 사용할 물과 거즈가 깨끗한지 확인한다. 상처를 닦아내기 위해 세균에 오염되었을지도 모르는 물을 사용하는 것보다는 멸균 건조된 거즈를 사용하는 것이 좋다. 양동이에 담겨있던 오염된 물을 사용하면 안 된다. 상처 부위 출혈을 지속적으로 닦아내지는 말아야 한다. 왜냐하면 상처의 혈액 응고로 인한 지혈이 되는 것을 방해하기 때문이다. 작은 출혈에 당황하여 더 중요한 문제를 간과해서는 안 된다.

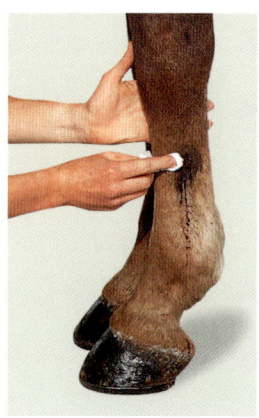

1 상처의 크기에 관계없이 상처의 중앙 부위부터 닦아내기 시작한다. 깨끗한 솜을 이용하여 생리식염수나 항생제 용액으로 세척한다.

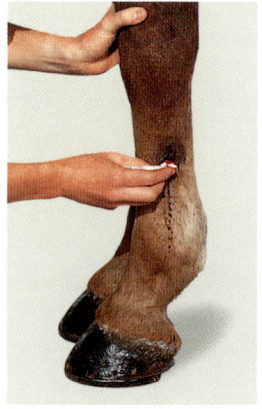

2 닦아 낼 때 바깥쪽으로 닦아서 주변 오염물질이 상처 중심부를 오염시키지 않도록 한다. 상처 피부 밑으로 오염물질이 끼어들지 않도록 주의한다.

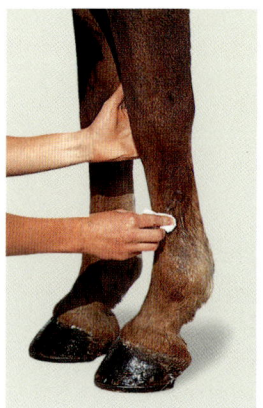

3 마지막으로 외상 주변의 피부를 닦아낸다. 피가 계속 흐른다고 해서 상처 주변을 닦았던 거즈로 상처의 중심부를 다시 닦아서는 안 된다.

FIRST AID 응급 처치

다리 외상 드레싱 DERSSING A WOUND ON A LEG

드레싱의 사용
Use of dressings

상처 부위에 드레싱을 하는 주목적은 출혈 억제를 위해 압박하기 위한 것이다. 어떤 때는 상처를 소독하는 것보다 드레싱이 우선이 되어야 하는 경우도 있다. 고르게 압박하는 것이 중요하다. 지혈을 위해 강하게 압박한 경우에는 30분마다 압박을 느슨하게 풀어주어 주변 조직에 혈액이 공급되도록 해야 한다. 대부분의 상처는 드레싱을 하면 통증이 줄어든다.

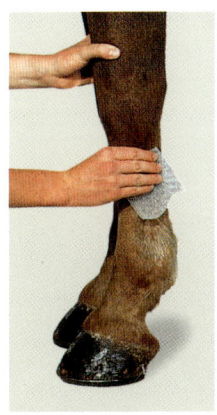

1 처음에는 비접착성 드레싱을 한다. 그래야 드레싱을 갈아 붙일 때 혈액 응고에 지장을 주지 않는다.

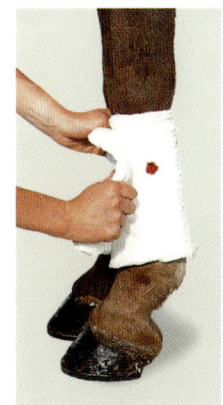

2 다리를 패드로 감아준다. 출혈이 계속되어도 걱정할 필요는 없다. 30분 정도 지나면 지혈이 된다.

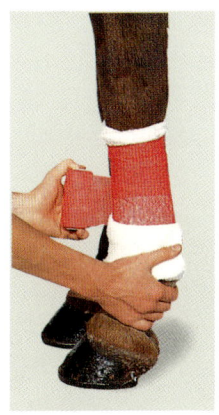

3 패드 위에 붕대를 감는다. 고정을 쉽게 하기 위해 붕대는 위쪽에서부터 시작하여 상처 부위로 내려가며 감는다.

4 감기 시작한 붕대는 모두 사용하며, 패드의 상단과 하단은 감지 말고 남겨둔다. 서두르지 말고 완벽하게 한다.

습포 붙이기 APPLYING A FOMENTATION

온습포 *A hot fomentation*

온습포는 상처 부위를 따뜻하게 하여 통증과 부종을 줄여주기 위해 실시한다. 습포제를 붙이고 묶어 줄 수 없는 부위 즉, 슬관절 같은 곳에 주로 적용한다. 수건을 따뜻한 물에 담근다(손을 대어 너무 뜨거우면 말에게도 뜨겁다). 수건을 꺼내 여분의 물을 짜낸 후, 수건을 환부에 대어준다. 열이 식으면 다른 것으로 갈아준다. 적어도 15~20분간 실시한다. 피곤한 일이지만 이 정도 시간보다 짧게 실시하면 수고한 보람이 없다.

부드럽게 압박하며 대준다. 이때 말의 돌발적인 반응에 대비해야 한다.

완관절 부위 붕대 감기 BANDAGING A KNEE

8자 붕대 감기 Applying a figure-eight bandage

완관절부는 외상이 자주 발생하는 부위이다. 그렇지만 신속하게 응급처치를 하면 치유에 상당히 도움이 된다. 운동을 많이 하는 관절 부위에 드레싱이 잘 고정되어 흘러내리지 않게 하려면 "8자 붕대" 감기를 해야 한다.

1 완관절에 패드를 대고 위쪽에서 2~3회 붕대를 돌려 고정시킨다. 다음에는 붕대를 대각선 방향 아래쪽으로 내려가 완관절 아래 패드의 하단부에서 완전히 한 바퀴 돌려 고정시킨다.

붕대를 감는 동안 패드를 잡아 고정한다.

지퍼 붕대 ZIP-UP BANDAGE

드레싱을 자주 갈아주어야 하는 경우에는 탈착이 용이한 지퍼붕대가 유용하다. 지퍼붕대를 완관절 부위에 잘 두르고 위치를 맞춘 후 지퍼를 조심스럽게 올린다. 이때 지퍼 이빨에 털이나 드레싱이 끼지 않도록 주의한다.

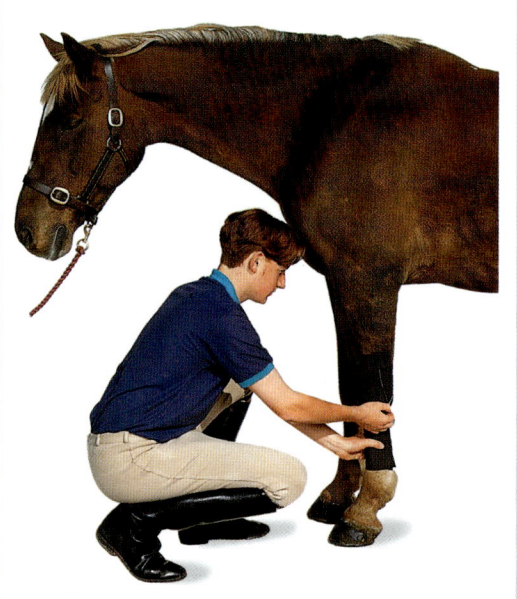

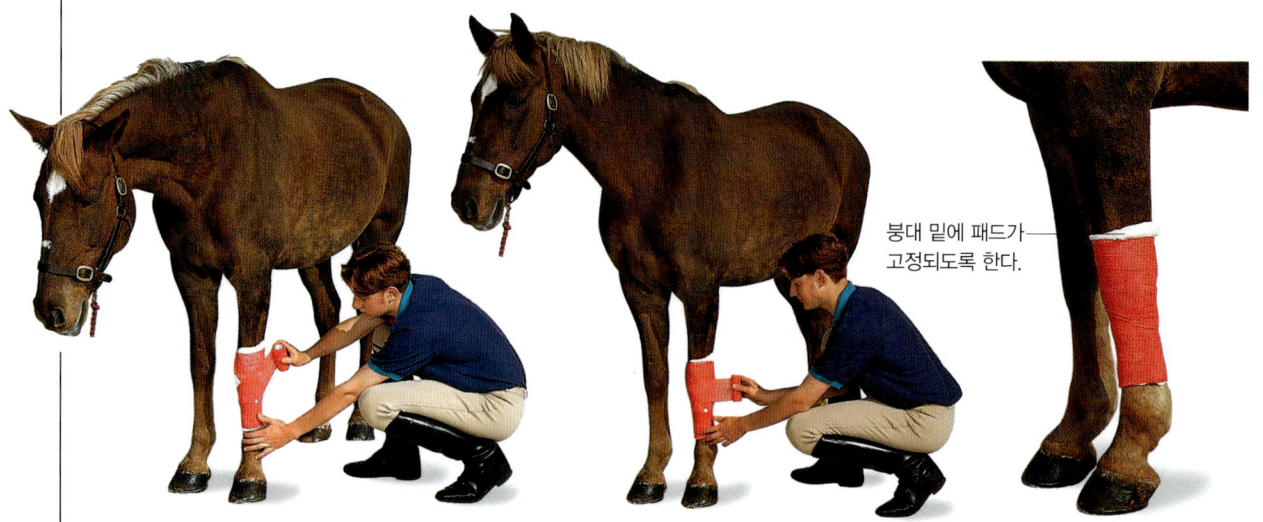

붕대 밑에 패드가 고정되도록 한다.

2 다시 붕대를 대각선 방향의 위쪽으로 돌려 완관절 정면에서 두 붕대가 교차하도록 한다. 이렇게 해야 완관절이 구부러지는 것을 방해하지 않으면서 완관절 부위 외상에 압박을 가할 수 있다.

3 맨 위쪽에서 돌려 감은 후, 일반적인 붕대 법으로 아래 방향으로 감아 내려간다. 바로 앞에서 감아 둔 붕대하고 적어도 반 이상 겹치도록 감으면서 맨 아래쪽까지 감는다. 그래도 붕대가 남으면 다시 두 번째 8자 감기를 하고 마무리한다.

4 완성된 붕대는 보통의 붕대와 같아 보인다. 왜냐하면 8자 붕대가 덮여 가려졌기 때문이다. 붕대를 감을 때 지켜야 할 사항은 처음부터 끝까지 같은 압력으로 감아야 하며, 각 층이 꼬이지 않게 감아야 한다는 것이다.

FIRST AID 응급 처치 165

비절 부위 붕대 BANDAGING A HOCK

비절 부위 붕대처치
Covering the hock joint

비절에 일반적인 방법으로 붕대를 감으면 붕대가 비절 끝에서 위아래로 벌어진다. 그러므로 비절에도 "8자 붕대"를 해야 한다.

말 다리에 붕대를 감을 때는 절대로 무릎을 땅에 대어서는 안 된다. 항상 쪼그린 자세를 취하는 것이 바람직하다.

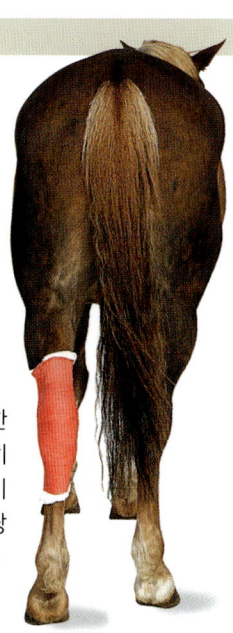

1 "8자 붕대법"으로 비절 끝에서 서로 교차하도록 한다. 드레싱의 안전한 고정을 위해 처음 한 바퀴는 단단하게 감아야 한다. 그러나 비절 뒤쪽에서 지나가는 아킬레스건이 압박될 정도로 너무 세게 감지 말아야 한다.

2 단단하게 조여 붕대를 마무리한다. 비절 붕대는 마무리가 특히 중요하다. 왜냐하면 마무리한 부분이 풀려서 붕대가 흘러내리면, 말은 당황하여 그것을 떼어내려고 발길질을 하는 과정에서 상처가 다시 벌어지기 때문이다.

로버트 존스 붕대 감기 ROBERT JONES BANDAGE

생명을 구하는 붕대법
Life-saving strength

로버트 존스 붕대법은 말의 생명을 구할 수도 있다. 이 붕대법은 다리를 못 움직이게 함으로써 골절된 뼈가 흔들리지 않게 고정한다. 골절된 다리 수술을 위해 말을 운송해야 할 경우 이 방법으로 붕대를 감는다. 만일 말이 갑자기 다리에 체중을 싣지 못하면, 그 이유를 파악하지 못했더라도, 신속하게 이 붕대법을 적용하면 문제가 더 악화되는 것을 예방할 수 있다.

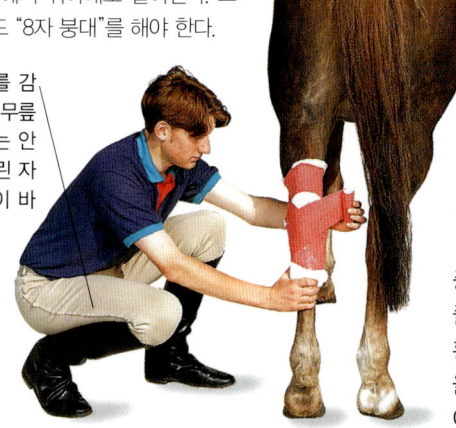

1 적어도 4장의 아대와 두세 개의 자가 접착 붕대가 필요하다. 아대로 두 겹이 되도록 다리 전체를 감고, 그 둘레를 붕대로 단단하게 감아돌린다. 그렇게 함으로써 붕대가 전체적으로 고정이 되고, 특히 관절 부위를 잘 감아야 한다. 그 다음에 두 겹의 아대를 더 감아 돌린다.

가능한 한 말 다리의 맨 위쪽에서부터 시작한다.

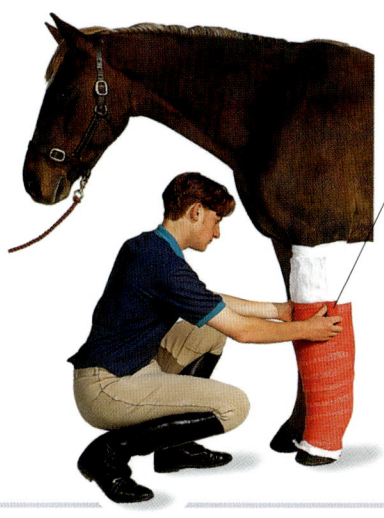

다리 전체를 적절하게 감기 위해서는 한 개 이상의 붕대를 사용해야 한다.

2 다음은 다시 전체 다리를 접착성 붕대로 감아 흘러내리지 않도록 한다. 아대는 단단히 압박하여 조인다.

3 완성된 붕대는 다리의 최상단부터 발끝까지 감아야 효과적이다. 로버트 존스 붕대처치를 한 말 다리는 구부리지 못한다.

얼음 팩 ICE PACKS

얼음 팩 처치 Applying an ice pack
염증 환부를 냉각시키면 부종, 열감, 통증 등이 줄어든다. 만일 다리가 부어있다면, 그 원인이 무엇인지는 몰라도 우선 얼음 팩으로 응급처치를 해야 한다.

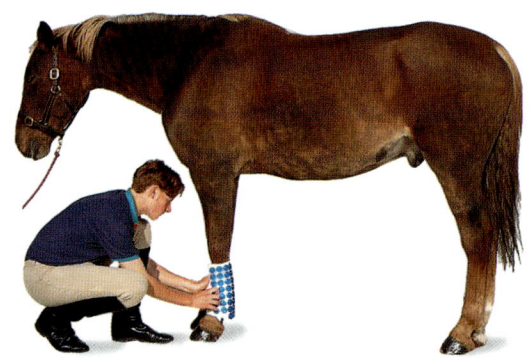

1 다리에 거즈를 감는다(솜 아대 두께의 반 정도면 적당함). 얼음 팩이 다리 피부에 직접 접촉하는 것을 방지한다. 그 위에 얼음 팩을 댄다.

완두콩 팩 PEA PACK
응급상황에서 냉동시킨 완두콩 팩은 좋은 냉찜질 팩이 된다. 그러나 완두콩이 녹으면 붕대가 느슨해진다.

다리와 완두콩 사이에 얇은 층의 패드를 댄다.

2 냉기가 외부로 발산되는 것을 막기 위해 아대로 한 층을 덮고 붕대를 감는다. 팩은 무겁기 때문에 붕대를 좀 더 단단하게 조여 줘야 팩이 움직이지 않는다.

찬물 뿌리기 COLD HOSING

호싱 부츠 Hosing boot
호싱 부츠는 호스를 통해 주입된 물을 머금는다. 말의 움직임을 지나치게 제한하지 않도록 부드러운 호스에 연결한다.

단순 물 뿌리기 Simple hosing
얼음만큼 효과적이지는 않지만 호스로 찬물을 뿌려주어 다리를 식힐 수 있다. 말을 배수구 가까운 곳에 세워두고 물을 뿌린다.

뜨거운 물에 발 담그기 HOT TUBBING

발 담그기 Tubbing the foot
더운물 찜질은 염증 부위로 혈액순환을 촉진시켜 항염증 작용을 촉진한다. 먼저 발굽을 깨끗이 닦고, 더운물을 담은 통에 10~15분 정도 발을 담근다. 물에 소금을 조금 첨가하면 연약해진 피부를 통해 2차 감염을 예방할 수 있다.

FIRST AID 응급 처치

습포제 적용 APPLYING A POULTICE

발굽 습포 Poulticing a foot

온습포는 염증 부위에 열을 공급한다. 습포제에 함유된 화합물질이 환부로부터 수분과 농을 빨아낸다. 카올린(Kaolin) 진흙도 효과적이나 깔끔하지는 않다. 급한 상황에서는 뜨거운 밀기울 죽을 바르기도 한다. 습포제는 열이 식거나 고름에 오염되기 때문에 적어도 12시간마다 갈아 주어야 한다.

1 발굽 크기에 맞게 가위로 자른다. 발굽을 둘러싸고도 양끝이 겹쳐야 한다.

말 옆에서 무엇을 잘라야 할 때는 끝이 뭉툭한 안전가위를 사용해야 한다.

2 습포제 드레싱을 뜨거운 물에 담근다. 물을 짜지 말고 흘러내리도록 들고 기다린다.

3 습포제 드레싱으로 발굽을 덮는다. 남는 부분을 위로 접어 붙인다. 습포제가 떨어지지 않도록 고정하는 것이 가장 중요하다.

4 자가 접착 붕대를 이용해 드레싱이 떨어지지 않도록 잘 싸맨다. 붕대는 처음에 제벽부터 감아나간다. 이때 붕대 넓이의 약 1/3 정도는 발굽 아래로 남기도록 한다. 단단히 감기도록 두세 바퀴 감는다.

발굽 아래로 나온 붕대는 제저 방향으로 접힌다.

5 붕대 두루마리가 굽바닥을 횡단하여 다시 제벽을 감아 돌린다.

붕대를 감는 동안 습포제가 움직이지 않도록 한다.

6 다른 방향으로 다시 굽바닥을 가로질러 감아서 제저부에 X자 형태를 만든다. 다시 한 번 더 감고 제벽에서 최종적으로 묶어 마무리를 한다.

붕대 감기가 끝날 때까지는 발굽을 땅에 내려 놓지 않는다.

붕대가 굽바닥을 횡단할 때마다 발굽을 감아 고정한다.

7 붕대의 길이가 허락하는 한 여러 번 감을수록 좋다. 모서리 부분은 둥글게 감아 밑에 감은 붕대와 겹쳐져 잘 붙도록 한다. 이제 붕대로 일종의 장화가 만들어진 것이다.

말 간호 NURSING A HORSE

병원에서 환자가 "편안하다"고 말 한다면, 그것은 환자가 통증으로부터 벗어났다는 의미가 아니고, 그 상황에서 가능한 한 모든 수단이 동원되어 유쾌하게 생활할 수 있다는 것을 의미한다. 바로 간호에 대해 말하는 것이다. 말이 간호를 필요로 할 때는 넓고, 빛이 잘 들고, 외풍이 없는 마방에서 관리되어야 한다. 마방 근처에서 전기와 온수 공급이 가능해야 한다. 아픈 말은 따뜻하고 청결하게 관리하도록 항상 신경을 써야하며, 말이 사료를 먹을 수 있는 상황이라면 잘 먹여야 한다. 사람은 말의 요구 및 컨디션 변화 등에 신속하게 대처하기 위해 항상 말 근처에 있어야 한다.

약물 분무기 *Nebulizer*
약물 분무기는 호흡기 질병 등에 걸린 말의 치료를 위해 약물을 폐에 직접 보내는 효과적인 기구이다. 이것은 약물을 안개와 같이 아주 작은 물방울로 만들어서 말이 호흡할 때 폐로 쉽게 빨려들어가게 한다. 이렇게 폐로 들어간 약물은 폐포의 아주 얇은 모세혈관 벽을 통과해 혈류로 흡수된다.

약물 복용 *Giving medicines*
소량의 사료에 약을 섞어 급여한다. 그래도 먹지 않으면, 향취가 강한 당밀을 섞어 주거나, 사과나 당근의 속을 파내고 그 안에 약을 감춰서 먹인다.

대부분의 약은 가루 형태가 아니고 과립 형태로 생산된다.

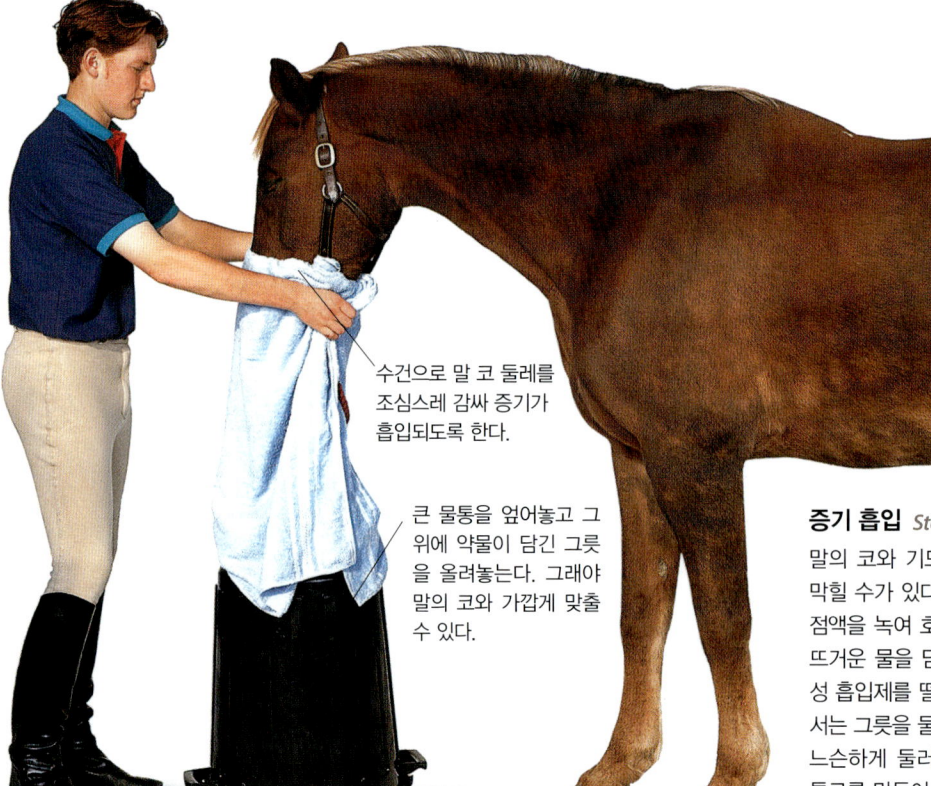

수건으로 말 코 둘레를 조심스레 감싸 증기가 흡입되도록 한다.

큰 물통을 엎어놓고 그 위에 약물이 담긴 그릇을 올려놓는다. 그래야 말의 코와 가깝게 맞출 수 있다.

증기 흡입 *Steam inhalation*
말의 코와 기도가 콧물이 굳은 점액으로 막힐 수가 있다. 증기 흡입 요법으로 뭉친 점액을 녹여 호흡을 원활하게 할 수 있다. 뜨거운 물을 담은 그릇에 몇 방울의 휘발성 흡입제를 떨어뜨린다. 수건으로 아래에서는 그릇을 둘러싸고 위에서는 말의 코를 느슨하게 둘러싸, 그릇과 코를 연결하는 통로를 만들어 주면 증발한 약물이 함유된 증기가 호흡을 통해 흡인된다.

NURSING A HORSE 말 간호 169

배 밑에 깔짚 더미가 생겨 말의 움직임을 방해한다.

적절한 깔짚 공급 *Providing adequate bedding*
아픈 말에게는 누울 수 있도록 깔짚을 푹신하게 깔아주어야 한다. 그러나 특히 밀짚인 경우에는 너무 두껍게 깔아주면 안 된다. 깔짚이 두꺼우면 말이 기울어져 불편하게 서 있게 되고, 다리 사이에 깔짚이 크게 뭉쳐져 말의 움직임을 더 힘들게 할 수도 있기 때문이다. 이런 현상이 보이면 말을 옆 마방으로 옮기고 깔짚을 다시 고르게 깔아주어야 한다.

귀 만져보기 *Feeling the ears*
말 귀를 살짝 만져보면 말이 추위를 느끼는지 알 수 있다. 어떤 말은 귀를 만져주면 좋아하는 말도 있다. 말이 추우면 말 등에 담요를 덮어준다. (말 체온이 높은 경우에는 귀를 만져봐서는 알 수 없다.)

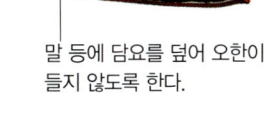

말 등에 담요를 덮어 오한이 들지 않도록 한다.

규칙적인 관리 *Normal routine*
말은 규칙적인 관리를 좋아한다. 특히 아픈 말인 경우에는 규칙적인 관리가 매우 중요하다. 사료 급여나 기타 어떤 일도 규칙적으로 평소에 정해진 시간대로 하는 것이 좋다. 말 손질은 필수적이다. 많이 아픈 말이라도 손질을 해주어야 한다. 그래야 말이 생기를 회복하는데 도움이 된다. 가능하다면 말을 늘 보이는 곳에 두고, 말과 친한 사람이 옆에서 항상 챙겨주도록 하는 것이 바람직하다.

감염 예방 *Disinfection*
만일 감염성 질병에 걸린 말이 있다면, 그 말을 손질한 도구들은 사용한 직후에 반드시 소독약물에 담가 두어야 한다. 다른 말에게 전염되는 것을 예방하기 위해 필수적이다.

망아지 분만 *FOALING: THE BIRTH*

임신 말기가 되면 말을 묶어두지 말고 편한 자리를 찾아가 스스로 분만하도록 하는 것이 바람직하다. 왜냐하면 망아지 분만은 상당히 신속하게 진행된다. 한 마디로, 아무런 분만 징후가 보이지 않던 임신마가 한 30분간 어디론가 사라졌다가 건강한 신생 망아지를 데리고 나타나는 것을 종종 볼 수가 있기 때문이다. 이렇게 신속한 분만과정 때문에 분만 중에 발생할 수 있는 어떤 문제점을 교정할 시간이 많지 않다. 그래서 분만 중에 어떤 일이 일어나고 있는지, 어미 말과 망아지가 어떤 도움을 필요로 하는지를 인식하는 것이 매우 중요하다. 분만 예정일이 다가오면 미리 분만에 필요한 것들을 잘 준비해야 한다. 수의사에게 연락할 수 있도록 전화번호도 확인하고, 여차하면 달려와서 도와줄 수 있는 경험 많은 친구에게 미리 말해두는 것도 필요하다.

임신 모마 *Pregnant mother*

망아지가 언제 태어날 지를 예측하는 것은 쉬운 일이 아니다. 정상적인 말 임신기간이 평균적으로는 340일이지만, 짧게는 310일에서 길게는 365일까지 범위가 넓기 때문이다. 분만 1기가 시작되면, 어미 말은 자궁이 수축할 때마다 복부 통증을 보이며, 마치 산통에 걸린 말처럼 바닥에 구르거나 눕거나 머리를 돌려 배를 바라보기도 한다. 그럼에도 불구하고 암말들은 종종 다른 분만 징후를 보이기도 한다.

FOALING: THE BIRTH 망아지 분만

분만 DELIVERY

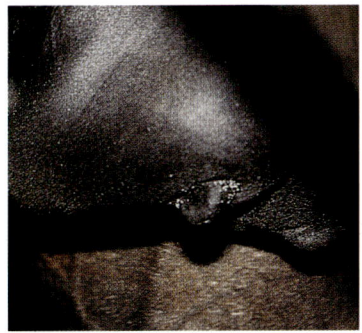

젖꼭지에 유즙이 맺힌 암말
Mare with waxed-up teats

분만이 임박한 경우 눈으로 관찰되는 유일한 분만 징후는 암 말 젖꼭지에 꿀 또는 왁스 같은 유즙 방울이 보이는 것이다. 이런 징후가 반드시 들어맞는 것은 아니지만, 보통 분만 2~3일 전에 나타난다.

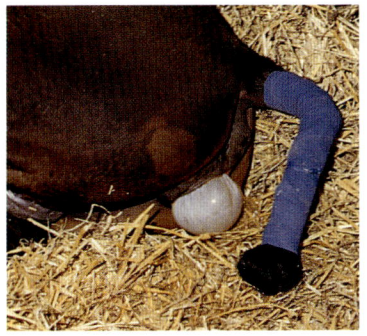

양막을 보이는 암말
Mare with membranes showing

분만 2기가 되면, 암말은 매우 강력하게 배에 힘을 준다. 임신 중에 자궁 안에서 망아지를 감싸고 있던, 물이 찬 양막이 보이기 시작한다.

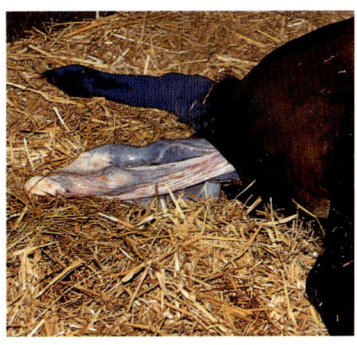

망아지의 출현
The foal appears

일단 양막이 터지면, 앞다리 한 개가 보이고, 잠시 후 다른 한 다리가 보인다. 만일 한 다리가 나오고, 암말이 수 분 동안 힘을 주는데도 다른 다리가 나오지 않으면, 즉시 수의사를 불러야 한다.

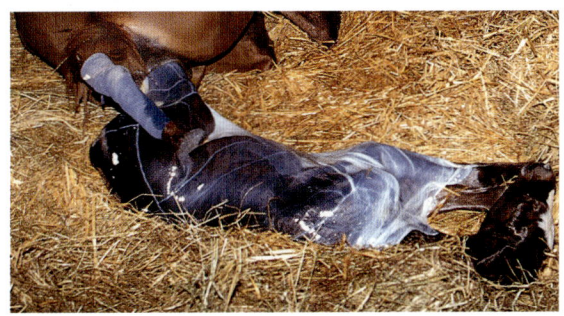

두 앞다리가 다 보이고 망아지 머리가 보이는 암말
Mare with both from legs and head of foal showing

망아지 전반부의 몸통은 나왔는데 망아지의 골반부가 걸려서 아무리 어미 말이 힘을 주어도 더 이상 나오지 않는 경우도 있다. 그러면 두 앞다리를 잡고 어미 말이 힘 줄 때를 맞춰 당겨 분만을 도와준다. 그래도 나오지 않으면 즉시 수의사를 부른다.

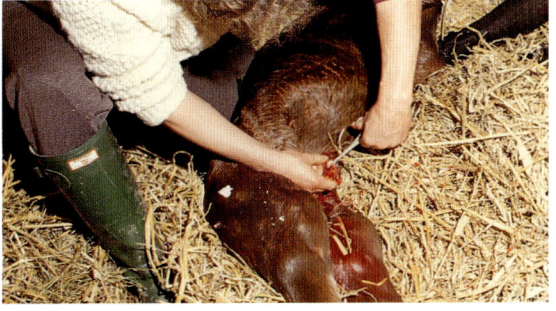

분만 최종 단계 The final stages

망아지가 완전히 빠져나오기 전이라도 망아지의 다리와 머리의 움직임이 관찰된다. 이때 분만을 도와주며 어미 말이 노력을 해도 2~3분 내에 망아지가 다 빠져 나오기 어렵다고 판단되면 수의사를 불러야 한다. 망아지가 태어난 직후 망아지를 옮기거나 제대를 묶지 말아야 한다. 분만 후에도 잠시 동안 어미 말과 망아지 사이에 혈액이 순환되어 항체가 망아지에게 전달되도록 해야 한다.

분만 후 망아지 관리 CARE AFTER THE BIRTH

망아지가 태어난 지 한 시간 후에 일어서지 않더라도 억지로 일으키지 않는다. 섣불리 도와주면 망아지와 어미 말 사이의 유대감을 해칠 수 있다. 태반이 완전히 배출되었는지 확인해야 한다. 태반이 어미 말의 자궁 안에 남아 있으면, 어미 말이 죽을 수도 있다. 배출된 정상적인 태반은 'Y' 모양으로 한쪽 끝은 둥글고 두 팔이 붙어 있어야 한다. 의심스러우면 수의사에게 태반을 확인시킨다. 혹시 어미 말이 계속 움직여서 망아지가 젖을 빠는데 힘든지 확인한다. 또는 망아지가 젖 빠는 것을 멈추거나 어미 말을 잘 안 따라다니는지, 반복적으로 꼬리를 올리는지, 자주 졸고 있는지도 관찰해야 한다. 망아지가 태어난 후 3~10일이 되었을 때, 2~3일간의 설사는 곧 멈추기 때문에 너무 걱정할 필요는 없다. 만일 걱정된다면 수의사와 상의한다.

엉덩이 먼저 분만 BREECH BIRTH

분만 시 망아지가 엉덩이부터 나오는 경우도 있지만 큰 문제가 될 것은 없다. 단지 분만 초기에 망아지 엉덩이가 암말의 골반강에 걸릴 수 있으니 지켜봐야 한다.

신생 망아지 관리 FOALING: EARLY DAYS

망아지가 태어난 직후 간신히 일어나 비틀거리며 어미 젖을 빠는 모습을 바라보는 것 만큼 가슴 뭉클한 것은 없다. 망아지가 안전하게 태어난 것은 망아지가 앞으로 겪어야 할 많은 과제들 중에서 시작에 불과한 것이다. 분만 직후 처음 며칠이 망아지 생애에 중대한 영향을 미친다. 어미 말에서 분비하는 초유를 충분히 섭취하지 못한 망아지는 향후 수개월 동안 많은 감염병에 시달릴 수 있다. 분만 직후 몇 시간은 어미 말에게도 중요한 시기이다. 이 시기에는 어미 말도 감염에 상당히 취약하고, 자궁에 손상이 발생할 수도 있기 때문이다. 따라서 분만 후 24시간 내에 수의사를 불러 어미 말을 검진할 필요가 있다.

첫걸음 FIRST STEPS

기립하려고 노력하는 신생 망아지
Foal in the process of standing

생후 몇 시간이 망아지의 생애에 대단히 중요하다. 망아지가 배워야 하는 첫 번째 기술은 자신의 네 다리로 일어설 줄 알아야 하는 것이다. 놀랍게도 태어난 지 한 시간 내에 망아지들은 기립한다. 일어나려고 하는 과정에서 여러 번 넘어지더라도 걱정할 필요는 없다. 넘어질 때 다칠 염려는 없다.

초유 빨기 *Foal suckling*

망아지가 두 번째로 배워야 하는 기술은 어미젖을 빠는 것이다. 대부분의 망아지는 분만 후 2시간 이내에 젖을 빤다. 망아지가 젖을 못 찾으면 젖이 있는 방향을 알려주되 입에 젖을 물려주는 것은 바람직하지 않다. 어떤 어미 말은, 특히 초산인 경우, 망아지가 충분하게 젖 빨 시간을 주지 않고 자주 움직이는 말도 있다. 어쨌든 망아지는 태어난 지 24시간 이내에 초유를 반드시 먹어야 한다. 스스로 힘든 상황이라면 사람이 도와주어야 한다.

7장

말 장구와 말 옷
TACK AND CLOTHING

말 장구와 말 옷들은 일반적으로 비싸기 때문에 잘 보관, 관리해야 한다. 말 장구를 깨끗하게 보관하고 양호한 상태로 손질해야 하는 다른 이유가 있다면, 그것은 결국 말을 보호하기 위한 것이다. 불결한 장구는 말 피부병을 일으키고, 잘 맞지 않는 장구, 마의, 부츠 등은 말을 불편하게 하고, 이것들이 장착된 부위에서 변위되거나 이탈될 경우 사고로 연결된다. 장구들과 마의를 말에게 정성스럽고 바르게 장착하는 것은 시간 낭비 같지만, 그렇게 할 때 말은 훨씬 편안함을 느끼고 기승이나 훈련에 더 잘 반응하게 된다.

안장과 복대 SADDLES AND GIRTHS

안장은 말의 등뼈가 기승자의 엉덩이를 찌르는 것을 막아주며, 기승자의 체중을 말 등에 고루 분산시킨다. 안장은 트리라고 불리는 프레임을 기초로 만들어진다. 안장을 안장걸이에 걸어서 보관하여 트리를 보호해야 한다. 트리가 부서지면 안장은 쓸모가 없어지고, 오히려 말을 다치게 한다. 그러므로 가능한 한 가장 좋은 안장을 구입해야 한다. 가죽으로 만든 안장이 가장 좋다. 부분적으로 섬유 또는 화학섬유로 만든 안장은 싸지만 오래가지 않는다. 불량한 바느질, 불안한 등자끈 고정대, 조악한 등자끈 및 녹슨 버클 등은 기승자에게 매우 위험한 요소들이다.

안장 THE SADDLE

안장의 종류
Types of saddles

장애물 안장, 마장마술 안장 및 일반용 안장 등 서로 다른 목적을 위한 여러 가지 종류의 안장이 있다. 웨스턴 안장은 카우보이의 신분을 나타내는 표시이므로 화려하며, 기승자 앞의 안장 뿔은 올가미 밧줄을 걸 때 그 당기는 힘을 견디기 위해 튼튼해야 한다.

SADDLES AND GIRTHS 안장과 복대 177

안장 패드 SADDLE PADS

직사각형 패드 *Rectangular Pad*
안장 패드는 안장의 밑면을 깨끗하게 유지하고 땀을 흡수한다. 안장 패드가 없으면 안장이 미끄러져 돌며 말 등과 마찰을 일으킨다. 안장 패드의 재질은 다양한데, 어떤 합성소재는 땀 흡수가 불량하다.

안착 패드 *Fitted Pad*
이 패드는 땀을 흡수하여 말 등을 보호하는 역할을 하며, 대개 안장 모양으로 만들어진다. 잘 맞지 않거나 쿠션이 나쁜 안장을 커버하기 위해 지속적으로 사용해서는 안 된다. 그런 안장은 교체하거나 수리해야 한다.

젤 패드 *Gel Pad*
열가소성의 천연고무 젤로 만들어진 패드는 말과 안장사이의 접촉을 고르게 해주며, 등이 아픈 말에 좋다. 젤은 압력을 분산시켜 말 등에 골고루 적용되도록 한다.

복대 GIRTHS

가죽 복대 *Leather girth*
가죽은 강하고 많이 늘어나지 않으나, 땀과 먼지를 흡수하기 때문에 깨끗하게 관리하지 않으면 딱딱해져서 말이 불편을 느낀다. 사진의 복대는 여러 종류의 가죽복대 중 하나로서, 강도를 유지하면서도 겨드랑이 근처에서 가늘어지도록 고안된 것이다.

세 개의 가죽 끈은 서로 간에 유동성이 있어서 말이 좀 더 편안하게 느낀다.

두 개의 버클이 압력을 균등하게 분산시키고, 하나가 끊어질 때를 대비한다.

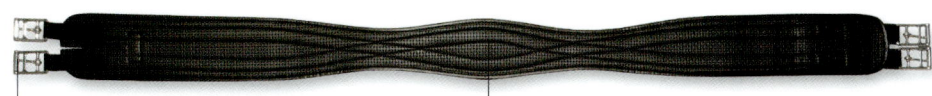

롤러버클로 부드럽게 조일 수 있다.

모양을 내고 패딩을 한 PVC 복대는 겨드랑이에서 말 피부를 꼬집지 않는다.

패딩 복대 *Padded girth*
직물 복대는 가죽 복대보다는 말이 숨쉬기가 좀 더 편하고 조임이 좋다. 피부 마찰이 적어 복대상을 줄일 수 있다. 때가 끼면 스펀지로 쉽게 닦아진다.

굴레와 재갈 BRIDLES AND BITS

굴레는 기승자가 말의 머리를 조정할 수 있도록 한다. 기본적으로 두 종류의 굴레가 있다. 한 개의 고삐가 연결된 소륵굴레(snaffle bridle)가 있고, 소륵재갈의 일종인 브리둠(bridoom)과 대륵재갈(curb bit)이 결합된 두 개의 재갈과 각각 고삐가 연결된 대륵굴레가 있다. 대부분의 굴레는 가죽으로 만들어진다. 가능한 한 단순한 형태의 굴레와 재갈로 말을 타는 것을 목표로 해야 한다. 대륵굴레는 말 안 듣는 말을 통제하려는 목적보다는, 의욕이 넘치고 잘 훈련된 말의 정확한 통제를 위해서만 사용해야 한다.

보관법 Storing
굴레는 말에서 벗겨낸 후, 머리끈 쪽을 걸어 매달아 보관한다. 넓고 둥근 곳에 걸어야 가죽이 접히는 것을 막을 수 있다. 가죽은 쉽게 곰팡이가 슬어 망가지므로 굴레는 물론 다른 가죽 용품들도 습기가 있는 곳에 보관해서는 안 된다.

굴레 THE BRIDLE

소륵굴레의 부위 명칭 The parts of a snaffle bridle
소륵굴레는 고삐, 목끈, 이마끈, 코굴레, 두 개의 뺨끈, 재갈 등으로 이루어진다. 세척 또는 다른 종류의 코굴레나 재갈로 갈아 끼우기 위해서 분해할 수도 있다.

BRIDLES AND BITS 굴레와 재갈

드롭 코굴레 Drop noseband
소륵재갈에만 사용하며, 말이 혀를 재갈 위로 빼어 입을 크게 벌리는 것을 막는다. 호흡을 방해하지 않도록 콧구멍 위쪽으로 지나가야 한다.

뺨끈은 입술선과 일치하도록 장착한다.

코굴레는 재갈 아래로 고정시켜 턱밑의 움푹한 부위로 지나게 한다.

웨스턴 굴레 Western bridle
양쪽 고삐는 서로 연결되어 있지 않아, 어느 한 쪽만으로도 말을 유도하거나 묶을 수 있다. 자극이 심해 힘이 아닌 조련으로 말을 완벽하게 제어하도록 한다.

대륵재갈 Curb bit
대륵재갈끈 Curb strap

긴 재갈가지는 제어력을 크게 해 준다.

해커모어 Hackamore
재갈이 없는 굴레로서 입이 아파 재갈을 물지 못하는 말에 사용한다. 주둥이에 대한 통제력이 좋아 제어하기 어려운 말들에게도 사용할 수 있다. 경험이 없는 초보자는 사용하지 않는 것이 좋다.

재갈 BITS

재갈의 작용 Action of the bit
재갈은 입에 물리면 혀 위를 지나 양쪽 잇몸 위에 놓인다. 목적에 따라 다양한 재갈이 있다. 가능하면 단순한 재갈을 사용한다. 입에 물리는 부분이 굵고 매끄러울수록 말이 편하게 느낀다. 관절형태의 재갈은 잇몸, 구각 및 혀에 작용한다.

측면이 부드러워 구각을 집지 않는다.

계란형 소륵 재갈 Eggbutt snaffle
가장 간단한 형태이면서도 가장 부드러운 재갈이다. 재갈대와 재갈고리의 연결 부위는 말 입을 집지 않도록 만들어져 있다.

한 개의 조인트를 가진 쇠 재갈대

원형 소륵재갈 Loose-ring snaffle
이런 종류의 소륵재갈 역시 단순한 형태이다. 양쪽의 재갈고리는 재갈대 끝의 구멍 사이로 자유롭게 움직인다. 구각이 여기에 집힐 수가 있다.

경화고무로 만든 재갈은 쇠로 만든 재갈보다 부드러운 느낌을 준다.

일자형 소륵재갈 Mullen-mouth snaffle
재갈대 부분은 쇠, 비닐, 경화고무 또는 일반고무로 만들어진다. 말은 혀를 밀어올려서 재갈의 작용을 부드럽게 할 수 있다.

대륵체인 Curb chain

일자형 펠햄 Mullen-mouth pellham
펠햄 재갈은 강력한 재갈로, 대륵굴레와 함께, 두 개의 재갈 대신에 사용한다. 턱 밑 홈에 압박을 주는 대륵체인과 함께 사용한다.

하단부 링일수록 가장 강한 힘이 작용한다.

엘리베이터 재갈 Elevator bit
이 재갈은 말의 입과 목덜미를 강력하게 압박한다. 이중 고삐를 중심 재갈고리와 하단부 재갈고리에 연결하여 사용한다. 재갈고리가 많을수록 더 강력하게 작용한다.

재갈대 굴곡

킴블윅 Kimblewick
재갈대의 중간이 구부러져있어서 입천장에 압박을 가할 수 있으나 혀의 움직임을 덜 제한하는 재갈이다.

말장구 장착 FITTING TACK

잘 맞는 말 장구를 사용하는 것은 말과 사람 모두에게 중요하다. 말 장구가 말에 맞지 않으면, 말이 고통을 느껴 기승자의 부조에 반항하게 된다. 특히 안장은 각각의 말에게 적합한 것을 사용해야 한다. 그래서 말에 따라 잘 맞는 안장을 별도로 맞춰야 하는 경우도 있다. 느슨한 마구는 부조의 사용을 어렵게 만들거나 벗겨져 사고를 유발할 수 있다. 지금 사용하는 마구에 의심이 생긴다면 가까운 마구점 전문가에게 문의하는 것이 바람직하다.

안장 THE SADDLE

기승자의 체중으로 말의 허리까지 부담을 줄 만큼 안장이 너무 길어서는 안 된다.

위치 Position
안장은 말 등에 반듯하게 올려놓아야 하며, 척추 위에 놓는 것이 아니라 늑골 위에 놓아야 한다. 안장이 닿는 부분에서 가슴의 양쪽이 평행하기 때문에 안장의 위치를 고정하는데 도움이 된다.

안장은 안장패드나 양털깔개 없이도 마체에 잘 맞아야 한다.

안장 홈 사이의 공간 Space through the gullet

말이 고개를 아래로 숙였을 때, 안장 홈을 통해 반대편을 볼 수 있어야 한다. 기갑(돋등마루)에 흰 털은 이 부분에 안장이 압박하여 마찰한 증거이다.

복대를 조이고 사람이 기승한 상태에서 안장 홈을 통해 반대편을 볼 수 있는지 확인한다.

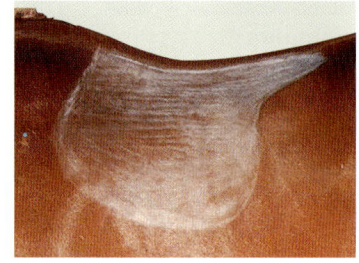

분필자국 테스트 Chalk mark test
안장의 밑 부분에 분필가루를 칠하고 말 등에 안장을 올려놓는다. 잠시 후 안장을 다시 들어냈을 때, 말 등에 묻은 분필자국을 보면 안장이 말 등에 적절하게 맞는지를 확인 할 수 있다.

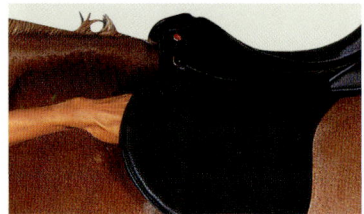

적절한 넓이 Correct width
안장은 말의 어깨와 넓이가 같아야 한다. 너무 좁으면 척추를 압박하여 운동을 제한한다. 너무 넓으면 등성마루와 가까워진다.

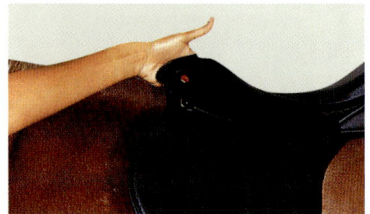

안장머리의 높이 Height of the pommel
안장머리는 기갑(돋등마루) 위에 올려놓는데, 기갑보다 훨씬 높게 위치시켜야 한다. 그렇게 함으로써 기갑이 눌리지 않고 말이 고개를 바로 들 수 있다.

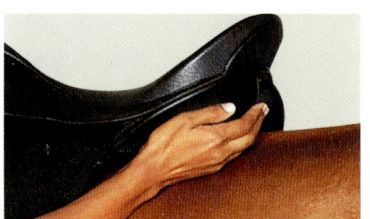

잘 맞는 안장 Snug fit
잘 맞는 안장은 복대를 조이기 전이라도 말 등에 꼭 맞아야 한다. 기승한 상태에서 안장이 많이 움직인다면 말 등을 비벼 상처를 내게 된다.

굴레 THE BRIDLE

코굴레 조임
Tightness of the noseband

카베슨 코굴레는 코끈과 코 사이에 손가락 두 개가 들어갈 수 있을 정도로 느슨하게 맨다. 드롭 코굴레는 재갈을 제자리에 고정시키기 위해 입을 너무 벌리지 못하도록 하는 것이기 때문에 꽉 조여야 한다.

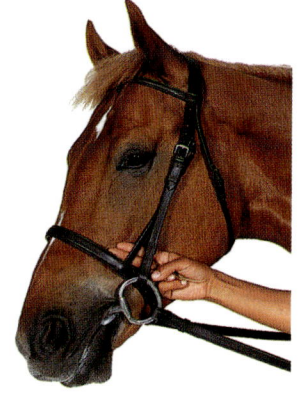

코굴레의 높이
Level of the noseband

코굴레는 입과 광대뼈 사이의 중간에 위치하도록 한다. 손가락 두 개를 광대뼈 아래로 밀어 넣을 수 있어야 한다. 코굴레의 위쪽 끈은 말의 눈에 닿지 않아야 한다.

목끈 *Throathlathch*

말 목과 목끈 사이에 손을 옆으로 세워 손가락 네 개가 들어갈 수 있도록 여유 있게 연결한다. 너무 꽉 조이면 말의 호흡을 방해할 수 있다.

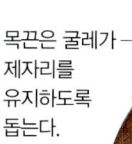

목끈은 굴레가 제자리를 유지하도록 돕는다.

이마끈은 앞머리 아래에 놓인다.

코끈은 콧등에 자리잡는다.

이마끈 *Browband*

이마끈 밑으로 손가락 두 개를 넣을 수 있어야 한다. 이마끈이 머리끈과 뺨끈을 당기지 않고, 그들이 자연스레 직선을 유지하도록 해야 한다.

정면 *Front view*

정면에서 말의 머리에 씌워진 굴레를 신중하게 점검한다. 굴레가 반듯하고 좌우 대칭적으로 잘 씌워졌는지 확인한다.

올바른 재갈 장착 *Fitting the bit correctly*

잘 맞지 않는 재갈은 말에게 불편함을 주며 사고를 유발할 수 있다. 구각에 주름이 너무 많이 생기지 않도록 뺨끈 길이를 조절한다. 말이 웃고 있는 것처럼 보여야 한다. 재갈이 너무 높으면 구각에 비벼지고, 너무 낮으면 이빨에 부딪친다. 재갈대는 입 안에서 직선으로 위치할 때, 입 옆으로 좌우 각각 5mm 정도 돌출하는 것이 적당하다. 재갈대가 너무 길면 좌우로 움직이며 입을 문지르고, 너무 짧으면 구각을 꼬집게 된다.

잘 맞음 *CORRECT FIT*

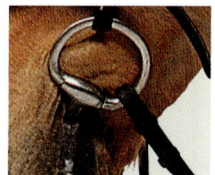
너무 높음 *TOO HIGH*

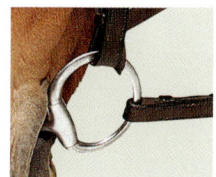
너무 낮음 *TOO LOW*

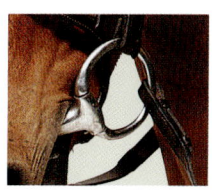
긴 재갈 *TOO WIDE*

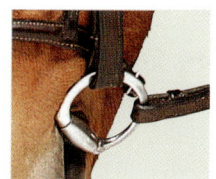
짧은 재갈 *TOO NARROW*

안장 올리기 PUTTING ON A SADDLE

솔질을 마치고 말이 준비가 다 되면 장안을 한다. 마방에서 묻은 오물이나 땀자국 그리고 마른 흙을 솔로 빗어 털어낸다. 특히 안장과 복대가 닿는 부분에 신경을 써야 한다. 우선 안장을 올려놓는다. 어떤 말들은 안장 복대를 조이면 가슴을 부풀렸다가 나중에는 힘을 빼서 복대가 느슨해진다. 굴레를 씌워 놓으면 말이 긴장을 풀어 힘을 빼고 있기 때문에 기승 직전에 복대를 다시 조인다. 승마가 끝나면 말을 장안한 채 혼자 두지 말고 즉시 안장을 벗겨낸다. 말이 땅에 구르고 싶을 때는 장안 상태에서 구르기도 한다. 그렇게 되면 안장은 물론 말 등도 부상을 입게 된다.

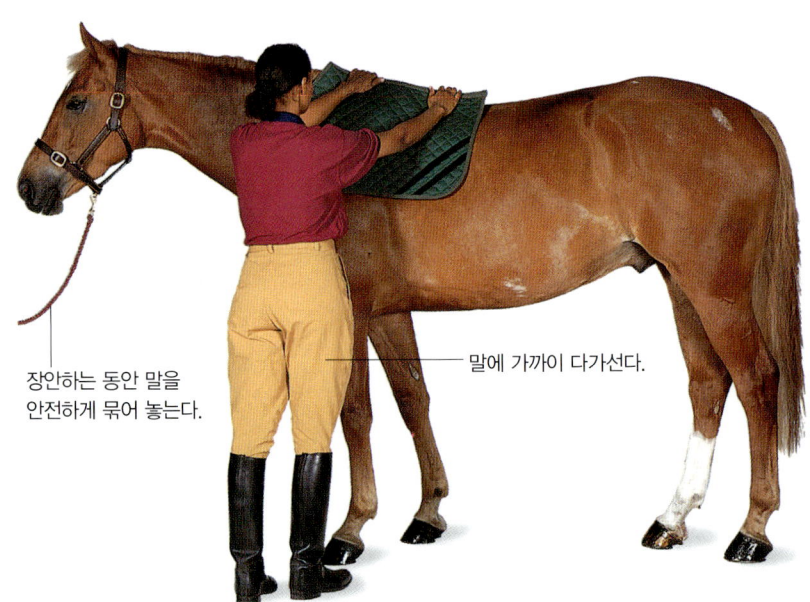

장안하는 동안 말을 안전하게 묶어 놓는다.

말에 가까이 다가선다.

1 말에게 천천히 다가가며 말을 건다. 등의 털을 뒤쪽으로 고르게 한 후, 돋등마루 위 안장 놓을 자리에 안장 패드를 깐다. 실제로 안장이 놓일 자리보다 앞쪽에 안장패드를 놓는다. 나중에 안장과 함께 털의 방향을 타고 뒤쪽으로 밀릴 수 있도록 한다.

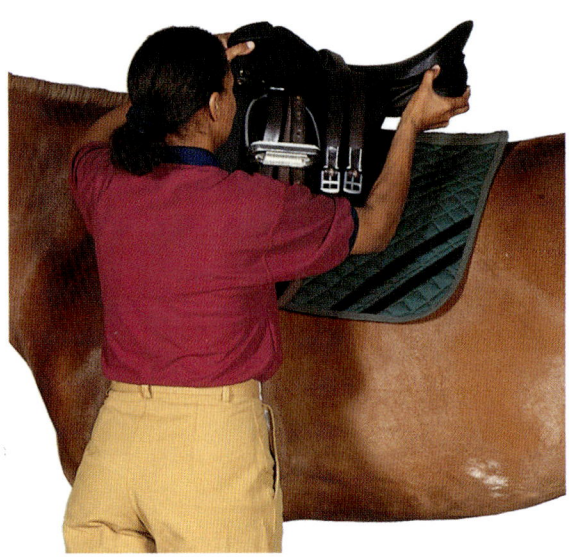

2 등자가 위쪽에 올려져있고, 복대의 한쪽은 고정되어 안장 너머로 넘겨져 있는지 확인한다. 안장패드가 움직이지 않도록 하면서 안장을 위에서 아래로 내려놓는다. 털이 제 방향이 아닌 반대쪽으로 쏠리지 않도록 한다. 즉, 안장과 안장패드를 앞쪽으로 움직이지 않는다.

3 안장패드의 앞쪽과 안장홈 부분을 함께 잡아 올리면서 안장이 제자리에 바르게 위치하도록 뒤쪽으로 민다. 복대 끝을 안장패드 고리 사이로 통과시켜 안장패드와 안장에 연결한다.

PUTTING ON A SADDLE 안장 올리기 183

복대를 천천히 내려놓는다. 반대쪽으로 던져서는 안 된다.

4 반대쪽으로 가기 위해서는 말의 앞쪽으로 지나가야 하며, 필요하면 목 밑으로 지나갈 수도 있다. 복대를 내리고 혹시 꼬이거나 뒤집힌 부분은 없는지 모든 부분을 점검한다.

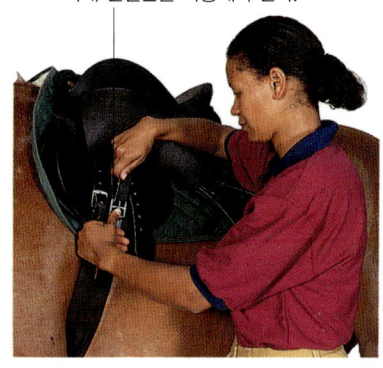

안장의 좌우 양쪽에서 같은 위치의 복대 연결끈을 사용해야 한다.

5 다시 말의 반대쪽으로 돌아가서 복대를 조인다. 하나의 버클을 앞쪽 복대 연결끈에 결합시킨다. 복대 연결끈은 독립적으로 안장에 붙어 있으므로 하나가 끊어져도 다른 하나가 복대를 연결한다. 피부가 접히지 않도록 복대를 조인다.

6 버클커버로 복대 버클을 덮는다. 이것은 말을 타는 동안 버클이 앞뒤로 움직이거나 버클이 기승자의 다리에 파고드는 것을 막고, 비벼지면서 안장이 손상되는 것을 예방한다.

복대는 안장의 중심으로부터 수직으로 그려지는 가상선보다 약간 앞쪽에 위치하도록 한다.

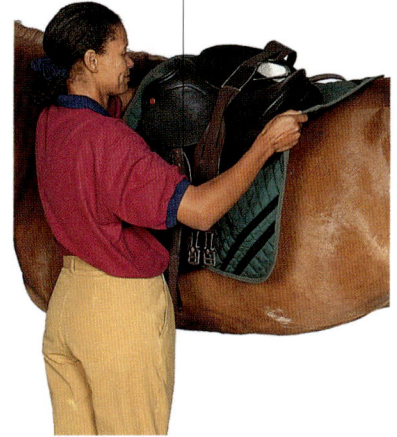

안장을 내리기 전에 등자쇠를 등자끈의 맨 위쪽으로 밀어 올린 후 등자끈을 등자쇠 사이로 통과시킨다.

7 복대를 점검하고 충분히 조인 후, 양 앞다리를 앞쪽으로 잡아당겨 복대 아래로 피부가 접히지 않도록 한다. 복대를 조일 때, 말이 반응하는 것은 나쁜 버릇이지만, 등이 아프거나 안장이 불편해서 그럴 수도 있다.

안장 벗기기 *Removing the saddle*
한 쪽의 복대 연결을 풀고, 안장 너머로 넘긴다. 안장과 안장패드를 함께 쥐고 약간 뒤쪽으로 밀듯이 하며 들어 올린다.

굴레 씌우기 PUTTING ON A BRIDLE

장안 후에 굴레를 씌운다. 이마끈이 사람의 팔꿈치를 향하도록해서 머리끈과 고삐를 한 팔에 든다. 나중에 씌울 때 꼬인 부분이 발생하지 않도록 미리 확인한다. 말의 앞쪽에서 접근하여 사람이 무엇을 손에 들고 있는지 볼 수 있도록 한다. 소리에 민감한 말들도 있기 때문에 말을 향해 접근할 때 금속재갈이 서로 부딪혀 소리가 나지 않도록 주의한다. 굴레를 씌우는 동안 말이 움직이지 않도록 하기위해 말 목에 마방굴레를 걸어둔다. 굴레가 반쯤 씌워진 상태에서 말이 달아나면 고삐줄이 말 다리에 걸려 부상당할 우려가 있으므로 주의해야 한다.

1 마방굴레를 풀어 주둥이 쪽으로 빼낸 후 목 둘레에 감는다. 말의 왼쪽에 서서 고삐를 오른손으로 잡아 말 머리 너머로 씌운다. 또는 고삐를 먼저 목에 걸고 마방굴레를 벗기기도 한다.

등자는 기승준비가 끝날 때까지 말아 올려진 상태로 둔다.

2 오른팔을 말의 턱 밑으로 돌려 넣어 굴레의 뺨끈을 모아 쥐고 말의 얼굴 앞에 든다. 재갈은 주둥이 바로 아래에서 왼손에 올려놓는다. 그러면 코끈이 말의 코를 감싸는 형태가 된다.

3 말의 얼굴 위쪽으로 굴레를 부드럽게 올린다. 재갈이 입에 닿으면 엄지손가락을 구각의 입술 사이로 밀어 넣어 잇몸을 가볍게 눌러 말이 입을 벌리도록 한다.

PUTTING ON A BRIDLE 굴레 씌우기

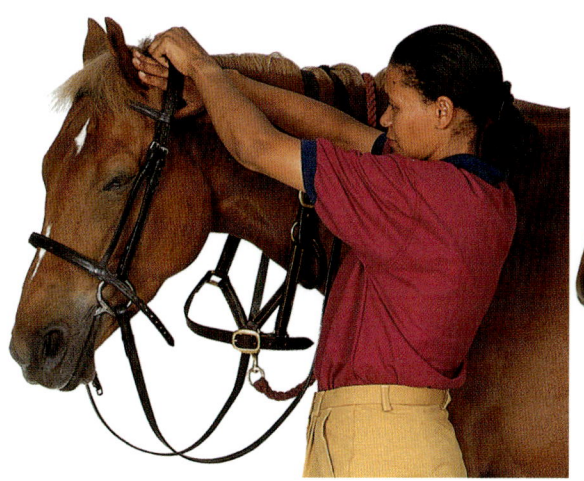

5 버클을 조이기 전에 굴레의 모든 부분이 꼬인 부분 없이 제대로 펴져 있는지 확인한다. 갑자기 말이 달아나더라도 굴레가 벗겨지지 않도록 가장 먼저 목끈을 조인다. 목끈은 굴레가 벗겨지지 않도록 하는 역할을 한다. 목끈은 약간 느슨하게 조인다(*181쪽 참조*).

4 재갈이 말의 입 밖으로 다시 빠져나오지 않도록 주의하며 머리끈을 귀 넘어로 넘긴다. 조심스럽게 말의 귀가 이마끈과 머리끈 사이에 위치하도록 한 후 머리털이 모두 이마끈 위로 나와 있는지 확인한다.

각 끈의 끝을 고정고리 안으로 밀어 넣는다.

6 마지막으로 코굴레를 고정한다. 카베슨 코굴레는 뺨끈 안쪽에 얼굴 옆에서 느슨하게 고정한다. 드롭 코굴레는 재갈 아래쪽에 꽉 조이게 고정한다(*181쪽 참조*).

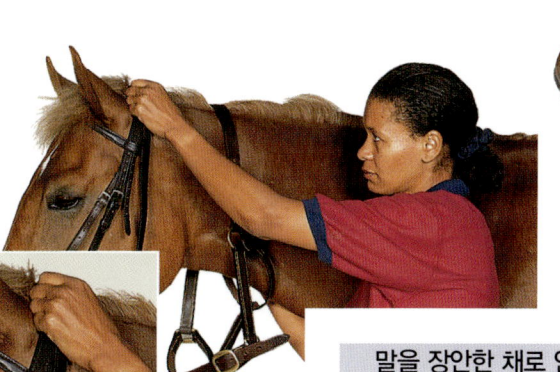

굴레 벗기기
Removing the bridle

굴레를 벗겨낼 때는 우선, 말의 목 둘레에 마방굴레를 느슨히 감고 코굴레와 목끈을 푼다. 고삐를 말의 머리 위에 올려놓고 머리끈과 함께 한 손에 모아 쥐고 조심스럽게 귀 너머로 벗겨 낸 후 말의 얼굴 앞에서 서서히 벗겨 내린다. 말이 재갈을 뱉어내도록 하면 코굴레는 자연스럽게 벗겨진다. 굴레를 너무 빨리 벗겨서 재갈이 이빨에 부딪히지 않도록 한다.

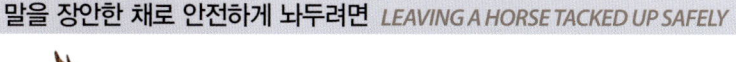

말을 장안한 채로 안전하게 놔두려면 LEAVING A HORSE TACKED UP SAFELY

장안 되어 있는 말을 남겨두고 잠시 자리를 비워야 하는 경우에는, 고삐를 느슨하게 꼰 후 목끈 사이로 통과시킨다. 등자는 늘어져 흔들리지 않게 말아 올린다. 재갈굴레 위에 마방굴레를 씌우고 매어 놓는다.

등자쇠를 등자끈 위쪽으로 바짝 올린 후, 등자끈을 등자쇠 사이로 통과시킨 후 남은 등자끈의 끝부분을 등자끈 루프 사이로 통과시켜 고정한다.

특수 장비 EXTRA EQUIPMENT

굴레와 안장은 사람이 말 등에 타고 말을 조종하는 수단이다. 그 외에도 상황에 따라 다른 장비가 필요할 때도 있다. 예를 들면, 어떤 말은 체형상 안장이 뒤로 잘 밀리는 경우가 있는데, 이런 말에게는 안장고정대(breast plate)나 가슴걸이(breast girth)가 필요하다. 머리를 심하게 흔들어대는 말들에게는 머리의 움직임을 제한하기 위해 마틴게일이 사용된다. 분명히 어떤 장비가 필요한지 제대로 확인하고 특수 장비를 사용해야 한다. 안장이 적절하게 장착되었다면 안장고정대를 사용할 필요가 없고, 재갈이 입에 맞지 않아 고통스러워하는 말에게 마틴게일을 사용해서는 안 된다.

안장고정대 BREAST PLATE

특징 및 장착법 *Features and fitting*
안장고정대는 말의 목 둘레에 씌워서 사용하는 장구로서, 위 양쪽의 고정끈은 안장에 걸고, 아래의 고정끈은 말의 양 다리 사이를 통과하여 복대와 연결된다. 안장고정대와 말의 어깨 사이에는 손가락 네 개가 들어갈 만한 여유가 있어야 하며, 끈이 꼬이지 않았는지 확인해야 한다.

가슴걸이 BREAST GIRTH

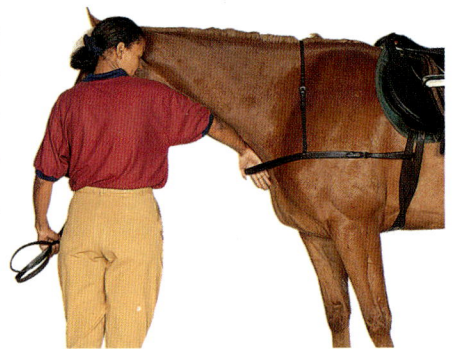

특징 및 장착법 *Features and fitting*
가슴걸이는 말의 가슴 둘레 양쪽으로 복대와 연결하는 장비이다. 목 너머로 둘러지는 끈에 의해 다리로 흘러내리는 것을 방지한다. 가슴걸이는 대략 지면과 평행하게 장착해야 하며, 안장고정대와 마찬가지로, 앞쪽에서 가슴걸이 사이로 손을 넣었을 때 손가락 네 개가 들어갈 정도의 여유가 있어야 한다.

러닝 마틴게일의 사용 USING A RUNNING MARTINGALE

복대와 연결되는 고리가 뒤쪽을 향하는지 확인한다.

1 러닝 마틴게일은 복대에 연결되는 끈으로서, 한쪽 끝은 두 가닥으로 갈라져서 고삐가 자유롭게 통과하는 링이 각각 달려 있으며, 목 둘레에 씌운 목끈(neck strap)으로 지탱한다. 이것은 머리가 높은 말의 제어를 쉽게 하기 위해 쓴다. 러닝 마틴게일을 사용할 때는 안장과 굴레를 먼저 장착한 후, 마틴게일의 목끈을 말의 머리와 고삐 위로 넘긴다.

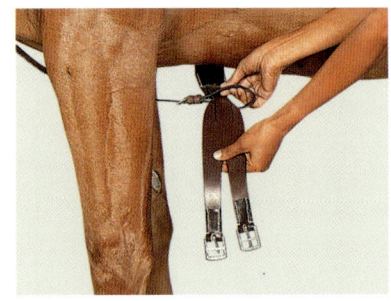

2 복대를 풀고, 마틴게일 끝의 고리 사이로 복대를 통과시킨다. (이 고리에는 버클이 달려서, 마틴게일의 길이를 조절할 때 사용한다. 3단계 참조) 다시 복대를 조인다.

EXTRA EQUIPMENT 특수 장비 187

고삐의 러버스톱(rubber stop)은 마틴게일의 링이 재갈 쪽에 있는 고삐의 버클에 걸리지 않도록 막아준다.

3 마틴게일을 처음 장착할 때에는, 고리가 달린 끈의 길이를 확인해야 한다. 이 끈은 말이 머리를 들 때 고삐를 잡아당겨 재갈로 입에 압박을 가한다. 이 끈을 위로 올리면 기갑(돈등마루) 근처의 높이까지 올 정도로 길이를 알맞게 조절한다.

목끈과 마틴게일의 연결 부위에는 전용의 두꺼운 고무링을 사용한다.

4 고삐의 버클을 풀어 분리한다. 양쪽 고삐를 각각 링에 통과시켜 다시 버클을 조인다. 고삐나 마틴게일 끈이 꼬이지 않도록 한다.

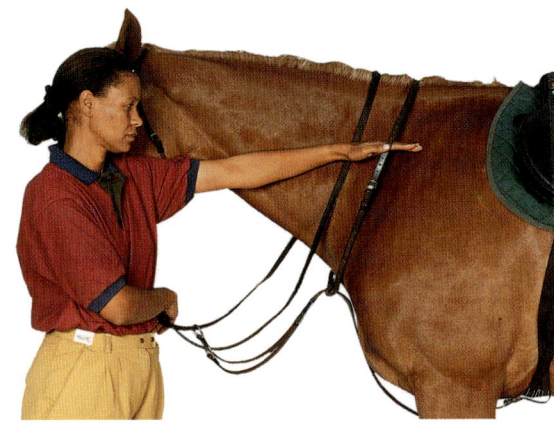

5 말의 목과 목끈 사이로 손가락 네 개가 들어갈 수 있을 정도로 목끈을 조절한다. 러닝 마틴게일을 착용한 말을 끌 때는 고삐가 머리 위로 넘어오면 말의 입에 재갈 압박이 가해지므로 주의해야 한다. 짧은 거리를 이동할 때는 턱 밑 30cm 부근의 양쪽 고삐를 잡아끈다. 아니면 고삐의 버클을 풀고 링을 묶거나 마방굴레를 착용시킨다.

스탠딩 마틴게일의 사용 USING A STANDING MARTINGALE

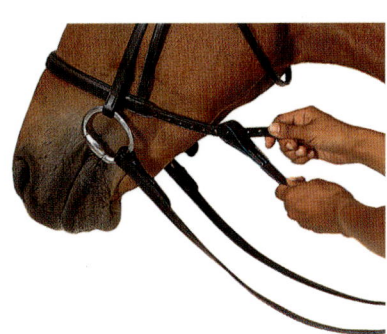

1 스탠딩 마틴게일은 복대와 코끈을 연결하는 끈과 목끈으로 구성된다. 이것은 말이 머리를 높이 쳐드는 것을 방지한다. 러닝 마틴게일과 같은 방법으로 복대에 연결한다. 마틴게일 끈의 고리 사이로 코굴레를 통과시켜 조인다.

스탠딩 마틴게일은 카베슨 코굴레를 착용할 때만 사용한다.

2 마틴게일 길이가 적당한지 점검한다. 머리의 상하 움직임의 폭은 마틴게일 끈의 길이에 의해 제한된다. 말이 바르게 서 있을 때 마틴게일 끈을 들어 올려 말의 목 밑에 닿을 정도가 되어야 한다.

◀ **재갈과 굴레** *Bits and bridles*
말에게 사용하는 재갈과 굴레는 매우 다양하다. 하지만 가능한 한 가장 단순한 장구를 사용하는 것을 목적으로 해야 한다. 말을 강한 재갈이나 복잡한 장구로 억지로 통제하기보다는 기승자가 원하는 대로 스스로 행동하도록 조련되어야 한다.

Tack room **장구 보관창고** ▶
말 장구는 대부분 가죽으로 만들어졌기 때문에 건조한 곳에 보관해야 한다. 말 장구를 더러운 곳에 두지 말아야 한다. 나중에 세척하는 일이 더 힘들기 때문이다. 말장구를 잘 보관해야 오래 사용할 수 있다.

▼ **복대끈 조이기** *Strapping up*
말 등에 안장을 올리는 것이나 기승하기 전에 장안을 점검하는 것은 반드시 스스로 해야 한다. 복대를 조일 때 혹시 말이 숨을 참고 있는지 확인해야한다. 그런 경우 말이 안정되면 복대가 느슨해질 수 있기 때문이다.

▼ **오른쪽 마의에 대한 주의사항**
Attending to blankets
마의를 입히거나 벗길 때는 항상 주의를 집중해야 한다. 말에게 마의를 입혔을 때는 다리 아래로 마의가 흘러내리지 않았는지 확인해야 한다. 마의를 사용하지 않을 때는 청결한 상태로 건조하게 보관해야 한다.

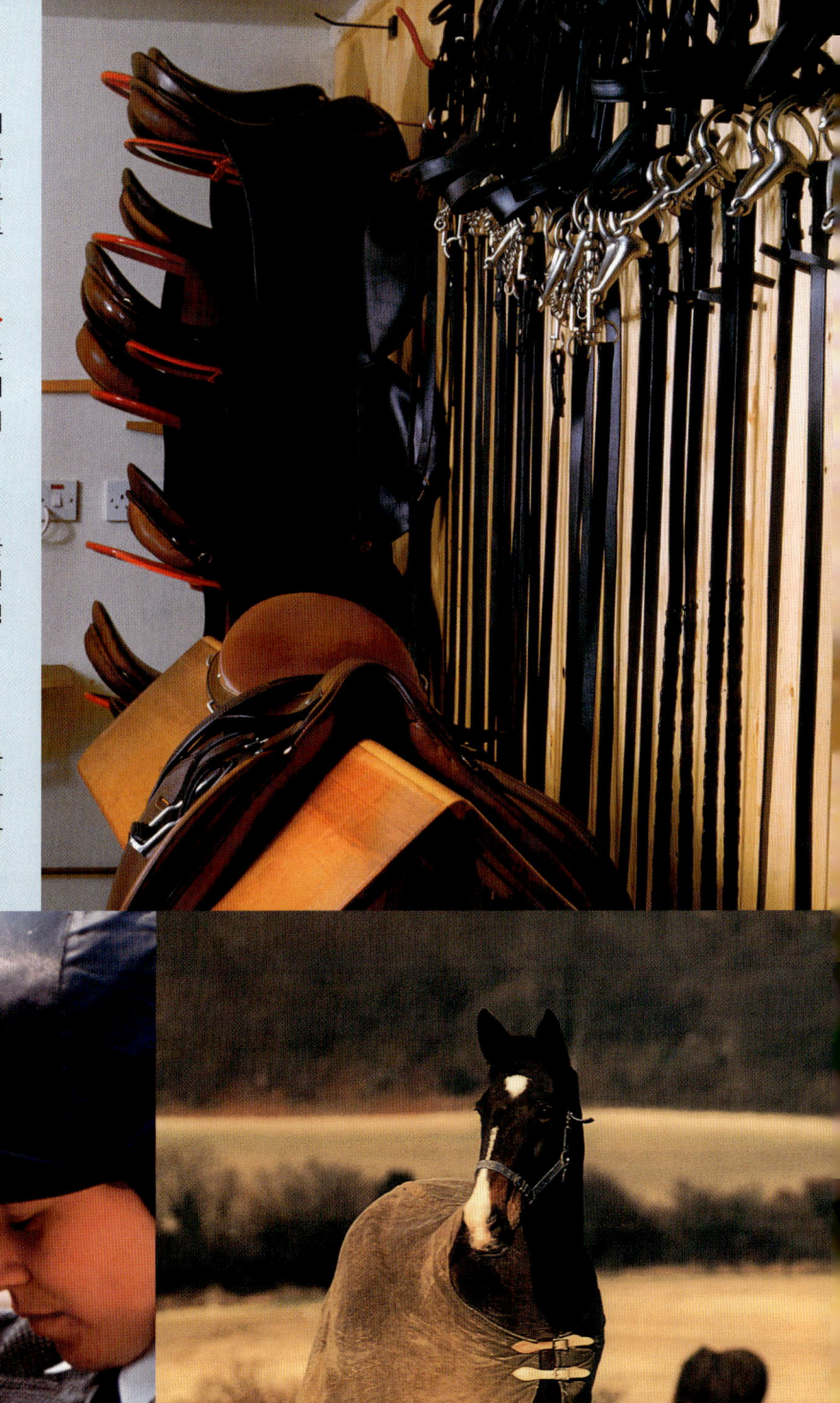

말장구 손질 CLEANING TACK

말 장구는 깨끗하고 부드러운 상태로 유지하고 항상 수선상태가 좋아야 한다. 재갈, 복대, 안장패드의 청결은 특히 중요하다. 더러운 장구를 쓰면 먼지가 피부에 비벼져 염증이나 감염을 유발할 수 있다. 최소 1주일에 한 번은 안장세척용 비누로 가죽부위를 닦고, 기승한 후에는 항상 먼지를 털어낸다. 손질할 때마다 마모상태를 확인하고 특히 바느질 부분을 잘 점검한다. 기승 중에 마구가 파손되면 사고로 이어져 기승자와 말이 다칠 수 있다. 굴레는 사용하지 않아도 훼손될 수 있으므로 한 달에 한 번은 굴레를 분해하여 점검한다.

말 장구 손질 용품 TACK-CLEANING EQUIPMENT

모든 마구 손질 용품은 한 곳에, 예를 들면 양동이에 함께 넣어 깨끗이 보관한다. 그렇지 않으면 먼지가 쌓일 수 있으므로 청결히 관리해야 한다. 사용하는 스펀지의 종류는 매우 중요하다. 손으로 짜서 거의 말릴 수 있는 것이어야 하며 정기적으로 교체해야 한다. 부스러지는 스펀지는 계속사용하지 말아야 한다.

양동이 BUCKET
안장세척용 비누 SADDLE SOAP
강솔 STIFF BURSH
스펀지 SPONGE
젖은 천 DAMP CLOTH
광택 천 POLISHING CLOTH
마른 천 DRY CLOTH
마방 고무 STABLE RUBBER
안장용 기름 SADDLE OIL
금속 광택제 METAL POHISH
기름 붓 BRUSH FOR OIL

굴레 손질 CLEANING THE BRIDLE

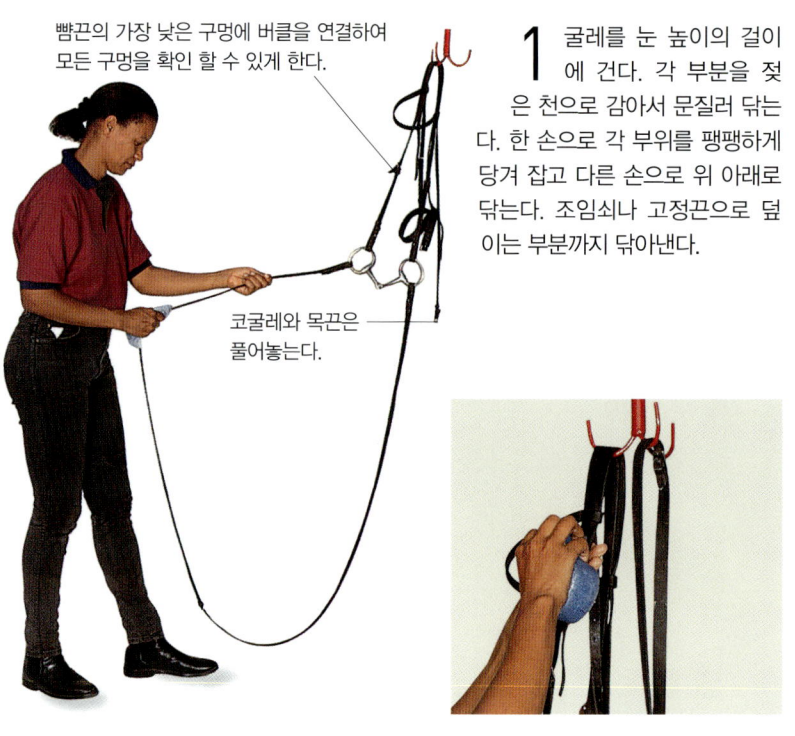

뺨끈의 가장 낮은 구멍에 버클을 연결하여 모든 구멍을 확인 할 수 있게 한다.

코굴레와 목끈은 풀어놓는다.

1 굴레를 눈 높이의 걸이에 건다. 각 부분을 젖은 천으로 감아서 문질러 닦는다. 한 손으로 각 부위를 팽팽하게 당겨 잡고 다른 손으로 위 아래로 닦는다. 조임쇠나 고정끈으로 덮이는 부분까지 닦아낸다.

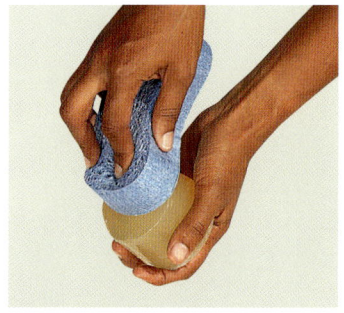

2 안장세척용 비누를 물로 적신 후 습기가 있는 스펀지에 대고 문지른다. 스펀지를 물에 담그지 않도록 한다. 가죽 부위에 비누보다 물이 더 많이 묻으면 가죽이 딱딱해지기 때문이다.

3 모든 가죽들은 스펀지에 비누를 발라 양면을 위 아래로 문지르며 비누칠한다. 굴레가 걸려있는 부분까지 닦는 것을 잊지 말아야 한다.

CLEANING TACK 말장구 손질 191

재갈과 등자쇠 *Bit and stirrups*
재갈은 사용 후 매번 세척해야 한다. 물 양동이에 재갈을 담가서 말라붙은 풀과 사료 등을 닦아낸다. 등자쇠도 물에 담가 흙을 털어낸다. 등자끈을 해체하고 필요하면 등자끈도 닦는다.

가죽 부분이 물에 잠기지 않도록 한다. 물에 닿으면 가죽과 바느질이 손상된다.

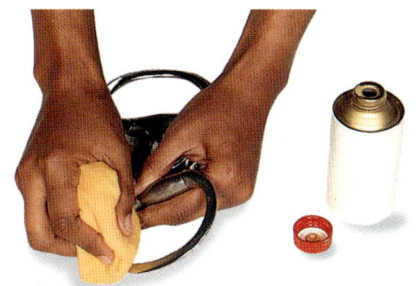

금속 광택 *Polishing metal*
드러난 모든 금속은 금속 광택제로 광을 낸다. 그러나 재갈대 부분은 광택제를 바르지 않는다. 불쾌한 맛이 나고 염증을 유발할 수 있기 때문이다.

안장 손질 CLEANING THE SADDLE

1 복대, 해체 가능한 버클 덮개 그리고 가죽 등자끈을 분해한다. 가죽 복대와 가죽 등자끈을 굴레와 같은 방법으로 닦는다. 안장을 엎어 놓고 판넬과 아랫부분을 먼저 닦는다. 그리고 안장걸이에 올려놓고 나머지 부분을 닦는다. 먼저 먼지와 기름기를 젖은 수건으로 닦는다.

가죽 외 재질의 복대 손질
CLEANING NON-LEATHER GIRTHS
뻣뻣한 솔로 흙과 털을 털어내고, 복대를 비눗물에 담근 후 깨끗이 헹군다. 말 피부에 염증을 유발할 수 있으므로 세제는 사용하지 않는다. 같은 방법으로 안장패드를 세척한다. 어떤 종류의 복대와 패드는 세탁기로 빨 수도 있다. 다시 사용하기 전에 완전히 건조시켜야 한다.

골이 파진 방향을 따라 아래로 솔질을 한다.

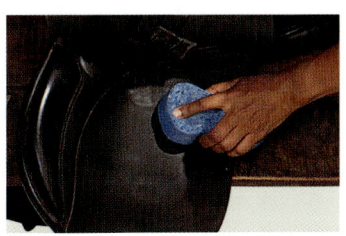

2 안장세척용 비누를 모든 가죽 부분에 원을 그리며 바른다. 안장 날개와 끈 사이의 모든 틈에도 비누를 바른다. 천이나 세무 재질의 부분에는 비누를 묻히지 않고 솔로 먼지만 털어낸다.

3 가죽 부분 특히 가장 흡수성이 높은 아랫면을 보호하기 위해 기름을 바른다. 깨끗한 가죽에만 기름칠을 한다. 흡수되지 않고 겉에 남은 기름은 닦아낸다. 나중에 기승자의 옷에 묻을 수 있기 때문이다.

마방 마의 STABLE BLANKETS

마방의 문, 창문, 환풍구는 거의 연중 열어 두어야 한다. 따라서 마방에서 관리되는 말, 특히 털을 깎은 말은 겨울철에 체열보호를 위해 마의를 입힐 필요가 있다. 일단 밤에 마의를 입혔던 말은 덜 추운 날 밤이라도 마의를 벗기지 말아야 한다. 감기에 걸릴 수 있기 때문이다. 계절이 바뀌어 마의를 더 이상 입히지 않아도 될 때까지는 마의를 계속 입혀야 한다. 마방 마의는 두 겹으로 되어 있다. 겉 겹은 말을 보호하기 위한 것이고, 안감은 보온을 위한 것이다. 안감은 마의 전체를 덮을 수 있을 정도로 넓어야 한다. 값이 저렴한 마의는 안감이 반 정도 밖에 안 되는 경우도 있으므로 잘 확인해야 한다. 겉 겹은 다양한 소재로 만들어지나 린넨으로 만들어진 것이 가장 좋다. 연결 조임 쇠 역시 다양한 종류가 있으며, 말이 뒹굴어도 마의가 돌아가지 않는 것이 좋다.

마의 입히기 PUTTING ON A BLANKET

1 끈이 안쪽에 위치하도록 마의 앞뒤를 반으로 접는다. 앞쪽 부분이 위를 향하도록 하고, 접힌 부분이 몸에서 먼 쪽으로 가도록 하여 오른팔에 건다. 말의 왼쪽으로 다가가서 왼손으로 말 어깨를 만지며 마의를 입히려고 하는 것을 말에게 알려준다.

2 접힌 마의를 말의 기갑(돈등마루) 너머로 던져 올린다. 앞쪽 끝이 최종적으로 입힌 위치보다 약간 앞으로 나오도록 위치시킨다. 마의를 펴서 엉덩이 너머로 펴고 뒤쪽으로 잡아당긴 후 말 등 위에 정확하게 씌워졌는지 확인한다.

끈을 고정한다
FASTENING A STRAP

배 아래로 끈을 교차시킨다.

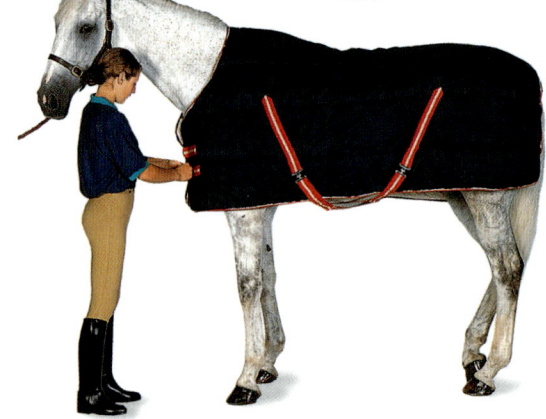

3 말의 반대편으로 돌아가서 끈을 아래로 늘어뜨리고, 마의가 고루 펴졌는지 확인한다. 다시 왼쪽으로 돌아가서 마의를 다듬고, 먼저 배 쪽의 끈을 고정한다. 말이 달아나면서 마의가 미끄러져 목에 걸리면 말은 매우 놀라 패닉에 빠질 수 있으니 주의해야 한다.

4 가슴끈을 고정한다. 마의가 너무 앞쪽으로 치우쳐 있으면 약간 뒤쪽으로 당긴다. 가슴끈을 조이기에 마의가 너무 뒤쪽으로 치우쳐 있으면 마의를 벗겨서 다시 입혀야 한다. 마의가 뒤에 있다고 앞쪽으로 당기면 털 결에 반하여 털이 곤두서 말이 불편해 할 수 있기 때문이다.

STABLE BLANKETS 마방 마의

적정한 사이즈
The correct size

마의의 크기는 길이로 결정되는데 매우 다양하다. 적당한 크기의 마의를 고르기 위해서는 말 가슴뼈의 중심부터 엉덩이의 끝까지 길이를 잰다. 마의는 기갑부터 미근부까지 덮을 수 있어야 한다. 입혔을 때 말에게 불편을 주지 않기 위해서는, 어깨와 가슴 쪽으로 한 손을 넣을 수 있을 정도로 여유가 있어야 한다.

어깨 부분이 잘 맞는 상태
CORRECT FIT AT SHOULDER

마의는 너무 단단하게 조여서도 안되고 너무 느슨해서도 안된다.

가슴 부분이 잘 맞는 상태
CORRECT FIT AT BREAST

담요 및 복대끈 착용 PUTTING ON A LINER AND A SURCINGLE

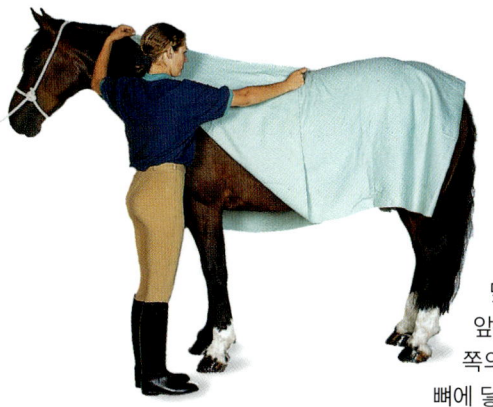

1 말에게 보온이 더 필요한 경우에 마의 안에 담요를 입힐 수 있다. 담요의 뒤쪽 끝이 꼬리에 닿을 정도로 덮고, 가능한 한 목 앞쪽까지 덮은 후 앞쪽의 양 모서리를 등뼈에 닿도록 접어 올린다.

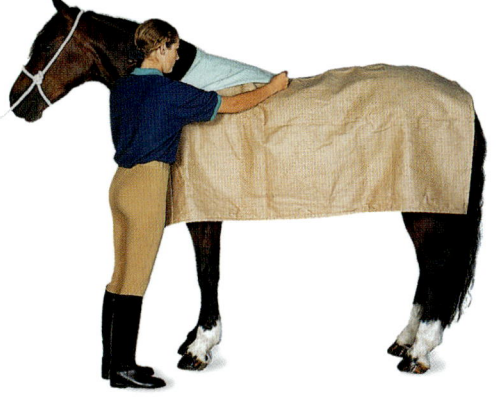

2 담요가 고루 펴지고 양쪽에 대칭적으로 늘어져 있는지 확인한 후, 전체적인 위치를 바로잡는다. 바로 밑에 덮인 담요의 위치를 흩트리지 않고 마의를 입히도록 주의한다. 마의 밖으로 노출된 담요의 앞쪽 끝을 마의 위로 삼각형으로 접어 담요가 밀리는 것을 막는다.

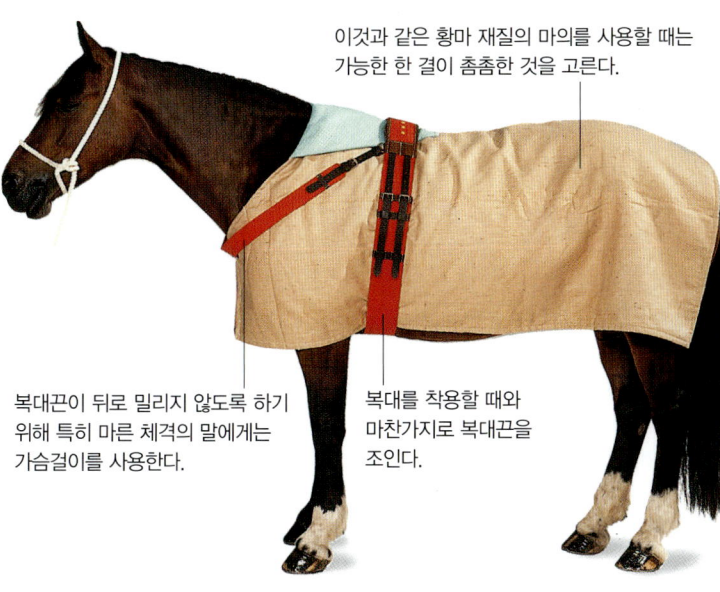

이것과 같은 황마 재질의 마의를 사용할 때는 가능한 한 결이 촘촘한 것을 고른다.

복대끈이 뒤로 밀리지 않도록 하기 위해 특히 마른 체격의 말에게는 가슴걸이를 사용한다.

복대를 착용할 때와 마찬가지로 복대끈을 조인다.

3 고정끈이 없는 마의를 사용할 때는 복대끈과 가슴걸이를 사용해야 한다. 기갑 바로 뒤에서 복대끈으로 가슴을 둘러 조인다. 복대끈은 종류가 다양하며, 어떤 것은 복대끈과 마의 사이에 천을 덧대어 만든 것도 있다.

기타 마의 OTHER BLANKETS

마의에는 다양한 종류가 있다. 주로 말을 따뜻하게 보온하는 용도이며, 악천우로부터 말을 보호하기 위한 것이다. 새 마의를 입힐 때는 주의를 기울여야 한다. 특히 뉴질랜드 마의같이 소재가 뻣뻣하거나 행동을 방해하여 말을 불편하게 하는 것도 있다. 더러운 마의는 입히지 말아야 한다. 마의는 비자극성 세제를 사용하여 정기적으로 세탁해야 한다. 깨끗이 헹군 후 잘 말려 입힌다.

뉴질랜드 마의 NEW ZEALAND BLANKET

뉴질랜드 마의는 비바람으로부터 말의 하체를 보호하기 위해 충분히 길어야 한다.

주요 특징 Main features
뉴질랜드 마의는 방목장에서 바람과 추위를 막기 위한 목적으로 고안되었다. 최신 모델은 가볍고 완전 방수되는 것도 있다. 이 마의는 말 몸에 잘 맞는 것을 입혀야 한다. 소재가 마체 형태에 맞게 쉽게 길들지 않기 때문이다.

방목된 말 확인 Checking a turned out horse
마의를 입혀 방목한 말은 잘 관찰해야 한다. 마의가 흘러내리는 경우가 있기 때문이다. 마의가 흘러내렸으면 벗겨서 다시 입혀야 한다. 마의를 벗기고 입힐 때는 말을 매어놓아야 한다. 입은 상태에서 잡아당겨 고쳐 입히면 털이 반대방향으로 쏠릴 수 있다.

파리로부터의 보호 PROTECTION AGAINST FLIES

말은 말 머리 주위에서 날아다니는 파리 때문에 주의가 산만해진다. 이것이 계속되면 머리 흔드는 버릇이 생긴다. 파리를 쫓기 위해 외승 나갈 때 플라이 마스크를 씌워야 할 필요도 있다. 최신 모델은 가벼운 그물형태로, 예민한 말을 위해 귀에서부터 주둥이까지 씌우는 것도 있다. 이것은 야외에 나갈 때 태양광선에 의한 화상이나 흡혈 곤충을 막기 위해 씌우기도 한다.

얼굴가면 VISOR

시야를 방해하지 않고 얼굴 전체를 보호하는 고운 그물망

파리 방지용 뜨개질 면 덮개 – 말 귀에서부터 눈까지 덮어 파리를 막아주는 것

파리 가면 FLY MASK

OTHER BLANKETS 기타 마의 195

다양한 마의 MORE TYPES OF BLANKET

방수 마의 Waterproof blanket
방수 마의는 전통적인 뉴질랜드 마의보다 가볍고 부드러우며 머리와 목도 보호해준다. 어떤 말은 처음에는 머리 커버를 싫어하므로 방목하기 전에 입혀서 충분히 적응할 시간을 준 뒤에 입혀 방목장에 내보낸다.

가벼운 마의 안에 입히는 그물망은 공기층을 형성하여 냉기를 막아준다.

이런 종류의 마의는 마체의 윤곽에 맞도록 설계되어 몸에 잘 맞는다.

발한 제한 마의 Anti-sweat sheet
이 망사형 마의는 고된 운동 후에 땀을 증발시키면서도 체열이 급격히 냉각되는 것을 막아 체온 유지를 할 목적으로 사용된다. 이 마의는 복대끈과 함께 착용해야 잘 벗겨지지 않으며, 마방이나 방목장에서 사용이 가능하다.

여름 마의 Summer sheet
이것은 뉴질랜드 마의의 여름 버전으로 가벼운 소재의 천으로 만들어진다. 천은 방수가 전혀 안 되나 파리의 접근을 막아주고 말을 깨끗하게 유지하는데 도움이 된다. 고정끈은 앞에서 뒤로, 복부를 가로질러 반대쪽으로 연결되어 가벼운 마의가 바람에 날리는 것을 막아준다.

운동용 마의 Exercise sheet
털 깎은 말을 가볍게 운동시킬 때 안장 밑에 착용하여 온기를 유지한다. 엉덩이 쪽은 덮어주지만, 어깨 운동을 자유롭게 하기 위하여 어깨 부위는 덮지 않는다. 운동용 마의는 빠른 훈련 시에는 사용하지 않는다. 왜냐하면 땀의 증발을 막아 근육 온도가 너무 올라가기 때문이다.

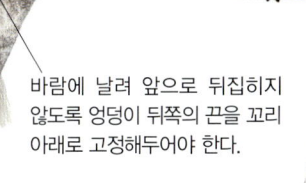

바람에 날려 앞으로 뒤집히지 않도록 엉덩이 뒤쪽의 끈을 꼬리 아래로 고정해두어야 한다.

보호용 부츠 PROTECTIVE BOOTS

말의 부츠는 발에 신기는 것이 아니라, 다리를 감싸 운동 중에 발생할 수도 있는 부상을 예방하기 위한 것이다. 부츠는 다리 피부에 비벼지지 않도록 단단히 고정해야 한다. 이것을 착용하면 말이 운동을 할 때 더러운 것들이 피부를 자극하여 염증 발생을 예방한다. 운동이 끝나면 곧바로 벗겨주어야 한다. 부츠는 다양한 소재로 만들어진다. 운동 스트레스를 줄여준다고 주장하는 "과학적 부츠"라는 것에 대해 주의해야 한다. 어떤 부츠도 그런 기능을 하는 것은 없다.

교돌방지용 부츠 Brushing Boots

이름이 암시하듯이 이 부츠는 찰과상을 방지하는 용도이다(143쪽 참조). 보호면이 안쪽이므로 고정끈은 바깥쪽을 향하도록 해서 양쪽 다리에 장착해야 한다.

교돌방지용 부츠
BRUSHING BOOT

바르게 장착된 교돌방지용 부츠
CORRECTED FITTED BRUSHING BOOT

건 보호용 부츠 Galloping boots

이 부츠는 운동 동작을 가능한 한 적게 제한하면서 건을 보호하기 위한 것이다. 말이 빠른 운동을 하면서 부츠가 망가진 경우 즉시 새 부츠로 교체해야 한다. 이 때 양쪽을 동시에 교체해야 한다. 말은 스스로 같은 부위를 계속 차기 때문이다.

건 보호용 부츠
GALLOPING BOOT

두 개의 덧댄 부분이 건의 양 옆에 위치하도록 장착한다.

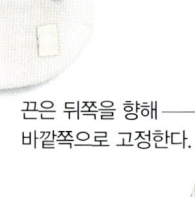

건 보호용 부츠의 안쪽 면
INSIDE OF GALLOPING BOOT

끈은 뒤쪽을 향해 바깥쪽으로 고정한다.

바르게 장착된 건 보호용 부츠
CORRECTED FITTED GALLOPING BOOTS

벨 부츠 Bell boots

이 부츠는 제구부와 발목의 아랫부분 제관부를 보호한다. 벨과 같이 원형으로 발굽위에 착용하는 것도 있고, 어떤 것은 한 쪽이 터져 있어서 발목 둘레에 버클로 고정하는 것도 있다. 이것들은 대게 느슨하게 착용시키나, 너무 길면 느슨해져 발이 그것을 밟을 수도 있다. 제구부를 덮되 지면에 닿아서는 안 된다. 훈련 중 빠르게 달릴 때는 지면에 더욱 가까워진다는 것을 알아야 한다.

벨 부츠 KEVLAR BELL BOOT   꽃술형 벨 부츠 PETAL BELL BOOT

펼쳐진 상태의 꽃술형 벨 부츠
OPEN BELL BOOT

바르게 장착된 벨 부츠
CORRECTED FITTED BELL BOOTS

PROTECTIVE BOOTS 보호용 부츠 197

구절 링 *Fetlock rings*

이것들도 크기가 다르게 나온다. 큰 것은 다리를 다친 말이 마방에 있을 때 사용한다. 말이 누워있을 때 링을 착용한 다리와 발은 지면에서부터 떨어지게 해서 부딪치는 것을 예방하기 때문에 발목, 구절 그리고 주관절 등을 보호할 수 있다. 작은 것은 그림과 같이 운동 중에 뒷다리 발목에 착용시켜 교돌을 예방한다.

구절 링 SAUSAGE BOOT

완관절 부츠 KNEE BOOT

바르게 장착된 구절 링
CORRECTED FITTED SAUSAGE BOOT

완관절 부츠 *Knee boots*

다양한 디자인의 완관절 부츠가 있는데, 모두 무릎의 앞쪽에 커다란 보호패드가 달려있다. 다리 뒤로 돌려 감는 고정 끈은 다리 움직임의 제한을 최소화하기 위해 상당히 가늘다.

바르게 장착된 완관절 부츠
CORRECTED FITTED KNEE BOOTS

운송용 부츠 *Shipping boots*

운송 중에만 사용되는 이 부츠는 다리의 앞다리 완관절 또는 뒷다리 비절부터 발굽까지 보호하기 위한 것이다. 빠르게 달리는 중에 부딪히는 충격을 견디게 하기보다는 패딩의 효과를 주기 위한 것이므로 부드러운 소재로 만들어진다.

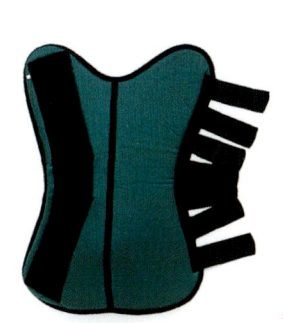
앞다리 운송용 부츠
SHIPPING BOOT FOR FRONT LEG

바르게 장착된 앞다리 부츠
CORRECTED FITTED FRONT BOOTS

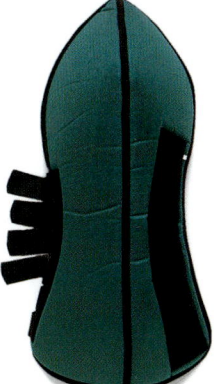
뒷다리 운송용 부츠
SHIPPING BOOT FOR HIND LEG

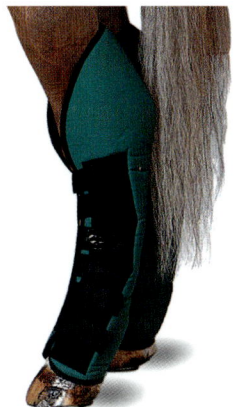
바르게 장착된 뒷다리 부츠
CORRECTED FITTED HIND BOOTS

운송용 부츠 장착법 PUTTING ON SHIPPING BOOTS

1 부츠로 다리를 감싼다. 이때 고정끈이 바깥쪽, 뒤쪽 방향으로 감아지도록 위치시킨다. 구절에 맞도록 굽어진 부분을 구절의 위쪽에 있도록, 최종적인 위치보다 약간 위쪽에 위치시킨다. 가운데 끈을 먼저 조여 부츠를 고정시킨다.

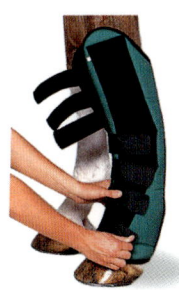

2 다음에는 부츠를 약간 아래로 눌러 구절과 완관절/비절이 부츠의 대응되는 부분에 위치하도록 맞추고 발굽의 윗부분을 덮는다. 아래 부분의 끈을 조인다. 이때 압박이 일정하게 유지되도록 한다.

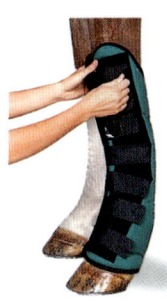

3 윗부분의 끈을 조인다. 말은 가벼운 평보 이상의 동작은 하지 않을 것이므로, 부츠의 위치를 유지할 정도로만 가볍게 조인다. 최종적으로, 가운데 끈이 느슨해지지 않았는지 다시 확인한다.

꼬리 및 다리 붕대 TAIL AND LEG BANDAGES

응급처치를 하는 경우 이외에도 말에게 붕대를 해줘야 하는 경우들이 있다. 예를 들면, 꼬리 붕대는 꼬리를 깨끗하게 유지하고 특히 운송 중에 털이 문질러지거나 어디에 걸려 뽑히는 것을 막기 위해 실시한다(76쪽 참조). 또한 꼬리털이 곧게 펴지도록 하기 위해 꼬리털을 손질한 후에 붕대를 감아준다(67쪽 참조). 다리 붕대는 지지, 부상방지 또는 보온 등을 위해 사용한다. 다리 붕대를 할 경우에는 붕대와 다리 사이에 반드시 패딩을 사용해야 한다. 패딩은 보온효과 뿐만 아니라 적절하게 압력을 유지시킨다. 붕대를 고정하는 방법은 제조사에 따라 다르다. 테이프와 벨크로 (Velcro) 접착포 등이 일반적이다. 사용한 붕대는 잘 빨아 완전히 헹궈서 항상 깨끗하게 관리해야 한다. 완전히 말린 후 다시 사용한다.

붕대와 패딩 BANDAGES AND PADDING

붕대의 종류 Types of bandages

꼬리 붕대는 상당히 얇으며, 축면사 또는 합성소재로 만들어진다. 훈련용 붕대는 다소 탄력적이어서 다리의 모양에 따라 늘어난다. 마방용 붕대는 상당히 두꺼우며, 펠트형(feltlike) 다리 붕대는 착용감보다는 보온을 위해 디자인 되어있다.

꼬리 붕대 TAIL BANDAGE
(폭 7~10cm)

마방용 붕대 STABLE BANDAGE
(폭 10cm)

훈련용 붕대 EXERCISE BANDAGE)
(폭 7cm)

패딩의 종류
Types of padding

누비 패딩은 반복 사용하다보면 압축되어 패딩효과가 감소하지만 솜 패딩보다는 다리 모양에 맞추어 감기가 쉬우며 오래 사용할 수 있다. 누비 패딩은 빨아서 사용하면 더 오래 사용할 수가 있지만, 솜 패딩은 빨아 쓸 수가 없다.

솜 패딩
SHEET COTTON

누비 패딩
QUINTING

꼬리 붕대 감기 PUTTING ON A TAIL BANDAGE

1 붕대의 끝부분을 미근부 중앙에 삼각형으로 돌출하도록 대고 붕대감기를 시작한다. 가능한 한 미근부 가까운 부위에서 꼬리 아래로 돌려 붕대를 감는다.

2 돌출시킨 붕대 끝부분을 첫 번째로 감아 돌린 붕대 위로 넘겨 접은 후, 그 위로 두 번째 감아 돌린다. 붕대의 위쪽 끝부분이 단단히 감겨져 있어야 나머지 부분이 잘 고정되므로 신중하게 감는다.

TAIL AND LEG BANDAGES 꼬리 및 다리 붕대   199

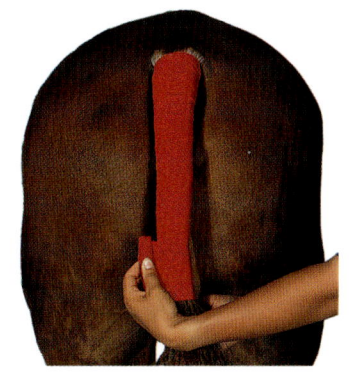

3 붕대를 꼬리 위에서부터 아래로 감아 내려간다. 이때 붕대 넓이의 1/2 또는 2/3 정도가 겹치도록 감는다. 탄력을 유지하며 압력이 고르게 감되, 너무 조여서 혈액순환이 방해되지 않도록 한다.

4 붕대를 미추 끝부분까지 감는다. 그 위치는 대략 다리의 맨 위쪽 높이인 서혜부에 해당된다. 그 부분에서 다시 위쪽으로 감아 올라간다.

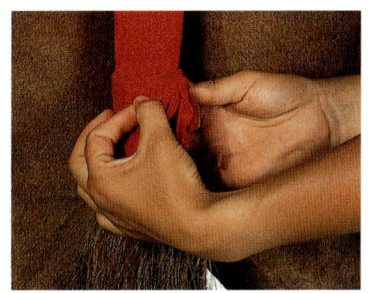

5 붕대의 끝에는 두 가닥의 끈이 달려있다. 마지막 감은 붕대가 느슨해지지 않도록 긴장감을 유지하면서 끈을 분리하여 각각 잡는다.

6 꼬리 뒤쪽에서 두 끈을 교차시킨 후 꼬이지 않도록 잘 편다. 붕대를 감은 압력과 같은 압력으로 끈을 묶는데, 꼬리의 앞쪽에서 나비매듭을 한다.

7 매듭의 고리와 늘어진 끈을 감겨진 붕대 사이로 밀어 넣어 깔끔하게 마무리를 하면 끈이 풀리는 것을 예방할 수 있다.

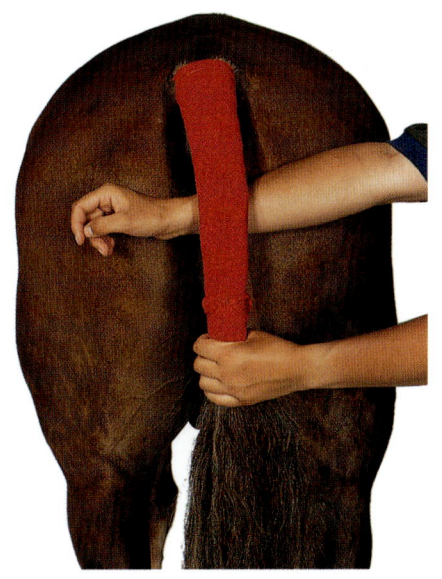

8 붕대가 감긴 꼬리를 들어 그 아래로 팔을 지렛대처럼 받친다. 꼬리 아랫부분을 부드럽게 눌러 구부린다. 이것은 꼬리가 뒤쪽으로 막대기처럼 뻗치지 않고 말 엉덩이 따라 편안하게 늘어질 수 있도록 해준다.

꼬리 붕대 풀기
Removing a tail bandage

오래 감아놓으면 혈액순환을 방해할 수도 있기 때문에 두세 시간 이상 꼬리 붕대를 감아 놓지 않도록 한다. 붕대를 풀 때는, 먼저 매듭을 풀고 붕대의 위쪽 끝의 양 옆을 잡고 아래쪽으로 민첩하게 잡아당긴다. 꼬리는 끝으로 갈수록 가늘기 때문에 쉽게 풀어진다.

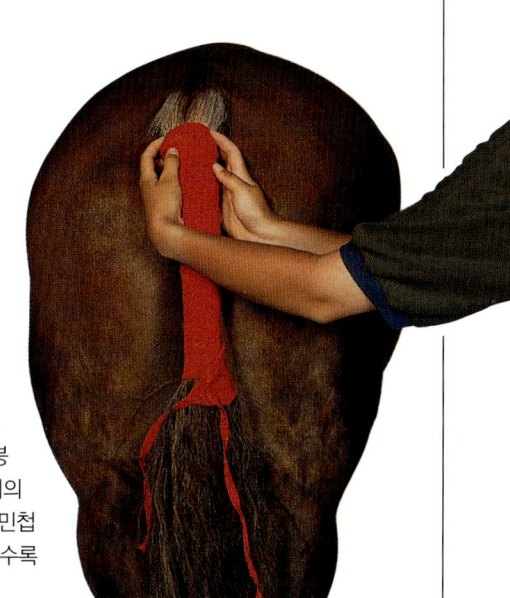

다리 붕대 LEG BANDAGES

다리 붕대의 사용
Using leg bandages

마방용 붕대는 다리의 지지, 또는 수의사의 처치 부위를 먼지나 다른 말로부터 보호하기 위한 목적으로 사용되는데, 종종 운송용 부츠의 대용으로 사용되기도 한다(197쪽 참조). 운동용 붕대는 운동 중에 추돌로부터 다리, 특히 건을 보호하기 위해 사용된다. 다리 붕대를 할 때는 각별히 주의해야 한다. 너무 세게 조이면 건이 손상될 수 있고, 너무 느슨하면 흘러내려 다리에 걸리기 때문이다.

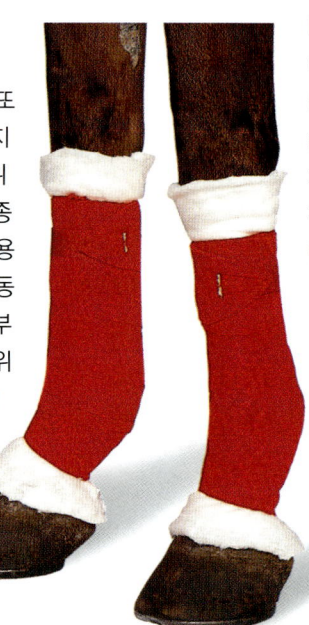

마방용 붕대 *Stable bandage*
한 쪽 다리만 다친 경우에도, 반대쪽 다리에 더 많은 부담이 실리는 것에 대비해 양쪽에 모두 감아주어야 한다. 운송을 위해 감을 때는, 붕대가 제관부까지 덮도록 한다.

운동용 붕대 *Exercise bandage*
무릎/비절 바로 아래에서 시작해서 구절 바로 위까지 감는다. 전문가에게 붕대 감는 방법에 대해 자문을 청한다. 운동 후 즉시 벗겨 낸다.

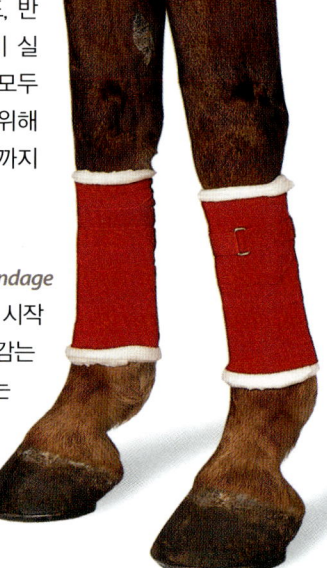

마방용 붕대 감기 PUTTING ON A STABLE BANDAGE

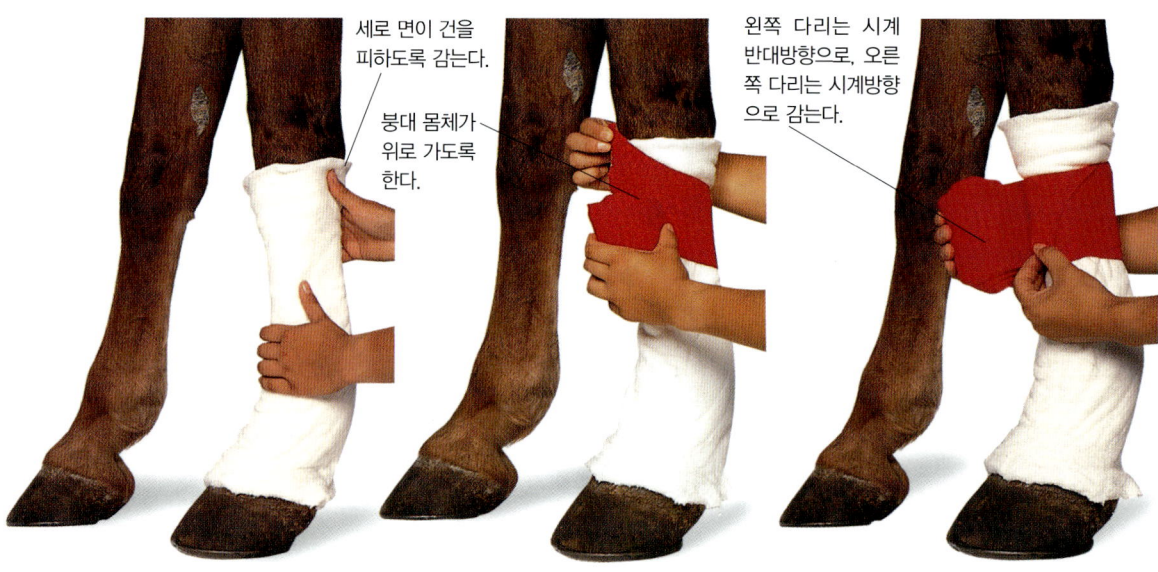

세로 면이 건을 피하도록 감는다.

붕대 몸체가 위로 가도록 한다.

왼쪽 다리는 시계반대방향으로, 오른쪽 다리는 시계방향으로 감는다.

1 다리 둘레에 패드를 고르게 감는다. 양 끝이 겹치는 부분에서는 왼쪽 다리에서는 시계반대방향으로, 오른쪽 다리에서는 시계방향으로 겹쳐지도록 한다.

2 위쪽부터 시작한다. 붕대의 끝으로 돌출 부위를 만들고 패드와 같은 방향으로 앞쪽에서 뒤쪽으로 두 번 감는다.

3 돌출된 부분을 감겨진 붕대 위로 접고, 그 위로 다시 붕대를 감아 고정한다. 붕대를 감을 때 너무 세게 당기지 말아야 한다. 왜냐하면 붕대가 다리를 중심으로 돌아가기 때문이다.

TAIL AND LEG BANDAGES 꼬리 및 다리 붕대 201

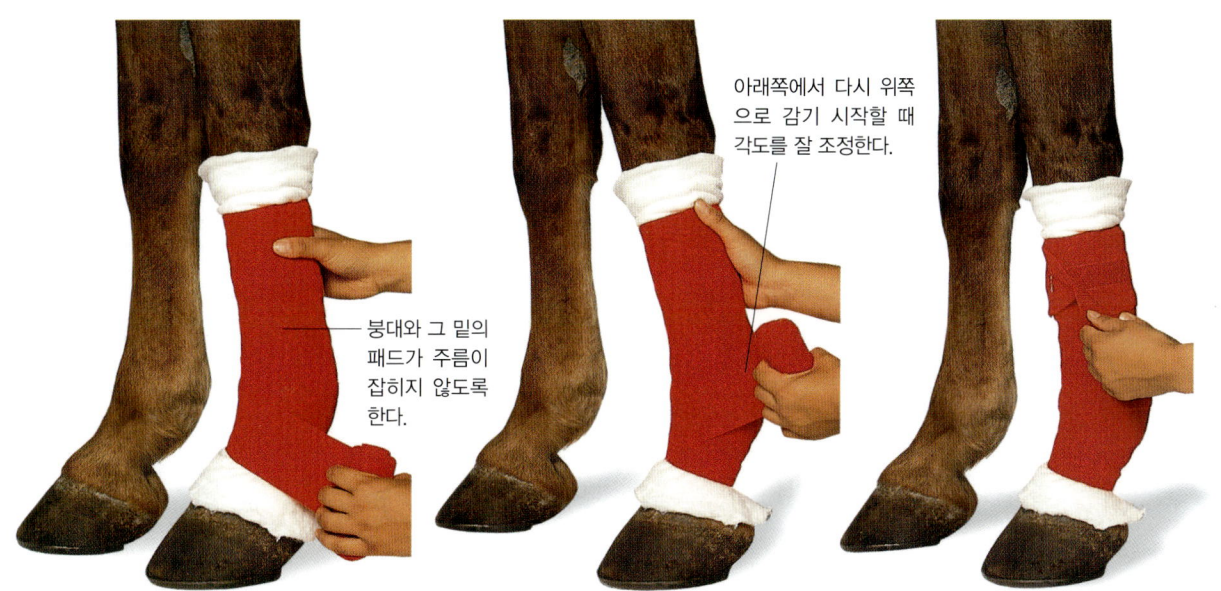

4 일정한 압력으로 단단하게 아래쪽으로 감아 내려간다. 붕대 폭의 2/3 정도가 겹쳐지도록 감고, 구절 부위에서도 같은 폭을 유지하도록 주의한다.

5 다시 위쪽으로 감아 올라간다. 다리의 앞쪽에서 처음 감아 내려온 붕대와 다시 감아 올라가는 붕대가 "V"형태를 만들도록 한다. 이것은 말이 움직일 때 붕대가 움직이는 것을 막아준다.

6 붕대를 감기 시작한 지점 바로 아래에서 끝나도록 한다. 붕대의 끝을 벨크로(Velcro) 접착포나 테이프로 고정한다. 반대쪽 다리에 비벼지지 않도록 바깥쪽에서 고정한다.

다리 붕대 풀기
Removing a leg bandage

붕대를 풀 때는 한 번에 말아 올리려고 해서는 안 된다. 그렇게 하는 동안 말이 참을성 있게 서 있을 것이라고 기대하기는 어렵다. 고정된 것을 풀고 나서 한 손에서 다른 손으로 옮겨 잡으며 풀어낸다. 패드가 바닥에 떨어지지 않도록 주의한다.

붕대 말기
ROLLING UP A BANDAGE

사용할 때 바른 방향이 되도록 붕대를 말아 둔다. 끈이나 테이프가 달린 쪽부터 말기 시작한다. 끝을 한 번 접은 후에 고정끈이 있는 쪽이 안으로 가도록 해서 단단하게 말되, 양쪽 끝이 고르게 한다.

끈이 달린 끝에서부터 말기 시작한다.

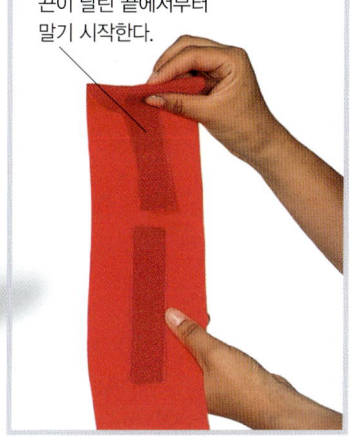

8장

힌트와 팁
HINTS AND TIPS

말의 세계는 기술적인 용어들로 가득 차 있다. 이렇게 많은 것들을 이해하기 위해, 이 장에서는 간단하게 해석된 개략적인 용어들을 수록하였다. 또한 말을 구입할 때는 어느 부위를 중점적으로 살펴봐야 하는지에 대한 조언, 말을 관리하는 동안 시간 배분은 어떻게 해야 하는지의 비결 그리고 필요시 말을 위탁관리 시킬 만한 마사를 고르는 요령 등이 포함되어 있다. 당신이 말 관리에 관한 모든 것을 잘 알고 있을 수는 없다. 그래서 더 알아보고 싶거나 조언을 구할 수 있는 연락처를 수록하였다. 궁금한 사항이 있으면 전혀 주저하지 말고 연락하여 조언을 구할 필요가 있다. 당신의 무지가 말을 위험에 빠뜨릴 수 있기 때문이다.

연중 관리 YEAR-ROUND CARE

야생마의 일상은 기본적으로 매일 같기 때문에, 사람들에게는 좀 지루해 보일지 모르지만, 말은 항상 똑같은 그런 생활에 맞도록 진화되어 왔다. 사육되는 말들도 산통이나 마비성근색소뇨증 같은 문제를 예방하기 위해 규칙적인 생활을 해야 한다. 가장 좋은 일과는 관리자가 1년 365일 계속 일정하게 관리해주는 것이다. 주말에 급격한 변화가 없이, 운동이나 조련 등의 주중활동에도 익숙해져야 한다. 관리방식을 변화시켜야 할 경우에는 점진적으로 해야 한다.

연중 관리를 해야 할 것은 말 뿐만이 아니다. 패독이 있다면 이것도 잘 유지관리 해야 하고, 방목장 펜스도 정기적으로 점검하고 보수하여 말이 약한 부분을 통해 달아나지 않도록 해야 한다. 초지의 풀이 자라는 계절에는 독초가 자라는지도 살펴서 제거해야 한다(94~95쪽 참조). 독초를 제거할 때는 위에서 풀만 잘라내는 것이 아니라 뿌리까지 완전히 제거해야 한다. 말 장구들도 오래 사용하기 위해서는 역시 정기적으로 점검 보수해야 한다. 안장이나 굴레, 고삐 등 가죽 제품들의 바느질이 풀린 것은 즉시 새로 꿰매줘야 한다. 그것을 방치하면 기승자나 말에게 모두 위험할 수 있기 때문이다. 마지막으로 마방관리도 매우 중요하다. 가장 관심을 가져야 하는 것은 기생충 구충이다. 거미줄이나 먼지 등 화재의 위험 요인이 될 만한 것도 제거해야 한다. 전기줄이나 기타 장비들도 정기적으로 점검해야 한다.

아래에 나열된 표는 계절별 마사관리 요령에 대해 상세한 아이디어들을 제공할 것이다.

초지에 방목된 말관리 POSSIBLE ROUTINES FOR KEEPING A HORSE OUTSIDE

구분	여름	겨울
이른 아침	말을 잡아 관찰하여 부상 여부를 확인하고 발굽을 파준다. 파리가 꼬이기 전에 눈곱 등의 분비물을 닦아준다. 식수 상태를 확인하고, 식수통에 신선한 물을 공급한다. 필요시 농후사료를 급여한다.	말을 잡아 관찰하여 부상 여부를 확인한다. 발굽의 상태를 확인한다. 마의 상태를 확인하고, 필요시 깨끗하고 마른 마의로 갈아입힌다. 물이 얼지 않았는지 확인한다. 건초를 급여하고 필요시 농후사료를 먹인다.
오전	기승을 위해 말을 잡는다. 가볍게 손질한 후 장안한다. 기승 후 안장을 내리고 닦아준다. 발굽을 파고 방충제를 뿌린 후 풀어준다. 필요시 급식한다.	마의를 벗기고 가볍게 손질한 후 장안한다. 기승 후 마의를 교체하고 발굽을 판 후 풀어준다. 건초를 급여하고 필요시 농후사료를 먹인다. 목책을 확인하고 쓰레기를 치운다.
오후	필요 시 농후사료를 급여하고 식수 상태를 확인한다. 목책을 확인하고 쓰레기나 큰 돌들을 치운다. 마구 등을 손질한다.	말을 잡아 마의를 고쳐 입히고 아래쪽에 비벼지지 않았나 확인한다. 발굽을 판 후 풀어준다. 건초를 먹이고 필요시 농후사료를 급여한다. 식수 상태를 확인하고 마구 등을 손질한다.
저녁	말을 잡아 파행이나 부상 여부를 확인한다. 발굽을 판 후 풀어준다. 식수 상태를 확인하고, 필요시 농후사료를 급여한다.	말을 잡아 파행이나 질병 여부를 확인한다. 마의를 고쳐 입히고 다시 놓아준다. 건초를 급여하고 필요시 농후사료를 준다. 식수상태를 확인한다.

주간 업무	월간 업무	연간 업무
방목장에서 마분을 치워낸다. 초지에서 독초를 뽑아태운다. 마구를 분해하여 손질한다. 응급처치용품을 확인한다.	풀의 성장기에 방목장 안의 풀 높이를 맞춰 깎는다. 다음 구충일과 장제사 방문일을 확인한다. 식수통과 사료통을 닦는다.	치과진료를 하고 파상풍과 인플루엔자 예방접종을 한다. 목책과 대피소에 방부제를 칠한다. 도랑을 친다. 초지관리 작업을 한다.

마사에서의 말관리 POSSIBLE ROUTINES FOR KEEPING A HORSE STABLE

구분	여름	겨울
이른 아침	마체를 전체적으로 확인하고 발굽을 판다. 건초망을 채우고 필요한 경우 농후사료를 급여한다. 신선한 물을 급수한다. 마방에서 배설물을 치운다.	여름철과 동일하게 하되, 마의 또는 담요를 벗기고 가벼운 마의로 갈아입히며, 털이 비벼진 곳이 있나 확인한다. 마사지역의 눈과 얼음을 치운다.
오전	가볍게 손질하여 마방에서 묻은 먼지를 털어내고 말을 편안하게 해준다. 장안한 후 기승한다. 운동에서 돌아와서 안장을 내리고 꼼꼼히 손질한다. 건초망을 채우고 필요시 농후사료를 급여한다. 식수 상태를 확인한다.	여름철과 동일하게 하되, 운동 후 땀을 닦아내고 완전히 말린 후 마의를 갈아입힌다.
오후	마분을 치운다. 건초와 식수를 확인한다. 장안하여 운동시킨다. (기승운동이 어려우면, 스트레칭하도록 끌기로 속보운동을 시키며 파행 여부를 확인한다.) 필요시 농후사료를 급여한다. 마구를 손질한다.	여름철과 동일하게 하되, 기승운동을 하지 않는 경우, 마의 착용상태와 털이 비벼진 곳을 확인한다.
저녁	마분을 치우고 깔짚을 정리해준다. 필요시 농후사료를 급여한다. 발굽을 판다. 식수를 확인하고 건초망을 채운다. 마지막으로 말 상태를 확인하고 마사지역의 보안상태를 확인한다.	여름철과 동일하게 하되, 야간의 보온을 위해, 주간용 마의를 야간용으로 갈아입힌다.

주간 업무	월간 업무	연간 업무
사료의 재고량을 확인한다. 마구를 분해하여 닦고 마의를 세탁한다. 위쪽 벽의 거미줄을 제거한다. 응급처치용품을 확인하고 마사 내 장비를 손질한다.	깔짚의 재고량을 확인한다. 구충제 투여 및 장제할 날짜를 확인한다. 배수구와 도랑을 친다. 급수기와 여물통을 닦는다.	마분처리와 감기 및 파상풍 예방접종, 치과진료를 계획하고 시행한다. 소화전을 확인하고 페인트칠 등 주요 유지보수 업무를 한다.

혼합 방식의 말관리 POSSIBLE ROUTINES USING THE COMBINEND SYSTEM

구분	여름 주간 마방/야간 방목	겨울 야간 마방/주간 방목
이른 아침	말을 잡아 마방에 넣는다. 마체를 전반적으로 확인하고 발굽을 파준다. 건초망을 채우고 식수 상태를 확인한다. 필요시 농후사료를 급여한다.	전반적으로 마체상태를 확인하고 발굽을 파준다. 마의를 고쳐 입힌다. 건초망을 채우고 필요시 농후사료를 급여한다. 신선한 물을 공급하고 마분을 치운다.
오전	가볍게 손질한 후 장안하여 기승운동을 시킨다. 기승 후 안장을 내리고 땀을 닦아준다. 마분을 치우고 식수 상태를 확인한다. 건초망을 채우고 필요시 농후사료를 급여한다.	가볍게 손질한 후, 장안하여 운동을 시킨다. 기승 후 안장을 내리고 닦아낸 후 야외용 마의를 입힌다. 발굽을 파주고 방목장에 놓아준다. 건초를 급여하고 필요시 농후사료를 준다. 초지 내 식수 상태를 확인한다.
오후	마분을 치우고 식수 상태를 확인한다. 건초망을 채우고 필요시 농후사료를 급여한다. 장구를 닦는다. 초지의 목책이 안전한지 확인한다.	마방 내 배설물을 치우고 마구를 닦는다. 말과 마의를 확인한다. 건초를 먹이고 필요시 농후사료를 급여한다. 초지 목책을 점검한다.
저녁	필요시 농후사료를 급여한다. 파행 여부를 확인하고 발굽을 파준 후 놓아준다. 방목장 내 식수 상태를 확인한다. 마방의 배설물을 치우고 마사지역의 보안상태를 점검한다.	말을 잡아 마방에 넣는다. 마의를 갈아입히고, 신선한 물과 필요시 농후사료를 급여한다. 건초망을 채우고 마지막으로 마체를 검사한다. 마사지역의 보안상태를 점검한다.

말 구매 및 관리 BUYING AND KEEPING A HORSE

말을 사려고 알아보기 전에 말을 어디서 어떻게 관리할 것인가에 대한 명확한 준비가 되어 있어야 한다. 이에 따라 구입하고자 하는 말의 종류와 크기가 달라질 수 있다. 말을 스스로 관리할 수도 있지만, 위탁관리업체에 맡길 수도 있다. 말 관리형태 중 가장 비싼 방식은 모든 것을 위탁관리업체에 일임하는 것이다. 즉, 업체 직원들에 의해 말에게 사료를 급여하고, 손질해주고, 운동시키는 것이다. 다른 형태로는 스스로 관리하는 방식과 부분적으로 위탁관리 시키는 방식이 있다.

말 관찰하기 VIEWING A HORSE

말은 방목장 내에서 활발하게 움직여야 한다.

말에게 굴레가 씌워져 있으면, 그 말은 잡기가 어렵다는 것을 의미한다.

초지에서 In the field
말을 구매하려고 한다면, 말 주인에게 말을 초지에 풀어놓은 모습을 보여 달라고 부탁한다. 말이 사람 또는 다른 말에게 접근할 때의 보디랭귀지를 통해 공격성이 있는지, 소심함이 있는지를 판단한다. 구매자 스스로가 그 말을 쉽게 잡을 수 있다는 확신이 들어야 한다.

재갈을 거부하지 않는 말이 좋다.

수의사가 말 나이를 알아보기 위해 치아 검사를 한다.

마방에서 In the stable
어떤 종류의 깔짚을 사용하고 있는지 그리고 그 이유는 무엇인지 알아본다. 다른 말과 다른 깔짚을 사용하고 있다면, 호흡기 질병의 문제가 있을 수도 있다. 웅벽 같은 마방 악벽은 없는지도 확인한다.

장안하기 Tacking up
기승해보기 전에 스스로 장안을 하며 말이 어떻게 행동하는지를 관찰한다. 말이 가만히 서 있는지, 복대를 조일 때 허리가 내려가지는 않는지 등을 확인한다. 안장을 얹을 때 말이 거부반응을 보인다면 나중에 곤란한 일이 생길 수 있다.

수의 검사 Veterinary examination
말을 구매하기 전에 수의사에게 말을 면밀히 검사하도록 의뢰한다. 검사는 말의 건강 상 모든 측면에서 시행한다. 수의사는 말이 가진 결함과 구매자가 말을 사용하려고 하는 용도에 그 결함이 미칠 영향에 대해 조언한다.

BUYING AND KEEPING A HORSE 말 구매 및 관리

말 위탁관리 BOARDING A HORSE

위탁관리마사 선정
Choosing a boarding stable
말 위탁관리 마사를 선택할 때, 시설보다는 말 관리인력에 주안점을 두어야 한다. 직원들이 말을 친절하게 대하고 효율적으로 일하는지, 말 장구가 깨끗하고 양호한 상태인지 시간을 두고 관찰한 후 결정한다.

정돈된 마사지역 *A neat stableyard*
전반적으로 체계적이고 잘 정돈된 마사지역은 말이 규칙적으로 잘 관리되는 곳임을 짐작할 수 있게 한다. 깔끔하게 정돈되어 있는 마분 더미나, 깨끗하고 양호한 말장구 상태 그리고 잘 다듬어진 편자와 발굽 등 말 관리 상태에 대한 단서를 파악하기 위해 마사지역을 둘러본다.

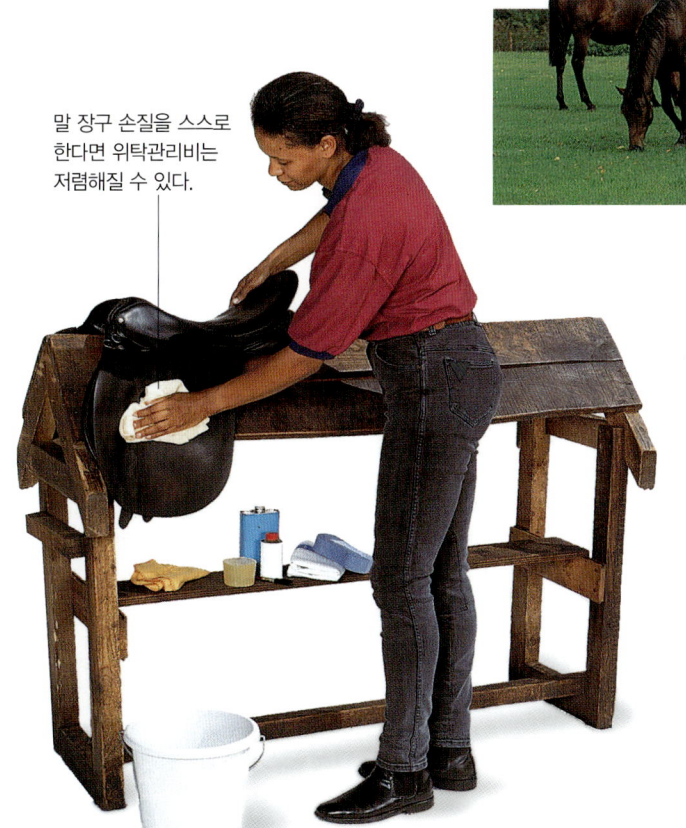

말 장구 손질을 스스로 한다면 위탁관리비는 저렴해질 수 있다.

초지 방목시설 *Grazing facilities*
말을 자가관리하든 위탁관리를 하든, 말이 풀을 뜯을 수 있는 초지에 가까워야 한다. 방목장은 안전해야 하며(84쪽 참조), 겨울철이라도 방목장이 맨땅이기보다는 풀이 있는 곳이 좋다. 말은 혼자 있기보다는 다른 말들과 함께 풀을 뜯는 것을 좋아한다. 당신의 말이 공격적이지 않고 우호적인 말들과 함께 할 수 있을지 알아 봐야 한다.

일상 업무에 대한 책임 *Responsibility for routine tasks*
위탁관리업체가 제공하기로 한 각각의 서비스에 대해 서면으로 계약하고, 서비스 종류별로 각각 나누어 대금을 지불하도록 한다. 예를 들어, 마주가 직접 말 장구를 손질을 할 것인지, 누가 구충제를 사고 먹일 것인지 등을 명확히 해야 한다. 마의 및 말 손질도구와 같은 장비를 마주가 직접 제공할 예정이면 추가적인 비용이 발생할 것이다.

용어해설 GLOSSARY

용어해설은 알파벳 순으로 배열하였으며, 우리말로 번역할 수 없는 용어는 영문 용어 해설만 수록하였음.

Abscess 농양 농이 국소적으로 축적된 덩어리.

Action 동작 각 보법에서 말 다리의 움직임 정도, 즉, 이 용어는 말 움직임의 직진성, 다리의 높이, 관절의 굽힘 정도 등을 모두 포함한다.

Aged 늙은 8세보다 더 늙은 말.

Antibiotic 항생제 세균을 죽이는 약물.

Bacteria 세균 말과 같은 생명체에서 사는 단세포 미생물.

Bars 재갈받이 마지막 앞니와 첫 번째 어금니 사이의 잇몸의 딱딱한 곳, 재갈이 걸리는 부위.

Bone 뼈 말의 골격을 이루는 물질. 말의 크기와 중량부담능력을 가르키는 중수골의 둘레 크기를 말하기도 함.

Boxy feet 상자형 발굽 좁고 바로 선 발굽. 작은 제차와 닫힌 제구, 캔 모양의 발굽으로 문제가 됨. 착지 충격을 적절하게 완충하지 못해 다리에 과도한 스트레스의 원인이 됨.

Breaking out 식은 땀 흘리기 운동을 마치고 쿨다운 된 말이 다시 땀을 흘리는 상황.

Breed 품종 동물의 다양성, 유사한 유전자와 육체적 특성을 가지고 있으며 이들을 후대에게 전달하는 개체들의 그룹의 구성

Bringing up 업무에 활용 초지에서 놀던 말을 다시 일터로 복귀시키는 것, 마사관리 상태로 전환하는 것.

Broken down 망가진 굴건에 심한 손상을 받은 상태를 의미하는 말

Canine tooth 견치 주로 수말이 가지고 있는 이빨로 절치의 뒤쪽에 돋아난 것.

Cartilage 연골 관절의 뼈를 덮고 있는 물질로 미끄러져 움직이는 면

Cast (in a stall) 마방구 기립곤란마석 말이 좁은 공간에 눕거나 구르다가 끼어서 다시 일어서지 못하는 상황.

Cast a shoe 휜 편자 사고로 말 발굽에 편자가 휘어진 상태

Cereals 곡류 보리, 귀리, 밀 같은 사료로 사용되는 종실을 생산하기 위해 재배되는 목초

Clean legs 무결점 다리 골류, 비후, 손상 또는 부종 등이 없는 다리.

Clinch 클린치 말 굽벽에 박은 못이 빠지지 않도록 하기 위해 못 끝을 구부린 것.

Coldblood 냉혈종 북유럽의 숲에서 살던 말의 후손으로 체중이 무거운 중종마.

Colored horse 색상 명확한 얼룩말 크고 명확한 구획으로 흰털, 검은털 그리고 갈색털이 있는 말

Colt 수망아지 거세되지 않은 어린 수말

Commonbred 일반종 품종이 불확실한 말. 일반적으로 더러브렛혈량 비율이 적은 말을 일컬음.

Concentrates 농후사료 사료량은 적은데 열량이 높은 사료.

Concussion 충격 (1) 딱딱한 지면에 착지할 때 발굽과 다리에 미치는 충격. (2) 머리에 가해진 타격에 의한 무의식적 또는 일시적 뇌 손상.

Condition 컨디션 말의 비만도 수준. "soft" 컨디션에 있는 말은 약한 근육을 가지고 있으며 여분의 지방이 있고, "hard" 컨디션에 있는 말은 적당히 탄력적인 근육을 가지고 있으며 잉여지방이 없다.

Conformation 체형 말의 신체 구성 비율

Dam 모마 어떤 말의 어미 말

Diastema 치극(치아 틈) 입안 재갈받이의 기술적 용어

Dishing 교폴 양쪽 앞발굽을 앞으로 곧바로 뻗지 않고, 상대측 다리를 스치고 나가는 비정상적인 동작

Dominant gene 우성 유전자 다른 유전자보다 영향력이 큰 유전자, 예를 들면, 모색유전자 중에서 회색유전자는 다른 것들에 비해 우성 유전자이다.

Draft horse 마차용 말 무거운 짐을 끄는 말

Dumped toe 뭉툭한 발굽 부적절한 방법으로 삭제한 불량 발굽 모양. 제첨부를 너무 짧게 갈거나 삭제한 것

Entire 수말 거세하지 않은 수말

Feather 구절털 말 다리의 구절이하 부분에 있는 길고 거친 털

Fiber 섬유소 "셀룰로스"로 알려진 것으로, 식물의 잎이나 줄기를 곧게 하는 질긴 물질. 목초 또는 건초와 같은 섬유소 비율이 높은 사료를 조사료라고 함

Filly 암 망아지 보통 4세 이전의 임신하기 전 어린 암 말

Flehmen 플레멘 말이 입을 벌리고 윗입술을 말아올리는 행동 반응

Folic acid 엽산 혈구세포를 형성하는데 필요한 비타민

Fungal spores 곰팡이 포자 곰팡이에서 공기를 통해 발산되는 미립자. 이것들은 어떤 말에게는 알레르기를 유발시킬 수 있다.

Gait 보법 다리 동작의 유형. 말의 보법은 평보(walk), 속보(trot), 구보(canter) 그리고 습보(gallop)로 구분하는 것이 일반적이다. Peruvian Paso종에서 "paso", Icelandic pony종에서는 "tolt"라고 하는 특별한 보법이 나타나기도 한다.

Galls 쓰라린 상처 말장구를 잘못 장착하여 마찰에 의해 생긴 부종과 통증을 동반한 상처

Galvayne's groove 갈베인 홈 위쪽 제3절치에 나타나는 검은 색의 홈 자국으로, 나이 먹은 말의 나이를 추정하는 기준으로 활용된다.

Gelding 거세마 거세된 수말

Going 마장상태 마장지면의 상태를 말하며, 말의 발걸음에 영향을 미친다. (예를 들면, "hard going"은 딱딱한 마장상태를 말하며, "heavy going"은 깊은 진흙 상태로서, 말 발굽에 달라붙는 마장상태를 말한다.

Good keeper 효율적 성장마 소량의 사료로도 건강하고 좋은 몸매를 유지하는 말

Halfbred 반종 부모 중 한 쪽은 더러브렛이고, 한 쪽은 다른 품종에서 태어난 말

Hand 핸드 말의 체격을 측정하는 단위로 1핸드는 4인치(10cm) 정도 된다.

Hard mouth 딱딱한 입 "딱딱한 입"을 가진 말은 고삐 부조에 반응을 잘 하지 않는다. 이런 문제점은 기승자가 고삐를 강하게 사용하여 입의 재갈받이 표면을 손상시키고 신경을 무디게 하였기 때문이다.

GLOSSARY 용어해설

Heating 고열량사육 말에게 고열량 사료를 과다하게 급여하여 말을 흥분하기 쉽게 만드는 사양관리

Heavy horse 무거운 말(중종마) 덩치가 크고 체중이 무겁게 성장하여 힘이 좋은 말

Hemoglobin 헤모글로빈 적혈구에 있는 물질로서 산소를 운반하는 역할을 하는 것

Hierarchy 지배구조 말 또는 다른 동물의 사회적 집단. 구성원들은 상이한 계층을 이루며, 지배계층은 지배구조의 상위에 있으며, 복종계층은 하위 바닥에 있다.

Hogged mane 짧은 갈기 아주 짧게 깎은 갈기

Hotblood 열혈종 더러브렛이나 아랍종의 말과 같은 말 품종의 분류

Incisors 절치 풀을 뜯을 때 사용하는 앞니

Infundibulum 누두관 절치의 마모단계에서 앞니의 끝부분이 움푹 들어간 곳

In hand 말 끌기 지상에서 말을 끌기하는 방법(특히 말 쇼에서)

Instinct 본능 배우지 않고도 태어날 때부터 알고 있는 자동적인 행동

Keratin 케라틴 발굽 각질과 같이 딱딱한 조직의 주요 구성 성분

Lactic acid 젖산 운동할 때 근섬유에서 만들어내는 물질. 혈액순환을 통해 신속히 제거되지 않으면 근육손상의 원인이 됨

Ligament 인대 하나의 뼈에서 다른 뼈로 연결된 섬유소성 끈 모양의 조직

Light horse 가벼운 말(경종마) 힘보다는 속도 위주로 개량된 말 품종

Light of bone 골격완성마 불충분하게 성장한 뼈로 골격이 구성된 말

Lunging 조마삭 원운동 지상에서 말에게 운동시키는 한 방법. 긴 고삐줄에 연결되어 조련사 주위를 돌며 운동하는 것

Mare 암말 성숙된 암말

Molars 구치 넓고 납작하며 뒤쪽 입몸에서 나온 큰 이빨. 이 이빨들은 사료를 갈아 부수는 역할을 함

Nappy Used 반항하는 말 기승자가 요구하는 방향으로 가지 않는 말을 일컬으며, 두려워서라기 보다는 의도적으로 반항하는 것이 일반적임

Near side 가까운 쪽 말의 왼쪽(일반적으로 사람이 말의 왼쪽에 서서 고삐를 잡고 있기 때문에)

Off side 먼 쪽 말의 오른쪽

Pace 보행속도 (1) 어떤 말의 보법에서의 속도. 걸음 속도에 따라 pace는 collected(아주 느린 걸음), walking(보통 걸음), medium(중간 걸음), extended(빠른 걸음) 등으로 분류됨. (2) 측대보 동시에 같은 쪽의 전, 후지 두 다리가 동시에 움직이는 2절도 보법

Parasite 기생충 다른 동물의 몸에서 살아가는 생명체. 숙주동물이 소화시킨 사료를 섭취하거나 숙주동물 자체에서 영양을 섭취하는데, 이익은 전혀 주지 않는다.

Percussion 충격 발굽이 지면에 착지할 때 발생하는 충격

Pigment 색소 피부, 각질, 털에 함유된 것으로 색을 나타내는 물질

Pony 조랑말 다 자란 후에도 체고가 147cm 이하의 작은 말

Poor keeper 비효율적 성장마 양호한 건강상태를 유지하기 위해 다량의 사료를 먹어야 하는 말

Profile 측면 얼굴모습 옆에서 볼 때, 코의 모양. 곧은 형태, 볼록 형태, 오목 형태 등으로 분류됨

Purebred 순혈종 더러브렛의 다른 이름

Pus 농 국소적 감염에 의한 죽은 세균들과 백혈구들이 모여 형성된 물질

Recessive gene 열성 유전자 유전력이 약한 유전자. 양 부모가 모두 이 유전자를 가지고 있는 경우 후대에게 단지 전달만 되는 정도의 유전력을 가진 유전자

Roughage 조사료 긴 줄기의 목초로서 말 체중관리 목적으로 급여하는 사료

Roughing off 휴양 힘든 운동을 하던 말을 방목지에서 쉬도록 하는 절차

Scope 능력 운동능력. 특히 점핑능력

Season 번식계절 암말이 발정하고, 망아지를 임신할 수 있는 계절

Sire 부마 아비 말

Sound horse 건강한 말 (1) 파행이 없는 말, (2) 경매장에서, 어떤 사용목적상의 문제가 없는 말

Stale 퀴퀴한 방뇨하여 고약한 냄새가 나는

Stallion 씨수말 거세하지 않은 성숙한 수말

Staring coat 곤두선 털 곤두서서 보기에 안 좋은 피모

Tack 말장구 말에게 착용되는 장비

Tendon 건 근육에서 뼈로 연결된 섬유소성 끈 모양의 조직

True to type 순종의 부모 또는 같은 혈통 내 구성원들과 같이 유사한 신체적 특성을 가진 말들을 의미

Type 타입 유전적으로 유사하지 않으며, 순수혈통에서 생산되지는 않았으나, 신체형태가 유사한 말 무리

Vice 악벽 바람직하지 않은 말의 행동습관

Virus 바이러스 미생물 감염 물질. 아직까지 항바이러스 약물은 없음

Wormblood 온혈종 냉혈종 말과 열혈종 말의 교잡종

White line 백선 말 굽벽의 각질과 굽바닥이 연결되는 부분

Whorl 가마 말털이 작게 돌아가며 난 형태, 중앙으로부터 외측으로 털이 방사형으로 돌아가며 난 것

Wind 숨소리 말의 호흡

Wisping 짚뭉치 마사지 피부 마사지 방법으로 피부 탄력과 혈액순환 증진을 위해 지푸라기 뭉치나 패드로 말 근육을 세게 문지르는 것

Wolf tooth 낭치 작은 어금니로서 모든 말에게 나오는 것은 아니며, 만약에 나와 있으면 재갈 무는 데 문제점을 예방하기 위해 발치를 함

부가정보 ADDITIONAL INFORMATION

시간절약 요령
Time-saving tips

자발적으로 말 관리를 하기로 한 만큼, 말 주인들은 가능한 한 말들이 편안하게 생활할 수 있도록 해주어야 한다. 말 주인 자신의 본업 수행과 가족행사 때문에 시간이 많지 않을 것이기 때문에 다음 사항을 숙지하여 시간을 절약할 필요가 있다.

- 미리 말 공동관리 계획을 수립해 놓으면 시간과 경비를 줄일 수 있다. 이 계획은 모든 말 주인들이 동의해야 하며, 어떤 사람이 너무 많은 일을 하지 않도록 업무분담을 균등하게 한다. 이런 방법으로 한다면, 사람이 하루 종일 마사에 있지 않아도 충분하게 말 관리가 될 수 있다는 것을 모든 말 주인들이 확신할 수 있을 것이다.
- 말 관리를 위해 해야 할 일들을 꼼꼼히 정리하고, 우선순위 일부터 나열한다. 가장 우선적인 일들은 말 운동, 말 손질, 마분수거, 마체 점검 등이 될 것이다.
- 세세한 장구손질, 방목장 마분 수거, 마사 지역 및 마분장 청소 등 매일 하지 않아도 되는 작업은 미리 계획하여 충분한 시간을 배정한다.
- 기생충 구충 등 자주 하지 않는 일은 연중계획표에 기록하여 처리해야 할 계획일자를 수시로 확인하기 쉽게 한다. 계획했던 일을 완료했다면, 즉시 다음 계획일자를 기록해둔다. 수의사나 장제사가 방문할 때마다 다음 방문일정을 예약한다. 미리 계획을 세워두면 그 일을 계속 걱정하고 있지 않아도 되며, 해야 할 일을 하지 않고 오랫동안 방치하는 것도 예방할 수 있다.
- 사료를 직접 배합할 시간적인 여유가 없다면 배합사료를 급여할 수 있다. 배합사료는 말의 종류, 운동형태 및 운동량 등에 따라 다양한 배합비율로 배합되어 있다. 어떤 형태의 사료, 어떤 브랜드의 사료를 사용해야 할지 방문 수의사와 상담하는 것이 바람직하다.

경비절감 요령 *Money-saving tips*

말의 복지는 경제적인 문제 등 다른 어떤 고려사항보다 우선적이어야 한다. 그럼에도 불구하고 다음과 같은 방법으로 말 관리에 필요한 경비를 절감할 수 있다.

- 다른 말 주인들과 협력하여 말을 한 곳에 모아 번갈아 교대로 관리한다. 위탁관리업체에 관리를 맡기더라도 이렇게 하면 위탁관리비를 줄일 수 있다.
- 사용빈도가 높지 않은 장비들(삭모기 등)은 공동으로 사용하도록 한다.
- 예방접종과 같은 일반적인 수의 진료와 장제를 위해 다른 말 주인들과 연합하여 수의사와 장제사가 같은 날에 방문할 수 있도록 한다. 그러면 수의사나 장제사가 같은 지역에 여러 번 방문할 필요가 없어지기 때문에 출장비가 절감된다.
- 무엇을 구입하고자 한다면 사전에 그 필요성에 대해 충분히 생각한다. 확신이 안 선다면 수의사, 장제사, 말 장구업자 또는 승마코치 등 전문가와 상의한다. 사료나 장비를 새로 구입하고자 할 때는 품질이 가장 좋은 것을 선택해야 한다. 최상품이 값싼 것보다 오래가기도 하고 말에게도 좋기 때문이다.
- 말을 마방에서 관리하는 경우에는 깔짚을 충분하게 깔아주는 것이 좋다. 깔짚을 얇게 깔아주면 경제적인 것 같지만 사실은 그렇지 않다. 마방에서 사고가 발생하면 진료비가 더 들고, 기승을 하지 못할 수도 있기 때문이다. 또한 보온이 잘 되지 않아 사료나 마의류 등에 더 많은 지출을 해야 하기 때문이다.

보험 *Insurance*

말에 대한 보험뿐만 아니라, 말장구, 장비, 마사시설이나 다른 건물 그리고 말 주인 자신을 위한 보험도 가입해야 한다. 수의사나 인근의 승마학교 코치들은 어느 보험회사가 보험처리를 잘 해주는지 아닌지를 알고 있을 것이다.

- 말과 장비의 가치를 정확하게 산정한다.
- 전문가의 도움을 받아 약관을 주의 깊게 읽고, 보험이 적용되는 부분과 그렇지 않은 부분을 명확하게 이해한다.
- 모든 의견교환은 서면으로 하고 복사해둔다.
- 갑작스러운 사고나 문제에 대비하여 보험증권 번호를 쉽게 찾을 수 있도록 한다.

말 보유 대안 *Alternatives to owning*

자마를 구입할 여유가 없을 때는 공동소유 또는 대여를 생각해 볼 수 있다. 공동마주는 말 구매비용과 관리비용을 분담한다. 말 대여는 소유자는 바뀌지 않으며, 대여 받아 사용하는 사람이 말을 관리하고 관리에 필요한 모든 비용을 부담한다.

- 공동마주는 사전에 누가, 언제, 어떤 일을 담당할지를 협의하여 서면으로 기록해둔다. 또한 공동마주는 말이 지치지 않는 범위에서 각각의 기승시간을 균등하게 정하고 이에 모두 동의한다.
- 말을 대여하기 전에 법전문가를 통해 계약서를 작성한다. 계약서에는 임대기간, 말 관리형태, 필수 및 금지사항, 수의비용, 장제비용 그리고 보험료 등의 부담자가 포함되어야 한다.
- 주인 잃은 말 구조단체로부터 말을 대여할 수도 있지만, 이런 말들은 신체적, 정신적 문제가 있을 수 있기 때문에 전문가의 도움이 필요하다.
- 말을 대여하는 말 주인은 대여해가는 사람이 말을 어떻게 관리할 것인지, 말을 얼마나 잘 타고 잘 다룰 수 있는지 알고 싶어 한다.

유용한 연락처 USEFUL ADDRESSES

미국 말 수의사 협회
American Association of Equine Practitioners
4075 Iron Works Parkway, Lexington, KY 40511
Tel: (859) 233-0147
W www.aaep.org

미국 동물보호 단체
American Society for the Prevention of Cruelty to Animals (ASPCA)
424 East 92nd Street, New York, NY 10128-6804
Tel: (800) 582-5979
W www.aspca.org

미국 농무성 : 동물건강관련 업무
United States Department of Agriculture: Animal Health
4700 River Road. Unit 84, Riverdale, MD 20737-1234
Tel: (301) 734-7833
W www.aphis.usda.gov

미국 농무성: 지역발전 교육봉사관련 업무
United States Department of Agriculture: Educational and Outreach
W www.usda.gov

미국 승마연맹
United States Equestrian Federation (USEF)
4047 Iron Works Parkway Lexington, KY 40511
Tel: (859) 258-2427
W www.usef.org

미국 4H 클럽 협의회
National 4-H Council
1400 Independence Ave., S.W., stop 2225
Washington, D,D. 20250-2225
W www.national4-hheadquarters.gov

미국 포니클럽
United States Pony Club
4041 Iron Works Parkway, Lexington, KY 40511-8462
Tel: (859) 254-7669
W www.ponyclubs.org

북미 재활승마 협의회
Norch American Riding for the Handicapped Association
P.O. Box 33150, Denver, CO 80233
Tel: (800) 369-7433
W www.narha.org

캐나다 승마연맹
Canadian Equestrian Federation
2685 Queensview Drive, Suite 100, Ottawa, Ontario, K2B 8K2
Tel: (866) 282-8395
W www.equestrian.ca

캐나다 포니 클럽
Canadian Pony Club
P.O. Box 127, Bal역, Manitoba, ROK 0B0
Tel: 1-888-286-PONY
W www.canadianponyclub.org

캐나다 동물보호 단체
Canadian Society for the Prevention of Cruelty to Animals (SPCA)
W www.spca.com

캐나다 치료승마 협회
Canadian Therapeutic Riding Association
5420 Hwy. 6 N., Suite II, RR. #5, Guelph, Ontario, NIH 6J2
Tel: (519) 767-0700
W www.cantra,ca

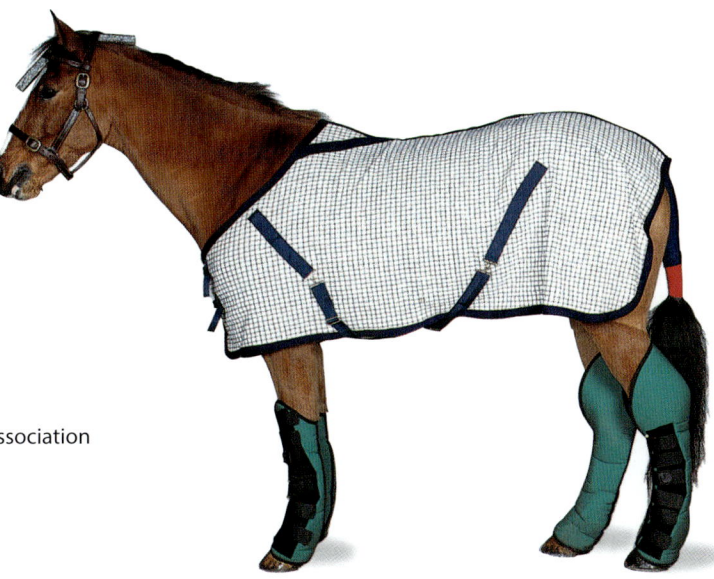

색인 INDEX

ㄱ

가슴걸이 *Breast girth*　186
가죽 복대 *Leather girth*　177
간유 *Cod-liver oil*　127
갈기 *Mane*　16
갈기털 뽑기 *Pulling the mane*　69
갈기털/꼬리털 따기 *Braiding*　69
갈색 *bay*　15
감자 *Potato/Solanum tuberosum*　95
개밀 *Couchgrass/Agropyron repens*　93
개선 *Mange*　147
건 *Tendon*　16
건초망 *Haynet*　130
걸음 *Gaits*　22
결막염 *Cunjunctivitis*　143
경종마 *Light horse*　18
계란형 소륵 재갈 *Eggbutt snaffle*　178
계인대 *Suspensory ligament*　18

고무 바닥재 *Ruber flooring*　113
고사리 *Bracken/Pteridium*　95
고추나물 *St. John's wort/Hypericum*　95
골격계 *Skeleton*　18
골연골증 *Osteochondrosis(OCD)*　141
곰팡이 포자 *Fungal spore*　130
관골류 *Splint*　142
구건연종 *Wind puff*　140
구보 *Cantering*　22
구절 *Fetlock joint*　16
구절 링 *Fetlock rings*　189
구충 *Worming*　45
굴건 *Flexor tendon*　18
굴레 *Bridle*　178
귀리 *Oats*　126
귀리짚 *Oat straw*　112
근색소뇨증, 질소뇨증 *Azoturia*　153
금방망이 *Ragwort/Senecio jacobaea*　94

금속 글겡이 *Metal curry comb*　62
급여량 계획하기 *Planning a diet*　125
깔짚 *Bedding*　112
꼬리털 뽑기 *Pulling the tail*　69

ㄴ

낙인 *Branding*　108
내리기 *Unloading*　77
노란등나무/나도싸리 *Goldenchain tree*　94

ㄷ

다리 흰점 *Leg marking*　16
단거리경주 *Sprinting*　81
담요형 *Blanket clip*　71
당밀 *Molasses*　127
대마 *Hemp*　113
대조충 *Anoplocephala-tapeworm*　151
대팻밥 *Shavings*　113
대피소 *Shelter*　89
더러브렛 *Thoroughbred*　13
돈등마루 *Withers*　16
동결낙인 *Freezebrand*　108
등자쇠 *Stirrup*　187
떡갈나무 *Oak/Quercus*　94

ㄹ

라이그래스 *Ryegrass/Lolium*　92
러닝 마틴게일 *Running martingle*　186
로버트 존스 붕대 감기 *Robert jones bandage*　165

ㄹ

로코초
Locoweed/Oxytropis splendens   95

ㅁ

마사지 패드 Massage pad   63
마원충
Strongylus-large red worm   151
마의 Blanket   188
마이크로칩 Michrochip   109
마장마술 Dressage   81
마차경주 Cart/Carriage   81
만성 폐쇄성 폐질환 COPD   155
말 바이러스성 동맥염
Equine viral arteritis: EVA   153
말 밥통 Manger   106
말 요충 Oxyuris-Pinworm   151
말 인플루엔자
Equine influenza   154
말파리 Gastrophilus-bot   151
맹장 Cecum   29
모색 Coat color   14
모선충
Trichonema-small red worm   151
모세혈관 재충진 시간
Capillary refill time   30
목끈 Throathlathch   181
목초지 Grazing area   92
목초지 관리
Treating pastures   94
미각 Taste   33
미국식 마사 American barn   105
미근 Dock   66
미나리아재비
Buttercup/Ranunculus   95
민들레 Dandelion   93
밀기울 Bran   126
밀짚 Wheat straw   112

ㅂ

발굽낙인 Hoof brand   108
발굽파개 Hoof pick   63
발목 Pastern   16
발작동 잠금장치
Kick bolt   107
밤눈 Chestnut   16
방목지 관리
Field Maintenance   84
배합조사료
Coarse mix   126
백내장 Cataract   142
백선 Ringworm   147
벨라도나
Deadly nightshade/
Atropa belladonna   95
벨벳 그래스
Velvet grass/Holcus lanatus   93
보리 Barley   126
보리짚
Barley straw   112
보법 Gaits   21
복대 Girths   177
부비강염 Sinusitis   143
부비동 Area of Sinuses   26
분만 Delivery   171
불린 사탕무우
Soaked sugar beet   127
붕대 Bandage   190
비량백 Stripe   15
비월경기 Show jumping   80
비절 Hock   16
비절내종 Spavin   141
비절단종 Capped hock   141
비절연종 Thoroughpin   140
비절후종 Curb   141
비출혈 Nosebleed   143

ㅅ

사료 첨가제 Supplements   127
사양관리 규칙
Rules for feeding   121
사탕무우 큐브 Sugar beet cubes   127
사탕무우 펄프 Sugar beet pulp   127
삭모 털깎기 Clipping   70
삭모기 Clipper   70
삭모하기 Clipping a Horse   71
삭제 Trim   59
상부교돌 Speedicut   142
상부추돌 Strike   142
새포아풀
Anuual bluegrass/Poa annua   92
석벽 Sucking   47
선역 Strangles   154
선인장 천 Cactus cloth   62
성 Star   15
소결장 Small colon   29
소금 블록 Salt block   127
소독제 Antiseptics   160
소륵굴레 Snaffle bridle   178
소장 Small intestine   29
소화기계 시스템 Digestive system   29

색인 INDEX

속보 *Trotting* 22
손질 *Grooming* 64
손질 도구 *Grooming equipment* 62
쇠뜨기 *Horsetail/Equisetum* 95
수송하기 *Transporting* 74
수수 *Sorghum/Sorghum vulgare* 94
스캐닝 *Scanning* 109
스탠딩 마틴게일 *Standing martingle* 186
슬개골상방고정 *Patellar fixation* 141
슬관절 *Stifle* 16
습보 *Galloping* 22
습포제 적용 *Applying a poultice* 167
시각 *Sight* 32
식단의 구성요소 *Parts of a balanced diet* 124
식도 *Esophagus* 29
식도폐색 *Choking* 149
신건 *Extensor tendon* 18
신경계 시스템 *Nervous system* 29
신체 언어 *Body language* 34
싣기 *Loading* 76
쐐기풀 *Nettle/Urtica dioica* 93

ㅇ

아마 *Flax/Linum usitatissium* 95
아마인 *Linseed* 126
아프리카 마역 *African horse sickness : AHS* 155
안장 *Saddle* 176
안장 패드 *Saddle pad* 177
안장고정대 *Breast plate* 186
알팔파 *Alfalfa* 129
알팔파 펠릿 *Alfalfa pellets* 126
암갈색 *dun* 15
야생 치커리 *Wild chicory/Cichorium intybus* 93
얼굴 흰점 *Face marking* 16
엉겅퀴 *Thistle/Carduus* 93
에너지 요구량 *Energy needs* 125
에오히프스 *Eohippus* 10
여물 *Chaff* 129
열제 *Sand crack* 139
오차드 그래스 *Orchard grass* 92
옥수수 기름 *Corn Oil* 127
온습포 *Hot fomentation* 163
완관절 부츠 *Knee boot* 189
완두콩 팩 *Pea pack* 166
운송용 부츠 *Shipping boots* 189
웅벽 *Weaving* 47
워밍업 *Warming Up* 78
원형 소륵재갈 *Loose-ring snaffle* 178
웜블러드 *Warmblood* 13
위탁관리 *Boarding a horse* 107
으깬 옥수수 *Flaked corn* 126
의동 *Seedy toe* 139
이마끈 *Browband* 181
임파관염 *Lymphangitis* 153
입(주둥이) *Muzzle* 66

ㅈ

잠금 장치 *Horse-proof bolt* 107
장애물 크로스컨트리 *Cross-country jump* 81
재갈 *Bit* 178
재갈굴레 *Bridle* 52
저장목초 *Silage* 129
전기식 삭모기 *Electric clippers* 70
전류 펜스 *Electric fencing* 87
제골염 *Pedal ostitis* 139
제관 *Coronet* 16
제구열 *Cracked heels* 146
제벽 *Hoof wall* 20
제저좌상 *Bruised sole* 138
제차 *Frog* 61
제차부란 *Trush* 139
제첨부 *Toe* 20
젤 패드 *Gel pad* 177
조사료/농후사료 *Bulk/Concentrate Ratio* 124
종자골염 *Sesamoiditis* 141
주관절 *Elbow joint* 17
주목 *Taxus baccata/Yew* 95

INDEX 색인

주상골 질병 *Navicular disease* 139

줄 *Rasp* 60

중수골 *Cannon bone* 17

지구력 경주 *Endurance riding* 80

지세 *Conformation* 19

ㅊ

처마와 배수관
Overhang and drainage 107

척수 *Spinal cord* 28

철사펜스 *Plain wire fencing* 86

첨가제 *Supplements* 127

청각 *Hearing* 32

체고 *Height of a horse* 18

촉각 *Touch* 33

출입문 *Gates* 87

치아교합 *Teeth that meet* 19

치아질병 *Dental problems* 145

ㅋ

컨퍼메이션 *Conformation* 17, 19

코굴레 *Noseband* 181

코틀개 *Twitch* 51

콧구멍 *Nostril* 17

쿨링다운 *Cooling down* 78

쿼터호스 *Quarter horse* 12

클린칭 통스 *Clenching tongs* 60

ㅌ

탄력 펜스 *Flexi-fencing* 87

탈수 *Dehydration* 153

털 다듬기 *Trimming* 73

털 뽑기 *Pulling* 69

트레이스형 *Trace clip* 71

트레일러 *Trailer* 74-75

티눈 *Corn* 138

티모시 *Timothy* 92

ㅍ

팔로미노 *Palomino* 15

팔자 붕대 감기
Applying a figure-eight bandage 164

패딩 복대 *Padded girth* 177

페스큐 *Fescue/Festuca* 92

펜스 *Fence* 86

펠릿 *Pellets* 126

편자 *Shoe* 58

평보 *Walking* 22

폐렴 *Pneumonia* 155

폐충 *Dictyocaulus-lungworm* 151

프르제발스키종
Przewalski's horse 80

프리첼 *Pritchel* 59

플라스틱 글갱이
Plastic curry comb 62

ㅎ

하부교돌 *Brushing* 142

하부추돌 *Overreach* 142

해충억제 *Worm Control* 85

핸드와 인치 *Hands and Inch* 17

헌터형 *Hunter clip* 71

헤르페스 바이러스 감염증
Herpes virus infection 154

현수인대 *Suspensory ligament* 18

혈액 순환 *Blood circulation* 28

호싱 부츠 *Hosing boot* 161

환골류 및 지골류
Ringbone and sidebone 140

환기구 *Air vent* 107

회색 *Grey* 15

회충 *Ascaris-Whiteworm* 151

후각 *Smell* 33

후낭질병
Guttural pouch problems 145

후두마비 또는 천명증
Laryngeal paralysis or hemiplegia 155

흑갈색 *brown* 15

흰 얼굴 *Blaze* 15

흰 클로버
White clover/Trifolium repens 93

역자 소개

김 병 선
서울대학교 대학원 수의학박사
제주한라대학교 마사학부 교수

유 형 준
한국외국어대학교 영어과 영문학사
한국마사회 핸디캡전문위원

장 병 운
영국왕립농업대학 대학원 경영학석사
한국마사회 핸디캡전문위원